高等院校经济与贸易类核心课程精品教材

电子商务综合实训

樊 驰　滕 伟　刘兆乾 ◎ 主　编
窦文旭　王雯雯　李秋杰　郭亚荣 ◎ 副主编

上海财经大学出版社
SHANGHAI UNIVERSITY OF FINANCE & ECONOMICS PRESS

上海学术·经济学出版中心

图书在版编目(CIP)数据

电子商务综合实训 / 樊驰,滕伟,刘兆乾主编.
上海：上海财经大学出版社,2025.3. -- (高等院校经济与贸易类核心课程精品教材). -- ISBN 978-7-5642-4601-3

Ⅰ.F713.36

中国国家版本馆 CIP 数据核字第 2025TH1912 号

□ 责任编辑　刘冬晴
□ 封面设计　贺加贝

电子商务综合实训

樊　驰　滕　伟　刘兆乾　主　编
窦文旭　王雯雯　李秋杰　郭亚荣　副主编

上海财经大学出版社出版发行
(上海市中山北一路369号　邮编200083)
网　　址:http://www.sufep.com
电子邮箱:webmaster @ sufep.com
全国新华书店经销
启东市人民印刷有限公司印刷装订
2025年3月第1版　2025年3月第1次印刷

787mm×1092mm　1/16　15.25印张　334千字
定价:49.00元

Foreword 前言

"电子商务综合实训"是经济与贸易类专业的一门综合实践课程,主要介绍电子商务交易过程中的基本知识及技能。本教材依据应用型本科人才培养的定位,以电子商务运营操作技能为核心,体现理论与实践相结合的编写思想。学生在学习本教材后,将对电子商务交易过程主要环节的知识和技能有一个较为全面的掌握,为今后参与电子商务运营及相关工作打下扎实的基础。

在编写过程中,课程开发团队始终秉持"学以致用、知行合一"的教育理念,注重培养学生的创新思维和实践操作能力。通过系统梳理电子商务交易过程中的关键知识点和核心技能,构建了一个涵盖电子商务模式、网络市场调研、电子支付、电子商务安全、电子商务物流、新媒体营销、客户关系管理、网店财务管理、网上开店实战等多个模块的实训体系。

本教材在每章都设置了明确的任务目标,通过引导案例、任务实施、知识巩固、技能训练等多种形式,让学生能够迅速将所学应用于实际情境中,提升解决实际问题的能力。通过设计一系列具有挑战性和创新性的实训项目,激发学生的创造力和团队协作能力,培养他们的市场敏锐度和商业思维。在强调专业技能训练的同时,本教材还注重培养学生的职业道德、沟通能力、团队协作精神等综合素质。

本教材由樊驰副教授担任第一主编,滕伟副教授、刘兆乾副教授分别任第二、第三主编,窦文旭、王雯雯、李秋杰、郭亚荣任副主编。本教材编写力求严谨细致,但由于编者水平有限,书中难免有疏漏与不妥之处,恳请读者提出宝贵意见或建议。

编 者

2025 年 1 月 13 日

Contents 目录

第一章 电子商务模式 ································ 1
   学习目标 ······································· 1
   思维导图 ······································· 2
   引导案例 ······································· 2
   任务一 B2B 电子商务 ···························· 3
   任务二 B2C 电子商务 ···························· 7
   任务三 C2C 电子商务 ··························· 10
   任务四 B2G 电子商务 ··························· 13
   归纳与提高 ···································· 16
   知识巩固 ······································ 17
   技能训练 ······································ 17

第二章 网络市场调研 ······························ 18
   学习目标 ······································ 18
   思维导图 ······································ 19
   引导案例 ······································ 19
   任务一 收集整理网络商务信息 ·················· 20
   任务二 设计网络市场调研问卷 ·················· 28
   任务三 撰写网络市场调研报告 ·················· 35
   归纳与提高 ···································· 38
   知识巩固 ······································ 38
   技能训练 ······································ 39

第三章 电子支付 ·································· 40
   学习目标 ······································ 40

· 1 ·

思维导图 ·· 41
　　引导案例 ·· 41
　　任务一　个人网上银行 ··· 42
　　任务二　企业网上银行 ··· 51
　　任务三　第三方支付平台——以支付宝为例 ································· 59
　　归纳与提高 ··· 73
　　知识巩固 ·· 73
　　技能训练 ·· 74

第四章　电子商务安全 ··· 75
　　学习目标 ·· 75
　　思维导图 ·· 76
　　引导案例 ·· 76
　　任务一　电子商务安全技术 ·· 76
　　任务二　电子商务安全防范与管理 ·· 82
　　任务三　防火墙的安装及启用 ··· 92
　　归纳与提高 ··· 102
　　知识巩固 ·· 103
　　技能训练 ·· 103

第五章　电子商务物流 ··· 104
　　学习目标 ·· 104
　　思维导图 ·· 105
　　引导案例 ·· 105
　　任务一　电子商务物流概述 ·· 105
　　任务二　网络购物物流配送流程 ··· 118
　　归纳与提高 ··· 124
　　知识巩固 ·· 124
　　技能训练 ·· 125

第六章　新媒体营销 ·· 126
　　学习目标 ·· 126
　　思维导图 ·· 127
　　引导案例 ·· 127
　　任务一　认识新媒体与新媒体营销 ·· 128
　　任务二　微信营销 ·· 132

任务三　短视频营销 137
　　任务四　直播营销 141
　　任务五　社群营销 145
　　归纳与提高 151
　　知识巩固 151
　　技能训练 152

第七章　客户关系管理 153
　　学习目标 153
　　思维导图 154
　　引导案例 154
　　任务一　电子商务客户关系管理概述 155
　　任务二　电子商务客户满意度管理 160
　　任务三　电子商务客户忠诚度管理 166
　　归纳与提高 170
　　知识巩固 170
　　技能训练 171

第八章　网店财务管理 172
　　学习目标 172
　　思维导图 173
　　引导案例 173
　　任务一　网店财务管理基本认知 173
　　任务二　资金时间价值 178
　　任务三　网店财务分析 183
　　归纳与提高 190
　　知识巩固 190
　　技能训练 191

第九章　网上开店实战 192
　　学习目标 192
　　思维导图 193
　　引导案例 193
　　任务一　店铺构思 194
　　任务二　店铺注册 196
　　任务三　店铺命名及视觉营销 200

- 归纳与提高 ··· 209
- 知识巩固 ··· 209
- 技能训练 ··· 210

第十章　电子商务项目实例 ··· 211
- 学习目标 ··· 211
- 思维导图 ··· 212
- 引导案例 ··· 212
- 任务一　外贸电子商务 ·· 213
- 任务二　旅游电子商务 ·· 219
- 任务三　制造业电子商务 ··· 226
- 任务四　物流与电子商务 ··· 230
- 归纳与提高 ··· 235
- 知识巩固 ··· 235
- 技能训练 ··· 236

第一章
电子商务模式

学习目标

知识目标

理解并掌握 B2B、B2C、C2C 等电子商务模式的基本概念及其作用。

能力目标

能够熟练运用各种电子商务模式进行实际操作,掌握交易流程、支付方式、物流配送等关键环节。

素质及思政目标

培养学生的创新思维和实践能力,通过电子商务实训提升解决问题的能力,同时注重诚信交易,树立正确的商业道德观。

思维导图

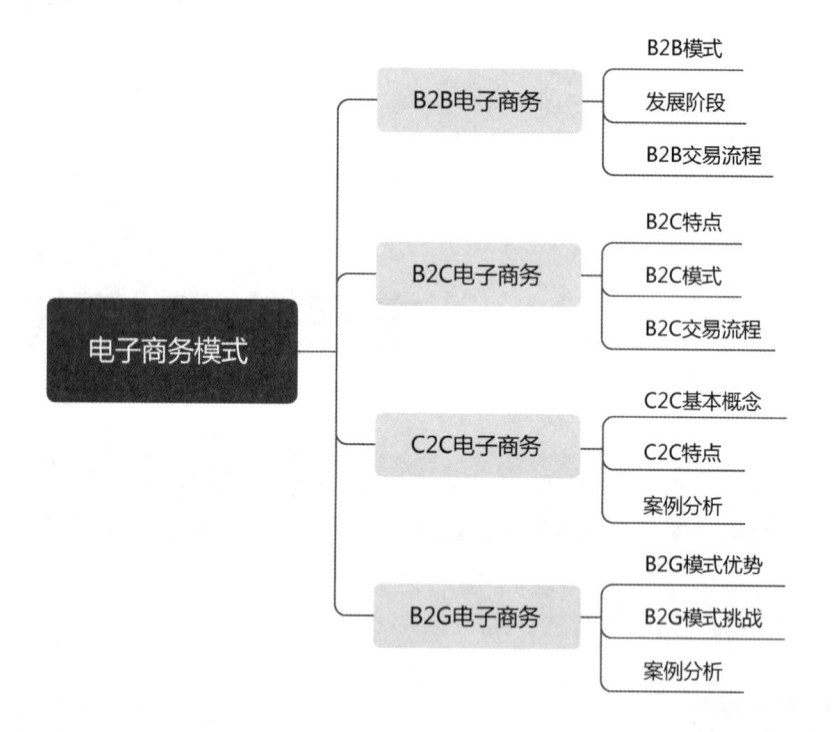

- 电子商务模式
  - B2B电子商务
    - B2B模式
    - 发展阶段
    - B2B交易流程
  - B2C电子商务
    - B2C特点
    - B2C模式
    - B2C交易流程
  - C2C电子商务
    - C2C基本概念
    - C2C特点
    - 案例分析
  - B2G电子商务
    - B2G模式优势
    - B2G模式挑战
    - 案例分析

引导案例

我国电子商务发展历程、现状及问题

一、发展历程

自1998年我国成功实现第一笔网上交易以来,电子商务在我国迅速发展。初期,电子商务主要集中于信息技术较为发达的领域,如图书、家电等。随着网络基础设施的不断完善,电子商务逐渐渗透到餐饮、购房、火车票等多个领域,形成了多样化的业务形态。近年来,电子商务网站数量激增,已超过千家,交易数额成倍增长,成为国民经济的重要组成部分。

二、发展现状

我国电子商务已进入快速发展阶段,展现出强大的生命力和广阔的发展前景。首先,电子商务已涉及多个领域,包括图书、家电、服装等生活基本用品以及汽车、钢材等大宗商品,满足了消费者的多元化需求。其次,信息技术成为电子商务发展的主要动力,各大信息技术公司与大型商场合作,建立网络连锁商城,实现线上线下的深度融合。此外,电子商务实现形式多样化,包括基础网站、融合网络交易和支付功能的网站以及拓展网上交易、订货、支付、送货等功能的网站。

三、存在问题

尽管我国电子商务取得了显著成果,但仍存在一些问题。首先,由于发展时间较短,部分企业和消费者对电子商务的认知和接受程度有限,导致市场潜力尚未完全挖掘。其次,电子商务在发展中面临着信息安全、支付安全等风险,需要建立完善的保障体系。此外,电子商务法律法规尚不完善,需要加快相关立法进程,为电子商务的健康发展提供法律保障。

资料来源:陈晨.我国电子商务发展现状、问题与政策建议[J].中国商论,2021,(20):62-64.

案例思考:未来电子商务行业如何才能更好地发展?

任务一　　B2B 电子商务

任务分析

理解 B2B 电子商务的基本概念、特点、发展历程及其在电子商务领域中的地位和作用。同时,以阿里巴巴为例掌握 B2B 电子商务的基本运作原理,包括交易流程、支付方式、物流配送等。

相关知识

B2B(也有写成 BTB,是 Business-to-Business 的缩写)是指企业与企业之间通过专用网络或 Internet,进行数据信息的交换、传递,开展交易活动的商业模式。它将企业内部网络和企业的产品及服务,通过 B2B 网站或移动客户端与客户紧密结合起来,通过网络的快速反应,为客户提供更好的服务,从而促进企业的业务发展。

一、B2B 模式

(一) 垂直模式

面向制造业或面向商业的垂直 B2B(Directindustry Vertical B2B)。可以分为两个方向,即上游和下游。生产商或商业零售商可以与上游的供应商之间形成供货关系;生产商与下游的经销商可以形成销货关系。简单地说这种模式下的 B2B 网站类似于在线商店,这一类网站其实就是企业网站,就是企业直接在网上开设的虚拟商店,通过这样的网站可以大力宣传自己的产品,用更快捷、更全面的手段让更多的客户了解自己的产品,促进交易。或者也可以是商家开设的网站,这些商家在自己的网站上宣传自己经营的商品,目的是用更加直观便利的方法促进、扩大商业交易。

(二) 综合模式

面向中间交易市场的 B2B。这种交易模式是水平 B2B(Horizontal B2B),它是将各个行业中相近的交易过程集中到一个场所,为企业的采购方和供应方提供了一个交易的机会,这一类网站自己既不是拥有产品的企业,也不是经营商品的商家,它只提供一个平台,在网上将销售商和采购商汇集一起,采购商可以在其网上查到销售商的有关信息和销售商品的有关信息。

(三) 自建模式

行业龙头企业自建 B2B 模式是大型行业龙头企业基于自身的信息化建设程度,搭建以自身产品供应链为核心的行业化电子商务平台。行业龙头企业通过自身的电子商务平台,串联起行业整条产业链,供应链上下游企业通过该平台实现咨询、沟通、交易。但此类电子商务平台过于封闭,缺少产业链的深度整合。

(四)关联模式

行业为了提升电子商务交易平台信息的广泛程度和准确性,整合综合 B2B 模式和垂直 B2B 模式而建立起来的跨行业电子商务平台。

二、发展阶段

中国的 B2B 电商平台从早期的综合型交易平台(如阿里巴巴)发展到具有行业特色的垂直型交易平台(如找钢网),交易模式从以阿里巴巴为代表的提供信息服务为主的交易平台向提供交易撮合、金融服务、物流服务等综合解决方案为主的交易平台转变。随着工业 4.0 时代的全面到来,工业品 B2B 平台不仅打破了传统营销方式在时空上的限制,而且拓宽了企业交易的范围。各大工业品企业都体验到了线上采购的科学性与便利性,从线下营销转为线上将成为 B2B 行业采购的新趋势。随着更多工业品企业对线上交易产生信任和依赖,加上平台基础设施的不断完善,B2B 平台的发展将从最初的信息黄页时代向数字化供销时代迈进(见图 1-1)。

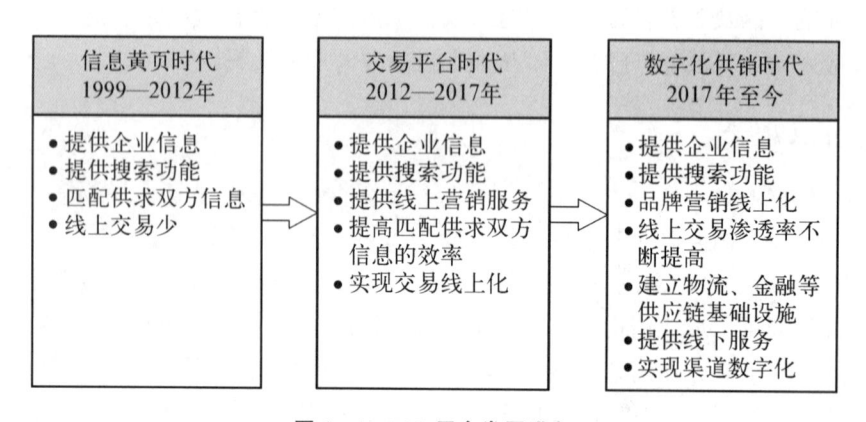

视野拓展
吉林跨境电商 B2B 出口成效初显

信息黄页时代 1999—2012年	交易平台时代 2012—2017年	数字化供销时代 2017年至今
• 提供企业信息 • 提供搜索功能 • 匹配供求双方信息 • 线上交易少	• 提供企业信息 • 提供搜索功能 • 提供线上营销服务 • 提高匹配供求双方信息的效率 • 实现交易线上化	• 提供企业信息 • 提供搜索功能 • 品牌营销线上化 • 线上交易渗透率不断提高 • 建立物流、金融等供应链基础设施 • 提供线下服务 • 实现渠道数字化

图 1-1 B2B 平台发展进程

任务实施

本次任务是使用电子商务网站进行网上洽谈及交易,目的是掌握 B2B 电子商务交易流程,熟悉 B2B 电子商务模式的交易流程。下面以 B2B 电子商务的典型代表阿里巴巴(1688.com)批发网为例,讲解 B2B 电子商务交易流程。

B2B 交易流程——以阿里巴巴(1688.com)批发网为例

第一步,打开阿里巴巴首页,如图 1-2 所示。

图 1-2 阿里巴巴首页

第二步,注册阿里巴巴会员,会员分企业账户及个人账户,企业账户可以作为卖家身份开店也作为买家身份采购,个人账户仅能作为买家身份采购,如图 1-3 所示。

图 1-3 账户注册信息

第三步，登录阿里巴巴网站，浏览与搜索各类产品信息。

第四步，进入商家工作台，如图1-4所示，发布商品信息，如图1-5所示。

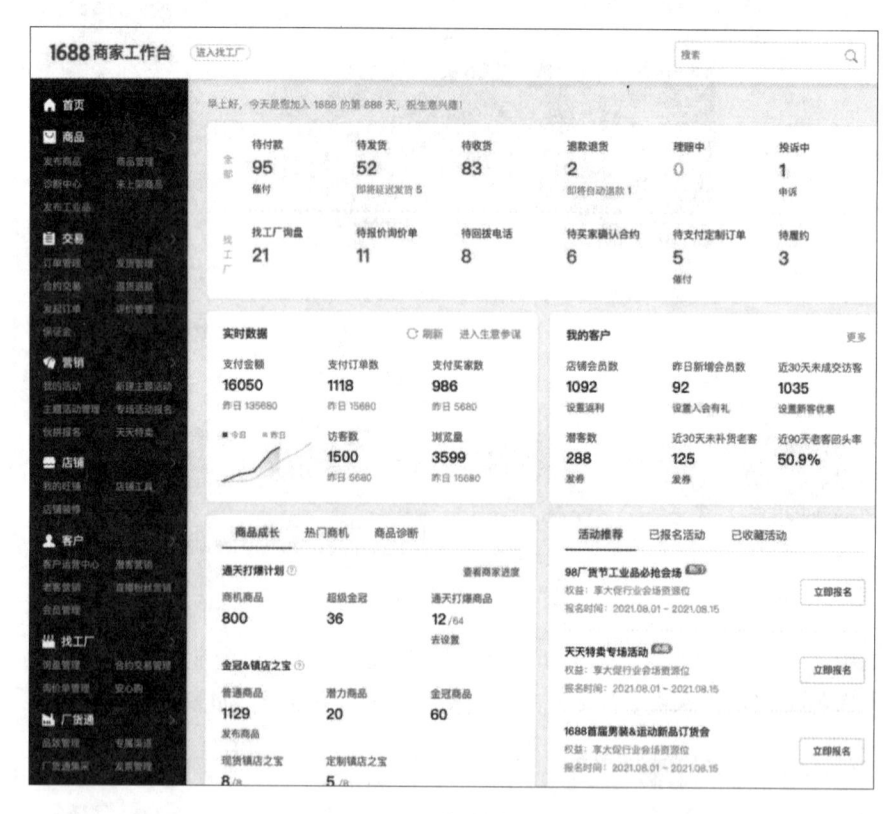

图1-4 商家工作台

图1-5 发布商品信息

第五步,进入买家工作台,发布寻源信息,如图 1-6 所示。

图 1-6 买家工作台

第六步,在阿里巴巴上进行交易。搜索需要购买的商品,提交订单,使用支付宝支付货款。

第七步,付款成功后,卖家发货,买家收到货后,交易完成。

任务二　B2C 电子商务

任务分析

理解 B2C 电子商务的基本概念、特点。同时,以当当网为例掌握 B2C 电子商务的基本运作流程,包括交易流程、支付方式、物流配送等。

相关知识

B2C 是指企业直接面向消费者提供商品或服务的商业模式。与传统的 B2B(Business to Business)模式不同,B2C 模式的核心是将商品或服务直接销售给最终消费者,而不是中间商或其他企业。通过互联网等电子商务平台,消费者可以方便快捷地浏览和购买商品或服务,而企业则可以通过对消费者需求的了解,提供更优质的产品和服务。

一、B2C 的特点

(1) 直接面向消费者:B2C 模式的核心是将商品或服务直接销售给最终消费者,消费者可以更加方便快捷地购买所需的商品或服务。

（2）电商平台：B2C模式的销售渠道主要是通过互联网等电子商务平台进行，消费者可以在网上浏览和购买商品或服务。

（3）个性化定制：B2C模式可以根据消费者的需求和喜好，提供个性化的产品和服务，提高消费者的满意度和忠诚度。

二、B2C模式

B2C电子商务模式主要可以分为综合B2C模式，垂直B2C模式，传统企业转型电子直销模式的B2C模式等，模式展开如下所述：

（一）中间商模式

中间商模式是指企业没有自己的生产基地，只是作为中间商在网络上销售商品。根据销售的商品类型，可进一步分为综合类和垂直类。综合类如当当网(Dangdang)和亚马逊(Amazon)等B2C公司销售类别广泛的产品。垂直B2C公司专门从事某一类别的商品。

（二）第三方交易平台模式

电子商务企业建立网站为企业提供交易平台，不参与产品销售和流通过程。这种模式将入驻企业直接推到与消费者交易的前台，大大节省了建立自己的商业网站的成本，而电商企业则通过提供商业平台获得增值收入(如开店费、广告费、支付等服务费)。这种模式有天猫商城、京东商城等。

（三）厂家直销模式

通过自建电子商务平台，产品制造商直接向消费者提供产品，分为两种模式：一种是制造商只在网上销售产品；另一种是制造商在网上和实体店销售产品，即"线上和线下模式"。制造商建立自己的电子商务平台，可以使产品直接销售给用户，减少中间环节，大大降低营销成本，使制造商和消费者获得更多利益。

（四）传统零售商(经销商)网络销售模式

传统零售商(经销商)可以将其丰富的地面零售经验与电子商务相结合，有效整合传统零售业务的门店资源、供应链和物流系统。然而，不可否认的是，在线零售业务将与传统零售商(经销商)竞争，实体店与在线营销之间的关系往往很难处理好。

视野拓展
商务部：加快制定B2C电商平台、直播电商等行业标准

任务实施

本次任务是使用B2C电子商务网站进行网上购物，目的是掌握B2B电子商务交易流程。下面以B2C电子商务的典型代表当当网为例，讲解B2C电子商务交易流程。当当是知名的综合性网上购物商城，1999年11月正式开通，当当已从早期的网上卖书拓展到网上卖各品类百货，包括图书音像、美妆、家居、母婴、服装、3C数码等几十个大类，数百万种商品。

B2C 交易流程——以当当网为例

一、注册/登录

如果你未在当当网注册登记过,需要输入用于注册的手机号码,单击"立即注册"按钮进入注册页面,设定登录密码即可完成注册;也可以使用第三方账户登录。如果你已经在当当网注册登记过,只需要输入当时注册登记的手机号码并输入登录密码即可登录当当网(见图1-7)。

图1-7 当当网注册界面

二、选购商品并放入购物车

搜索并选择你需要的商品,单击"加入购物车"按钮即可将其放入购物车;单击"去购物车结算"按钮可查看购物车中的商品,如果你还想购买其他商品,则可单击"继续购物"按钮;商品选择完毕,单击"结算"按钮。

三、填写收货信息

在收货信息页面填写收货人的详细信息及送货方式。

四、选择包装和付款方式

收货信息填写完毕后,即可选择该订单的付款方式及商品包装、发票信息等。当当网提供了多种支付方式,有支付宝、微信、一网通等。

五、提交订单等待收货

填写并确认完以上信息后,就可以提交订单了。提交订单后,当当网会弹出一个订单提交成功的页面信息,可以根据订单号,以便随时查询订单状态。

六、收货

签收快递,确认商品无误,单击"确认收货",完成购物。

任务三 C2C 电子商务

任务分析

理解 C2C 电子商务的基本概念、特点。同时,以闲鱼为例掌握 C2C 电子商务的基本功能,运作流程,包括交易流程、支付方式、物流配送等。

相关知识

一、C2C 基本概念

C2C 同 B2B、B2C 一样,都是电子商务的几种构成成分之一。C 指的是消费者,因为消费者的英文单词是 Consumer,所以简写为 C。C2C 的意思就是消费者(Consumer)与消费者(Consumer)之间的电子商务。比如一个消费者有一部闲置手机,通过网上拍卖,把它卖给另外一个消费者,这种交易类型就称为 C2C 电子商务。

二、C2C 特点

(一) 提供交易双方网络交流的直观平台

与传统商务模式的最大区别在于,电子商务是为买卖双方提供了网络交流平台,使交易不再受时间和空间的限制。C2C 电子商务也是如此。而相比较于 B2B、B2C 和 B2G 等模式,C2C 的最大特点就是直接实现了单个用户群体之间的网上交易。个人卖家可以直接在电子商务平台上展示发布自己的商品,消费者可以通过平台主动获取商品信息并与卖家直接进行交流,没有中间商。这种模式通过提供直观的信息平台,在打破时空约束的基础上,实现了用户之间的直接对话与交易,最大化了信息的展示与交流范围。

(二) 提供用户间交易的配套服务

(1) 支付服务:C2C 平台通常提供支付服务,如支付宝、微信支付等,保障交易资金的安全和便捷性。

(2) 物流服务:平台与快递公司合作,提供物流服务,确保商品能够按时、安全地送达买家手中。

(3) 售后服务:平台提供售后服务,如退货、换货、维修等,保障买家的权益。

(4) 信用评价服务:C2C 平台建立信用评价制度,对买家和卖家的交易行为进行评价和监管,提高交易的透明度和可信度。

这些配套服务将极大提高用户之间交易过程中的信心和利益保障,同时也有利于规范 C2C 电子商务的运营。

（三）产品种类和数量极其丰富,但质量参差不齐

相对于 B2B 的法人载体,C2C 的交易双方则是以自然人为载体。庞大的用户群带来了丰富的产品。C2C 电子商务平台上不仅有日用百货等实物产品,也有手机充值、会员、点卡、心理咨询等无形的服务类产品,同时还有大量二手产品,品类齐全、数量丰富。但与此同时,由于商品由大量个人用户提供,因此其质量也是参差不齐,新品、二手、正品、仿冒品、大品牌和个人制作等均有。由于用户数量、产品种类的双重叠加,使得 C2C 电子商务的商品质量难以保障。

（四）交易次数多,但单次交易额小

由于 C2C 电子商务面向用户与用户之间,因此和 B2B 模式相反,一般是"本小利薄",即单次交易数量少交易额小,而电子商务平台整体的交易次数多,这也是我国 C2C 电子商务普遍的现象。

任务实施

案例分析：闲鱼,作为阿里巴巴旗下的闲置交易平台,自推出以来便以其独特的定位和功能,迅速成为国内最大的闲置交易社区。浏览闲鱼 App,并对闲鱼进行点评。

闲鱼闲置交易平台

一、平台定位与功能创新

闲鱼以"闲置交易"为核心,不仅提供了一键转卖、自主拍照上传等便捷功能,更致力于打造基于新生活方式的社区。用户可以在此分享私人时间、技能、兴趣爱好与经验,甚至空间,让闲置物品焕发新生,让浪费变消费。这种创新的定位和功能设计,使闲鱼在竞争激烈的电子商务市场中脱颖而出。

二、用户规模与活跃度

闲鱼用户数已超 5 亿,且以年轻用户为主,其中"95 后"用户占比达到 43%。这一庞大的用户基数和年轻化的用户结构,为闲鱼的发展提供了坚实的基础。同时,用户活跃度高,平台交易量持续增长,显示出强大的市场潜力。

三、安全保障与信任体系

闲鱼通过引入淘宝信用支付体系、上线新信用评估体系"鱼力值"、开设闲鱼小法庭以及推出"验货宝"交易服务等措施,构建了一套完善的安全保障和信任体系。这些举措有效降低了交易风险,提高了用户的信任度,为平台的稳定发展提供了有力保障。

四、社区化与内容生态

闲鱼不仅是一个交易平台,更是一个充满活力和创意的社区。平台内的"会玩"圈子为用户提供了展现个性和分享兴趣的平台,吸引了大量优秀创作者和活跃用户。这种社区化的运营策略和内容生态的构建,增强了用户的黏性和忠诚度,也为平台带来了更多的流量和交易机会。

五、商业模式与发展前景

闲鱼通过不断优化平台功能和提升用户体验,吸引了大量用户和商家。近年来,平台开始逐步实行收费政策,探索更多商业模式(见图1-8)。

图1-8 闲鱼平台界面

任务四　B2G 电子商务

任务分析

理解 B2G 电子商务的基本概念、特点。同时，以山东省政府采购网上商城为例掌握 B2G 电子商务的基本功能，运作流程，包括交易流程、支付方式、物流配送等。

相关知识

电子商务 B2G 模式是指商业企业与政府之间通过电子商务平台进行交流、合作和交易的模式。商业企业可以通过该模式向政府提供商品和服务，政府可以通过该模式进行采购和合作。B2G 模式的核心是通过互联网和信息技术，实现商业企业和政府之间的信息对接和交流，从而提高交易效率和合作质量。

一、B2G 模式优势

（一）提高效率

B2G 模式通过信息技术的应用，实现了商业企业和政府之间的快速交流和高效合作，大大提高了交易效率。

（二）降低成本

B2G 模式通过减少传统交易中的中间环节和纸质文件的使用，降低了交易的成本。商业企业和政府可以通过平台直接对接，减少了人力、物力和时间成本的浪费。

（三）提升服务质量

B2G 模式通过提高交易的透明度和便捷性，促使商业企业提供更好的产品和服务。政府可以通过平台实时了解商业企业的情况，选择合适的合作伙伴，提升了服务质量。

二、B2G 模式挑战

（一）安全风险

B2G 模式中涉及大量的信息传递和交换，安全问题成为一个重要的挑战。商业企业和政府需要加强信息安全管理，确保交易数据的保密性和完整性。

（二）技术壁垒

B2G 模式的实施需要商业企业和政府具备一定的信息技术能力和基础设施条件。对于一些中小型企业和地方政府来说，技术壁垒可能成为一个限制因素。

（三）法律法规

B2G 模式涉及商业企业和政府之间的交易和合作，需要符合相关的法律法规。商业企业和政府需要了解和遵守相关法律法规,确保交易的合法性和合规性。

任务实施

案例分析:登录以下网站,对山东省政府采购网上商城进行全面调研,深入了解B2G电子商务。

山东省政府采购网上商城

图1-9 山东省政府采购网上商城

一、山东省政府采购网上商城介绍

山东省政府采购网上商城(见图1-9)是按照省委、省政府关于"放管服"改革以及"互联网+政务服务"的有关要求,以提升服务质量和采购效率为核心,综合运用电子商务、互联网、大数据等新技术、新业态,精心打造的一个适用于通用货物、工程、服务全流程网上交易的服务平台。网上商城按照"公开透明、全程留痕、自主选择、直接支付、综合评价、动态管理"的原则,建设并运行管理。在采购流程和交易规则设置上充分体现"还权+还责"于采购人的理念。采购中心负责搭建网上商城平台,组织征集供应商和商品入驻商城,以及商城日常运行管理工作,不干预商城内的具体交易活动。采购人通过网上商城在线自主完成采购立项、选择商品(供应商)、下单(竞价)、发布采购信息、确认成交供应商、生成合同、履约评价等一系列操作,采购全程留痕可追溯,操作简便灵活,信息公开透明。

网上商城品目齐全,覆盖范围广泛,目前,共有1 042个品目纳入网上商城采购范围。小到笔墨纸张,大到车辆电梯,既可以采购到办公用品、办公设备、办公家具等通用货物,也能满足加油保险、物业保安、建筑装修等服务、工程类的专业化、个性化的采购需求,基本能够保障各部门单位的日常采购所需。针对不同的采购品目,网上商城同时具备网上超市、批量集采、定点采购三种采购方式,提供了直购和竞价两种交易形式,实现一个平台展示、一个账号登录、一站式采购,为采购人提供方便高效的自助式购物体验。采购人根据自身采购需要,运用不同的采购方式就可以买到满意的商品或服务。其中,网上超市适用于市场价格透明、货源充足、规格标准明确统一的通用货物,如计算机、电视机、复印纸、优盘等;批量集采是在超市商品基础上,为进一步扩大集中采购规模优势,针对超市里部分采购需求量较大的通用标准产品,每月归集采购人的需求,厂商对相应数量区间作出具体的折扣承诺,采购量越大成交价格越低,如计算机、激光打印机、复印机等;定点采购适用于技术复杂、规格标准难以统一的货物、工程或服务的采购,如物业、印刷、装修工程、家具等品目。

网上商城是对现有政府采购方式和采购手段的一种有益补充和完善,为采购人和供应商搭建起沟通的桥梁,将有效缓解政府采购供需矛盾,有利于进一步提高采购效率,降低采购成本,促进市场要素无障碍流通,培育统一开放、竞争有序、公正诚信的政府采购市场,为解决长期困扰政府采购的效率、质量、公平等难题提供了创新思路。

二、交易流程

(一) 计划立项

列入政府采购预算的项目,通过预算一体化系统编制采购计划,并在政府采购信息公开平台立项分包后导入网上商城实施采购。未列入政府采购预算的项目,采购人登录网上商城自建计划实施采购。

(二) 下单产品

登录网上商城,进入后台管理,在计划管理界面可自建计划或查看所有导入的采购计划及项目分包信息。在商城首页(前台),全部商品分类中检索查看所有商品信息,采购人可根据需要选定商品加入购物车,录入采购数量、收货地址、联系方式等信息,关联采购计划,向供应商直购下单。

(三) 供应商接单

供应商登录网上商城,进入后台管理,对当前项目进行报价。报价时间截止后,采购人按照顺序确认排名第一的供应商为成交供应商,系统自动发布成交公告。

(四) 验收评价

供应商按合同要求将产品配送到采购人指定地点。采购人及时组织验收工作,核实产品数量和规格等内容,采购人可对供应商履约情况进行评价;供应商和采购人也可对商城系统使用及服务情况进行"好差评"。

资料来源:山东省政府采购网上商城.采购指南[EB/OL].[2025-1-13]. http://ggzyjyzx.shandong.gov.cn/wssc/sdszfcg/.

思政园地

商务部电子商务司负责人介绍2024年1~4月我国电子商务发展情况

2024年1~4月,我国电子商务保持较快增速,在提升商务领域数字化水平、促进消费增长、拓展国际合作中发挥积极作用。

加快商务领域数字化进程。商务部贯彻落实党中央、国务院关于建设数字中国、发展数字经济的决策部署,制定《数字商务三年行动计划(2024—2026年)》,开展数商强基、数商扩消、数商兴贸、数商兴产、数商开放5项重点行动,细化20条具体举措,全方位提升商务发展数字化、网络化、智能化水平。1~4月全国网上零售额4.41万亿元,同比(下同)增长11.5%,其中实物商品网上零售额3.74万亿元,增长11.1%,占社会消费品零售总额的比重为23.9%,跨境电商出口占货物贸易出口比重稳步提高。

网络消费新增长点持续发力。商务部会同相关部门举办第六届双品网购节,各地围绕数享生活、数贸全球、数智赋能三大主题推出230余场活动,更好满足品牌品质需求,活动期间全国网络零售额增长12.1%。数字、绿色、健康类商品较快增长,1~4月通信器材、节能家电和体育娱乐用品分别增长20.2%、15.5%和21.6%;服务消费增速快于总体,1~4月商务部重点监测网络服务消费额增长25.1%,其中在线旅游增长77.6%,新中式游、县城游、出境游受青睐;以旧换新政策效应开始显现,4月份家电和家具网络销售额分别增长9.3%和12.2%,较上月加快2.3和3.2个百分点。

电商国际合作取得新进展。中国商务部和塞尔维亚内外贸易部签署电子商务合作谅解备忘录,双方建立电商合作机制,开展联合研究和人员培训,促进地方合作,鼓励企业间合作,促进中小企业与大型平台对接。截至目前,中国已与31个国家建立了双边电商合作机制。上海"丝路电商"合作先行区建设进展良好,38项试点举措中36项启动实施。

资料来源:商务部新闻办公室.商务部电子商务司负责人介绍2024年1~4月我国电子商务发展情况[EB/OL].[2025-1-13].http://m.mofcom.gov.cn/article/xwfb/xwsjfzr/202405/20240503511278.shtml.

归纳与提高

电子商务模式涵盖了B2B、B2C、C2C和B2G四大类别。B2B模式实现了企业间的无缝对接,推动供应链上下游的紧密合作,如阿里巴巴就以其信息撮合和全方位服务著称。B2C模式则直接面向消费者,提供个性化商品与服务,以当当网为例,通过电商平台实现了便捷的购物体验。C2C模式如闲鱼,促进了消费者之间的闲置物品交易,实现了资源的有效利用和共享。而B2G模式,如山东省政府采购网上商城,展现了企业与政府间电子化交易的高效与透明,提升了政府采购的效率和质量。这些电子商务模式不仅重塑了商业交易方式,还推动了经济的全球化和数字化进程,为企业、消费者和政府带来了前所未有的便利与价值。

知识巩固

一、判断题
1. 从电子商务服务对象的范围来看,企业与消费者间的电子商务称之为 B2C。　　　　( )
2. 只要是有形货物的电子订货和付款,就属于间接电子商务。　　　　　　　　　　( )
3. 电子商务(EC)实现整个贸易活动的自动化和电子化。　　　　　　　　　　　　( )
4. 根据市场要素的组合,海尔开展的电子商务属于:网络公司+实物商品/服务+在线过程。( )
5. 根据市场要素的组合,百度开展的电子商务属于:实物公司+实物商品/服务+在线过程。( )

二、单项选择题
1. 电子商务的任何一笔交易都包含( )。
   A. 物流、资金流、事务流　　　　　　B. 资金流、物流、信息流
   C. 资金流、物流、人才流　　　　　　D. 交易流、信息流、物流
2. 企业间网络交易是电子商务的哪一种基本形式( )。
   A. G2C　　　　　B. G2B　　　　　C. B2B　　　　　D. B2C
3. 消费者间网络交易是电子商务的哪一种基本形式( )。
   A. C2C　　　　　B. G2B　　　　　C. B2B　　　　　D. B2C

三、论述题
谈谈你对中国电子商务发展中应该关注的问题的认识和理解。

技能训练

1. 实训目的

掌握 C2C 电子商务模式的交易方式和操作流程,重点了解典型的 C2C 电子商务开店流程和商品发布流程。

2. 实训内容和步骤

(1) 注册淘宝会员。
(2) 浏览商品,完成订单。
(3) 支付货款。
(4) 点击开店,登记主体信息,完成实名认证。
(5) 发布商品。

3. 撰写实训报告

实训报告以书面形式或电子文档形式提交。

第二章 网络市场调研

学习目标

知识目标

理解网络市场调研概念、目的及重要性。掌握多渠道收集网络商务信息的方法。熟悉问卷设计原理、要素及撰写报告流程。

能力目标

快速准确收集、筛选有价值信息。设计科学、合理的市场调研问卷。整理、分析调研数据并得出结论。撰写结构清晰、数据翔实的调研报告。

素质及思政目标

培养信息素养,提高信息甄别利用能力。激发创新思维,提升调研效率与效果。增强团队合作,提升沟通协调能力。树立社会责任感,关注市场调研的社会价值。强化诚信意识,确保数据真实可靠。

思维导图

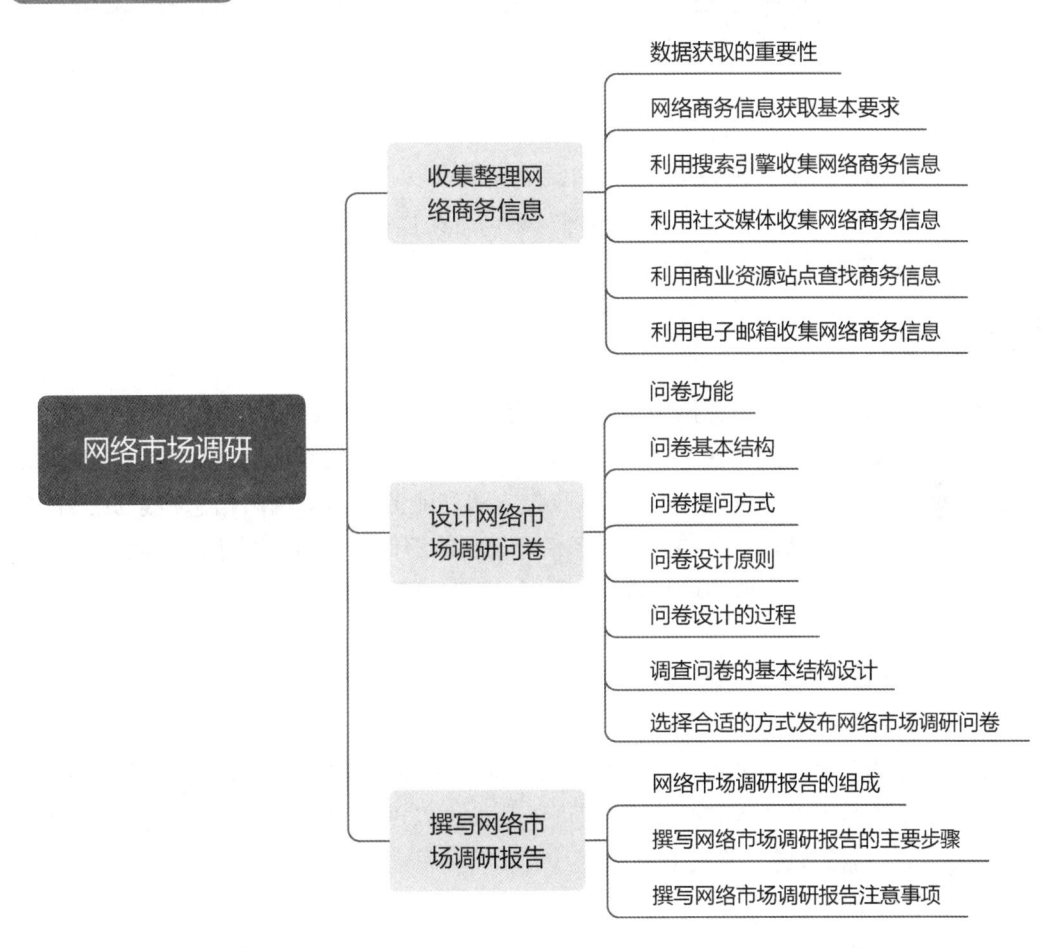

- **网络市场调研**
  - 收集整理网络商务信息
    - 数据获取的重要性
    - 网络商务信息获取基本要求
    - 利用搜索引擎收集网络商务信息
    - 利用社交媒体收集网络商务信息
    - 利用商业资源站点查找商务信息
    - 利用电子邮箱收集网络商务信息
  - 设计网络市场调研问卷
    - 问卷功能
    - 问卷基本结构
    - 问卷提问方式
    - 问卷设计原则
    - 问卷设计的过程
    - 调查问卷的基本结构设计
    - 选择合适的方式发布网络市场调研问卷
  - 撰写网络市场调研报告
    - 网络市场调研报告的组成
    - 撰写网络市场调研报告的主要步骤
    - 撰写网络市场调研报告注意事项

引导案例

因特网是一个巨大的信息资源库，其上的信息更新及时，因此利用它来收集信息具有高效率、低费用、信息量大、时效性强、参考价值高等优势。企业通过对产品价格、关税及贸易政策、国际贸易数据三个方面信息的检索，可以确定出口产品的定价，获知出口产品的质量标准及出口难易程度，寻找潜在的客户源。

SBC 传播有限公司特殊市场主任吉姆·沃什说："互联网对我们的生意来说非常有价值。它虽只是我们情报收集过程中的一部分，但却是一个重要的部分。"该公司专门为某些公司收集竞争情报。

有人戏称"互联网成为商业间谍的金矿"。

资料来源：百度文库.网上市场调研案例[EB/OL]. [2025-1-27]. https://wenku.baidu.com/view/86f872cad3d233d4b14e852458fb770bf78a3bfe.html?fr=income1-doc-search&_wkts_=1737907532104&wkQuery=%E7%BD%91%E4%B8%8A%E5%B8%82%E5%9C%BA%E8%B0%83%E7%A0%94%E6%A1%88%E4%BE%8B.

任务一　收集整理网络商务信息

任务分析

互联网上有巨大的信息数据库,网络营销人员可以通过互联网获取大量有价值的数据和信息。下面的任务将引导大家利用网络查询各类商品的供求信息,通过网络查询获得环境信息、消费者信息及同行竞争者信息。

相关知识

网络商务信息检索是指在网络上对商务信息的寻找和调取工作。这是一种有目的、有步骤地从各个网络站点查找和获取信息的行为。一个完整的企业网络商务信息收集系统包括先进的网络检索设备、科学的信息收集方法和业务精通的网络信息检索员。电子商务的开展离不开信息。有效的网络商务信息必须能够保证源源不断地提供适合于决策的信息。对网络商务信息收集的要求是:及时、准确、适度和经济。

一、数据获取的重要性

（一）提高竞争力

电商领域的竞争非常激烈,而这个行业的成功往往取决于掌握的数据。因此,掌握竞争对手的信息和数据是非常有必要的,它可以帮助你以更正确的方式做出营销策略和促销计划,从而提高在市场上的竞争力。

（二）了解消费者

了解消费者的需求和喜好是电商运营的关键。获取消费者的数据可以让你更深入地分析和了解消费者,从而更好地满足他们的需求,提高他们的忠诚度。

（三）优化产品

电商产品的优化对于行业从业者来说是至关重要的。通过获取数据,你可以了解消费者需要改进的地方,进行优化并提高产品质量,从而在市场上更有竞争力。

二、网络商务信息获取基本要求

（一）及时

所谓及时,就是迅速、灵敏地反映销售市场发展各方面的最新动态。信息都是有时效性的,其价值与时间成反比。及时性要求信息流与物流尽可能同步。由于信息的识别、记录、传递、反馈都要花费一定的时间,因此,信息流与物流之间一般会存在一个时滞。尽可能地减少信息流滞后于物流的时间,提高时效性,是网络商务信息收集的主要目标之一。

（二）准确

所谓准确，是指信息应真实地反映客观现实，失真度小。在电子商务中，由于买卖双方不直接见面，因而准确的信息就显得尤为重要。准确的信息才可能产生正确的市场决策。信息失真，轻则会贻误商机，重则会造成重大的损失。信息的失真通常有三个方面的原因：一是信源提供的信息不完全、不准确；二是信息在编码、译码和传递过程中受到干扰；三是信宿接受信息出现偏差。为减少网络商务信息的失真，必须在上述三个环节上提高管理水平。

（三）适度

适度是指提供信息要有针对性和目的性，不要无的放矢。没有信息，企业的营销活动就会完全处于一种盲目的状态。信息过多、过滥，也会使得营销人员无所适从。在当今的信息时代，信息量越来越大，范围越来越广，不同的管理层次又对信息提出不同的要求。在这样的情况下，网络商务信息的检索必须目标明确，方法恰当，信息收集的范围和数量要适度。

（四）经济

这里的"经济"是指如何以最低的费用获得必要的信息。追求经济效益是一切经济活动的中心，也是网络商务信息检索的原则。信息的及时性、准确性和适度性都要求建立在经济性基础之上。此外，提高经济性，还要注意使所获得的信息发挥最大的效用。

任务实施

一、利用搜索引擎收集网络商务信息

搜索引擎是我们日常上网经常使用的，在我国百度（Baidu）、搜狗（Sogou）、360、有道（Youdao）这些都是经常使用的搜索引擎。搜索国外客户信息也可以用 Google、Yahoo、Bing、Ask。

（一）谷歌搜索

谷歌搜索是一个全球范围应用的搜索引擎，一直以来都排在搜索引擎的领先地位，为全球大部分国家和地区提供搜索服务。

图 2-1 谷歌搜索

（二）Bing

Bing 在很多国家有着重要的地位，是全球应用的第二多的搜索引擎，也是比较贴合中国用户的全球搜索引擎。

图 2-2　Bing

（三）百度搜索

百度搜索是全球最大的中文搜索引擎，在国内可以说是一家独大，应用得非常广泛，中国 PC 电脑端的搜索市场份额达到了 51.68%。百度搜索 2000 年 1 月由李彦宏、徐勇两人创立于北京中关村，致力于向人们提供"简单，可依赖"的信息获取方式。"百度"二字源于中国宋朝词人辛弃疾的《青玉案》诗句："众里寻他千百度"，象征着百度对中文信息检索技术的执着追求。

图 2-3　百度搜索

（四）雅虎搜索

雅虎搜索曾经是全球第 1 门户，搜索网站范围遍及全球 24 个国家和地区，为超过 5 亿的用户提供多元化的网络服务，现在在市场上仍然占有着重要的份额。随着诸如百度等国内搜索引擎的崛起，雅虎的颓势逐渐显现，在中国的用户数量开始减少。雅虎中国官网公告，2021 年 11 月 1 日起，用户无法从中国大陆使用 Yahoo 的产品与服务，但不影响 Yahoo 在全球其他地方的产品及服务。

（五）Yandex

Yandex 是来自俄罗斯的搜索引擎，也是全球十大搜索引擎之一，这款搜索引擎是基于俄罗斯语言研发的服务，就像中国的百度。

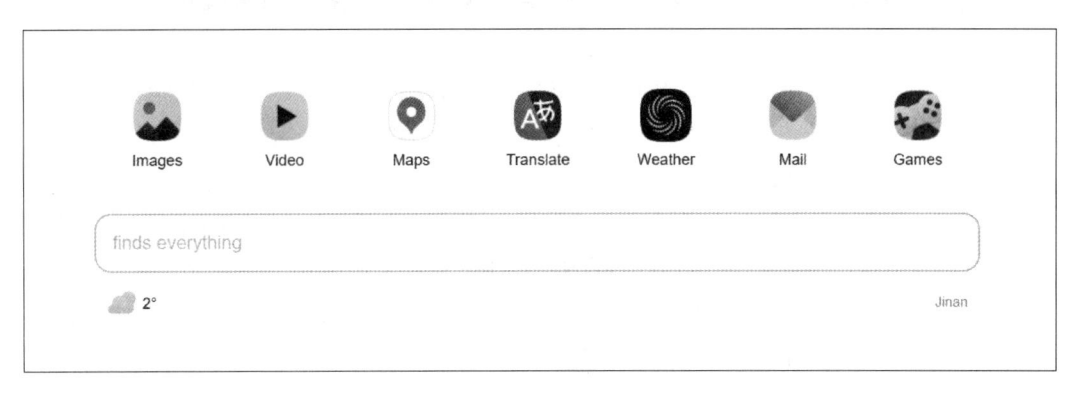

图 2-4　雅虎搜索

（六）Ask

Ask 搜索引擎是国外比较出名的一款搜索引擎，其规模虽不大，但很有特色。Ask 是一个主要以问答为主的搜索引擎网站，一般在美国日本等地应用得比较广泛。支持自然提问的搜索引擎，其数据库里储存了超过 1 000 万个问题的答案，只要用户用英文直接输入一个问题，它就会给出问题答案。

如果用户的问题答案不在其数据库中，那么它会列出一串跟用户的问题类似的问题和含有答案的链接，供用户选择。

二、利用社交媒体收集网络商务信息

利用微博、微信、Facebook、Instagram、小红书、知乎等平台的用户反馈和互动数据收集网络商务信息。调查工具的选择以及获取正确的数据对于市场调研结果非常重要，因此我们需要了解如何使用社交媒体平台获得正确的数据。我们可以利用社交媒体发布一些与调查有关的话题，同时可以请用户参与到调查中。例如，知乎是一个知识分享的社交网站，它具有海量的用户和知识内容。可以轻松地获取知乎上的问答数据，例如问题、答案、评论信息等。

视野拓展

小红书商业化

知识拓展

如何通过社交媒体获得商业机会

社交媒体在现代商业中扮演着越来越重要的角色。从小型企业到巨型企业，许多人都开始利用社交媒体来推销产品和服务。然而，通过社交媒体获得商业机会并不是那么容易的事情。社交媒体上有很多竞争者，如何在这个拥挤的市场中脱颖而出？以下是一些可行的方法。

第一，了解你的客户。在社交媒体上，你可以找到各种各样的人。有些人可能就是你想要的客户，而有些人则不是。因此，了解你的客户是非常重要的。一个好的方法是创建买家人设。你需要了解消费者的年龄、性别、家庭状况、教育程度、职业和兴趣爱好等信息。

第二，确定你的目标。一旦你确定了你的客户，你需要确定你的目标。你希望什么样的反馈？你希望获得多少点击量或者多少买家？你希望提高在行业中的知名度吗？所有这些目标都需要策略和计划。

第三，为你的社交媒体账号设定一个专业的形象。你需要为你的账号设计一个专业、独特、一致的外观和语调。你的账号需要清晰、有力地传达你的品牌价值和目标。

第四，参加你的客户关注的社交媒体群。通过参加关注你行业的社交媒体群体，你可以获得一些有价值的信息。你可以在这里了解你的客户关心什么，以及你的竞争对手在做什么。

第五，在"关注你的敌人"之前，你需要了解他们的策略。在社交媒体上，你的竞争对手们也在推销他们的产品和服务。为了与他们竞争，你需要了解他们的策略、优势、弱点。

第六，提供有价值的信息。通过提供有价值的信息，你可以建立你在行业中的声誉和专业形象。你的信息可以以博客、视频、书籍、白皮书或图表等形式呈现。

第七，以轻松愉快的方式与客户进行交流。你的社交媒体账号应该以轻松愉快的方式与你的客户进行交流。回复他们的问题、留言和评论，并参加他们的讨论。

第八，使用在线广告。联合线上广告是促进社交媒体营销的一种好方法。在社交媒体上，你可以使用广告宣传你的产品和服务，从而增加你的品牌知名度。

第九，利用社交媒体的统计学家。通过了解你的社交媒体数据，你可以了解你的客户如何与你的品牌进行互动。这将帮助你更好地了解客户的喜好和行为模式，从而提高你的社交媒体营销策略的效益。

三、利用商业资源站点查找商务信息

（一）利用商业门户网站收集商务信息

商业门户网站是指那些拥有门类齐全的公司/产品数据库信息的互联网内容服务商（Internet Content Provider，ICP）。它们自身都拥有功能完善的搜索引擎，供用户通过各种途径查找产品、供求、服务等市场信息。例如，1999年创立的阿里巴巴是全球著名的B2B系列网站，连接了全球202个国家和地区的45万商业用户，为中小企业提供着海量的商业机会、产品信息和公司资讯，其中库存买卖商业信息超过50万条，每天新增信息超过3 000条。

（二）利用专业调查网站收集商务信息

如果已知专业调查网站和相关调查频道的资源分布情况，就可查阅各个行业、各种产品已完成的市场调查报告，了解专业调查机构的市场研究方法和服务项目，参与在线调查，学习和了解有关调查项目和问卷的设计思路，获得在线调查表设计的支持等。如图2-5所示。

图 2-5　专业调查网站

（三）利用政府、行会和商会的网站

利用政府、行会和商会的官方网站，可以查阅最新政策公告、行业动态及市场报告，有效搜集商务信息。如图 2-6 所示。

图 2-6　政府官方网站

（四）国际著名的商务网站

如 Ecplaza 是全球最负盛名的企业间（B2B）电子商务贸易网站，韩国外经贸部直属的KTNET(株)是ECPLAZA的母公司。KTNET自1990年成立以来一直从事提供贸易相关的EDI(电子数据交换系统)和商业信息技术服务,海外营销,电子贸易,程序构筑,DB事业,多语言网站制作,平面设计,是世界上最为成功的B2B公司之一。1997年KTNET(株)成立全球性网上贸易专业网站向全世界制造商、出口商提供以互联网为基础的贸易解决方案及服务,帮助这些公司进行比传统贸易方式更便利、成本更低廉的贸易活动。

四、利用电子邮箱收集网络商务信息

据调查,电子邮箱是互联网上使用率极高的工具,对企业管理人员而言,利用电子邮箱搜集商务信息不失为一种好方法。

(一) 注意事项

(1) 在商务交往中,电子邮件也是一种商务文本,应当认真撰写,主题要明确、语言要流畅、内容要简洁。

(2) 电子邮件应当避免滥用,不发无意义的邮件。

(3) 电子邮件应当注意编码问题。

(4) 电子邮件应当慎选花哨功能。

知 识 拓 展

获取客户的电子邮件地址的几种方法

一、直接购买地址

通过专门的第三方或者邮件服务商进行邮件地址的购买。这种途径多数是可以根据用户性别、年龄、地区、行业、喜好等分类条件按需订购。表面看来这些地址精准性及实用性价值都很高。但是,也存在着两个弊端:一是能购买到这些地址的人肯定不仅只有你一家,其他需求者同样可以购买;二是被兜售的邮箱地址用户并不是自愿地接受你的群发邮件。

二、维护老客户资源

寻找新的潜在客户邮件地址,必须花费一定的精力、人力、财力以及时间来获取他们的信任,但是对于现有的老客户则不需如此烦琐,因为他们对你的企业或是产品已有一定的认同感,会继续信任你并产生购买行为,也很乐意提供自己的邮箱地址来获取更多的信息。企业的收集难度大大地降低,并且这些邮箱地址的营销价值也是相当高。

三、邮件订阅收集

如今很多的网站都设有邮件订阅项目,会员可根据自己的需求主动填写常用邮箱进行订阅,这些订阅的会员很明确地告知企业"我许可你给我发送这类邮件,我很感兴趣",企业收集这类邮件地址也是相当方便的。且这类邮件地址的精准性说明其价值也是最高的。

不过,这类主动要求订阅的人群是建立在对你产品或服务有所了解、有一定兴趣的基础之上,首先把你的服务进行广而告之效果会更明显。并且是持续增加新用户群的好方法。

四、会员注册收集

为了巩固用户群体,大多网站都实行会员制,只有注册会员才能获得更多的网站权利,而用户在进行注册时,往往需要进行邮箱地址验证或推荐给好友等,这样,网站的所有者就可根据填写的邮箱地址进行收集。然而,越来越多的用户为了应付注册,填写的都是不常用的邮箱地址,活跃度相当低。采用这类方法,我们需要更明确地告知用户:留下有效邮箱将为他提供哪些更好、更便捷的服务,就能收集到更多真实有效的邮箱地址。

五、有奖活动收集

比较常见的有两种方式,一是直接现场举办活动,进行邮箱地址等信息的填写即可获取奖励;二是在网络上发布一项活动,规定进行邮件转发的用户可获取某种奖励,这样也可以进行邮箱地址的收集。不过这种收集方式难以第一时间辨别邮箱地址的真伪,有些人会为了获得奖励而随意填写或者胡乱转发。

六、固定"圈子"收集

现在很多消费者都是处于一个圈子中,这个圈子可以是协会、网络、校友会、俱乐部、学校、群组等,每个圈子肯定存在互通的联系方式。企业可通过渠道加入有潜在用户群的圈子中,向他们提供各种产品或者服务优惠,以邮件的方式进行联系,即可收集到有效的邮箱地址。

(二)制作网上调查问卷并通过邮箱向客户发送调查问卷

网上调查问卷可由多个问题组成,问题包括需要用户输入信息的填空题、单项选择题、多项选择题,并可指定必答项和非必答项。问卷应清楚写明自己企业的联系方式。可利用专业的在线问卷调查、测评、投票平台。如问卷星,如图2-7所示。

视野拓展

调研平台介绍

图2-7 问卷星平台

汇集信息：通过电子邮件接收客户反馈信息，并计算问卷返回比例，对调查问卷相关信息进行整理汇总，以获得目标信息。

任务二　设计网络市场调研问卷

任务分析

问卷调查是现代社会市场调研的一种十分重要的方法。在问卷调查中，问卷设计是其中的关键，问卷设计的好坏直接决定着能否获得准确、可靠的市场信息。

相关知识

调查问卷，又称调查表，是调查者根据一定的调查目的和要求，按照一定的理论假设设计出来的，由一系列问题、调查项目、备选答案及说明所组成的，向被调查者收集资料的一种工具。问卷设计严格遵循的是概率与统计原理，因而，调查方式具有较强的科学性，同时也便于操作。这一方式对调查结果的影响，除了样本选择、调查员素质、统计手段等因素外，问卷设计水平是其中的一个前提性条件。

一、问卷功能

（1）能正确反映调查目的，具体问题，突出重点，能使被访者乐意合作，协助达到调查目的。

（2）能正确记录和反映被访者回答的事实，提供正确的情报。

（3）统一的问卷还便于资料的统计和整理。

问卷的设计是市场调查的重要一环。要得到对你有益的信息，需要提问确切的问题。最好通过提问来确定一个问题的价值：你将如何使用调查结果？这样做可使你避免把时间浪费在无用或不恰当的问题上。要设计一份完美的问卷，不能闭门造车，而应事先做一些访问，拟一个初稿，经过事前实验性调查，再修改成正式问卷。

二、问卷基本结构

问卷的格式一般是由问卷的开头部分、甄别部分、主体部分和背景部分四个部分组成。

（一）开头部分

开头部分，主要包括问候语、填表说明、问卷编号等内容。不同的问卷所包括的开头部分会有一定的差别。

（1）问候语。问候语也叫问卷说明，其作用是引起被调查者的兴趣和重视，消除调查对象的顾虑,激发调查对象的参与意识,以争取他们的积极合作。一般在问候语中的内容包括称呼、问候、访问员介绍、调查目的、调查对象作答的意义和重要性、说明回答者所需花的时间、感谢语等。问候语一方面要反映以上内容;另一方面要求尽量简短。

(2) 填写说明。在自填式问卷中要有详细地填写说明,让被调查者知道如何填写问卷,如何将问卷返回到调查者手中。

(3) 问卷编号。主要用于识别问卷、调查者以及被调查者姓名和地址等,以便于校对检查、更正错误。

（二）甄别部分

该部分也称问卷的过滤部分,它是先对被调查者进行过滤,筛选掉非目标对象,然后有针对性地对特定的被调查者进行调查。通过甄别,一方面,可以筛选掉与调查事项有直接关系的人,以达到避嫌的目的;另一方面,也可以确定哪些人是合格的调查对象,通过对其调查,使调查研究更具有代表性。

（三）主体部分

主体部分,也是问卷的核心部分。它包括了所要调查的全部问题,主要由问题和答案所组成。

(1) 问卷设计的过程其实就是将研究内容逐步具体化的过程。根据研究内容先确定好树干,然后再根据需要,每个树干设计分支,每个问题是树叶,最终构成一棵树。因此在整个问卷树的设计之前,应该有总体上的大概构想。

(2) 主体问卷的分块设置问卷在一个综合性的问卷中,我们通常将差异较大的问卷分块设置,从而保证了每个的问题相对独立,整个问卷的条理也更加清晰,整体感更加突出。

(3) 主体问卷设计应简明、内容不宜过多、过繁,应根据需要而确定,避免可有可无的问题。

(4) 问卷设计要具有逻辑性和系统性。一方面可以避免需要询问信息的遗漏;另一方面调查对象也会感到问题集中、提问有章法。相反,假如问题是发散的、随意性的,问卷就会给人以思维混乱的感觉。

(5) 问卷题目设计必须有针对性,明确被调查人群,适合被调查者身份、必须充分考虑受访人群的文化水平、年龄层次等;措辞上也应该进行相应的调整,比如面对文化水平较低的人做的调查,在语言上就必须尽量通俗,而对于文化水平较高的城市白领,在题目和语言的选择上就可以提高一定的层次。只有在这样的细节上综合考虑,调查才能够达到预期的效果。

（四）背景部分

背景部分通常放在问卷的最后,主要是有关被调查者的一些背景资料,调查单位要对其保密。该部分所包括的各项内容,可作为对调查者进行分类的比较的依据。

一般包括：性别、民族、婚姻状况、收入、教育程度、职业等。[教育程度：小学、初中、高中、职高、中专、大专、本科或者本科以上；职业：政府机构/公共事业单位(医院、学校、警察)、外资/合资企业、学生、离退休等。]

三、问卷提问方式

调查问卷提问的方式可以分为以下两种形式：

(一) 封闭式提问

在每个问题后面给出若干个选择答案,被调查者只能从给定的选项中选择答案。

(二) 开放式提问

允许被调查者用自己的语言自由回答问题。由于答案可能多样化,不利于数据统计分析,因此在调查问卷中应控制其使用比例。

四、问卷设计原则

问卷设计的好坏很大程度上又与设计原则有关,其主要的设计原则有下面六点：

(一) 合理性

合理性指的是问卷必须紧密与调查主题相关。违背了这样一点,再漂亮或精美的问卷都是无益的。而所谓问卷体现调查主题其实质是在问卷设计之初要找出与"调查主题相关的要素"。

(二) 一般性

一般性,即问题的设置是否具有普遍意义。应该说,这是问卷设计的一个基本要求,如果我们仍然能够在问卷中发现带有一定常识性的错误。这一错误不仅不利于调查成果的整理分析,而且会使调查委托方轻视调查者的水平。

(三) 逻辑性

问卷的设计要有整体感,这种整体感即问题与问题之间要具有逻辑性,独立的问题本身也不能出现逻辑上的谬误。问题设置紧密相关,因而能够获得比较完整的信息。调查对象也会感到问题集中、提问有章法。相反,假如问题是发散的、带有意识流痕迹的,问卷就会给人以随意性而不是严谨性的感觉。那么,将市场调查作为经营决策的一个科学过程的企业就会对调查失去信心。因此,逻辑性的要求与问卷的条理性、程序性分不开的。已经看到,在一个综合性的问卷中,调查者将差异较大的问卷分块设置,从而保证了每个"分块"的问题都密切相关。

(四) 明确性

所谓明确性,事实上是问题设置的规范性。这一原则具体是指：命题是否准确；提问是否清晰明确、便于回答；被访者是否能够对问题作出明确的回答；等等。

(五) 非诱导性

非诱导性指的是问题要设置在中性位置、不参与提示或主观臆断,完全将被访问者的独立性与客观性摆在问卷操作的限制条件的位置上。如果设置具有了诱导和提示性,就会在不自觉中掩盖了事物的真实性。

（六）便于整理与分析

成功的问卷设计除了考虑到紧密结合调查主题与方便信息收集外,还要考虑到调查结果的容易得出和调查结果的说服力。这就需要考虑到问卷在调查后的整理与分析工作。

首先,这要求调查指标是能够累加和便于累加的;其次,指标的累计与计算是有意义的;再次,能够通过数据清楚明了地说明所要调查的问题。只有这样,调查工作才能收到预期的效果。

五、问卷设计的过程

（一）确定所需信息

确定所需信息是问卷设计的前提工作。调查者必须在问卷设计之前就把握所有达到研究目的和验证研究假设所需要的信息,并决定所有用于分析使用这些信息的方法,如频率分布、统计检验等,并按这些分析方法所要求的形式来收集资料、把握信息。

（二）确定问卷的类型

制约问卷选择的因素有很多,而且研究课题不同、调查项目不同,制约因素也不一样。在确定问卷类型时,必须综合考虑以下制约因素：调查费用、时效性要求、被调查对象和调查内容。

（三）确定问题的内容

确定问题的内容似乎是一个比较简单的问题,然而事实上不然,其中还涉及一个个体的差异性问题：也许你认为容易的问题而被他人认为是困难的问题；你认为熟悉的问题而被他人认为是生疏的问题。因此,确定问题内容应与被调查者联系起来,分析被调查者群体的特征有时比盲目分析问题的效果要好。

（四）确定问题的类型

问题的类型归结起来分为四种：自由问答题、两项选择题、多项选择题和顺位式问答题。其中后三类均可称为封闭式问题。

（1）自由问答题也称开放型问答题,只提问题不给具体答案,要求被调查者根据自身实际情况自由作答。自由问答题主要限定于探索性调查,在实际的调查问卷中这种问题类型不多。自由问答题的优点是被调查者的观点不受限制,便于深入了解被调查者的建设性意见、态度、需求问题等；其缺点是难于编码和统计。自由问答题一般应用于以下几种场合：作为调查的介绍；某个问题的答案太多或根本无法预料；由于研究需要,必须在研究报告中引用被调查者的原话。

（2）两项选择题也称是非题,是多项选择题的一个特例,一般只设两选项,如"是与否""有与没有"等。两项选择题的优点是简单明了；其缺点是所获信息量太小,两种回答类型有时往往难以了解和分析被调查者群体中客观存在的不同态度。

（3）多项选择题是从多个备选答案中选择一个或选择几个选项。这是各种调查问卷中采用最多的一种问题类型。多项选择题的优点是便于回答,便于编码和统计；其缺点是问题提供答案的排列次序可能容易产生歧义。

（4）顺位式问答题也称序列式问答题，是在多项选择的基础上，要求被调查者对询问的问题答案按自己认为的重要程度和喜欢程度顺位排列。

在现实的调查问卷中，往往几种类型的问题同时存在，单纯采用一种问题类型的问卷并不多见。

（五）确定问题的措辞

很多人可能不太重视问题的措辞，而把主要精力集中在问卷设计的其他方面，这样做的结果是有可能降低问卷的质量。

下面是关于问题措辞的四条建议：

（1）问题的陈述应尽量简洁。

（2）避免提带有双重或多重含义的问题。

（3）最好不要使用反义疑问句，避免使用否定句。

（4）注意避免问题的从众效应和权威效应。

（六）确定问题的顺序

问卷中的问题应遵循一定的排列次序，问题的排列次序会影响被调查者的兴趣、情绪，进而影响其合作积极性。所以，一份好的问卷应对问题的排列做出精心的设计。

（七）问卷的排版和布局

问卷的设计工作基本完成之后，便要着手问卷的排版和布局。问卷排版和布局总的要求是整齐、美观，便于阅读、作答和统计。

（八）问卷的测试

问卷的初稿设计工作完成之后，不要急于投入使用，特别是对于一些大规模的问卷调查，最好的办法是先组织问卷的测试，如果发现问题要及时修改，测试通常选择 20～100 个人，样本数不宜太多，也不要太少。如果第一次测试后问卷有很大的改动，可以考虑是否有必要组织第二次测试。

（九）问卷的定稿

当问卷的测试工作完成并确定没有必要再进一步修改后，可以考虑定稿。问卷定稿后就可以交付打印，正式投入使用。

（十）问卷的评价

问卷的评价，实际上是对问卷的设计质量进行的一次总体性评估。对问卷进行评价的方法有很多，包括专家评价、上级评价、被调查者评价和自我评价等。

任务实施

一、调查问卷的基本结构设计

调查问卷的基本结构一般包括四个部分，即问卷说明、调查内容、编码和结束语。其中调查内容是问卷的核心部分，是每一份问卷必不可少的内容，其他部分则根据设计者需要可取可舍。

(一) 问卷说明

问卷说明包括称呼、调查目的、填写者受益情况、主办单位和感谢语等。若涉及个人资料,应该有隐私保护说明,如下例所示:

  尊敬的用户,您好!

  我们是××学院的学生,我们正在做有关××的市场调查,目的在于了解××行业市场现状,您的调查问卷将成为我们宝贵的参考资料。问卷问题答案没有对错之分,您可以如实作答,我们将对您的个人资料进行保密处理。感谢您的参与和支持!

问卷填写说明:提供参考选项的,只需要您在认同的选项前的(　　)中打"√"即可;没有提供参考选项的,请将您的答案写在相应的横线上。

(二) 调查内容

调查内容是调查问卷的主体,主要包括根据调查目的所设计的调查问题与参考选项,调查问卷一般不超过20个问题。

调查问题的提出可以分为以下几种类型:

(1) 按问题的性质可划分为直接性问题、间接性问题和假设性问题。

  例:如果你购买营养品,你希望有何效果?

  (　) A. 调节人体各种机能,改善睡眠,延年益寿。

  (　) B. 缓解疲劳,使消耗的体力迅速恢复。

  (　) C. 增强免疫力,抗病毒。

  (　) D. 提神醒脑,消除紧张情绪,提高学习效率。

(2) 按问题要收集的资料性质可划分为事实性问题、行为性问题、动机性问题和态度性问题。

① 事实性问题。收集事实性问题的主要目的是获得有关被调查者的事实性资料。因此,问题的意思必须清楚,能够让调查者容易理解和回答。

② 行为性问题。收集行为性问题的主要目的是获得有关被调查者的行为方面的信息资料,比如"您是否喜欢吃面包""您是否使用××牌牙膏""您是否经常浏览××网站"等。

③ 动机性问题。收集动机性问题的主要目的是了解被调查者行为的原因或动机,比如"您为什么喜欢使用××牌牙膏""您购买××牌热水器的原因是什么""您上网的主要目的是什么"等。

④ 态度性问题。收集态度性问题的主要目的是了解被调查者对某一个事物或某一个问题的态度、评价、看法等,比如"您对××产品的质量满意吗""您对这种销售方式有何看法"等。

(三) 编码

编码一般应用于大规模的问卷调查中。因为在大规模问卷调查中,调查资料的统计汇总工作十分繁重,借助编码技术和计算机可大大简化这项工作。

编码是将调查问卷中的调查项目及备选答案给予统一设计的代码。编码既可以在问卷设计的同时就设计好，也可以等调查工作完成以后再进行。前者称为预编码，后者称为后编码。在实际调查中，通常采用预编码。

（四）结束语

结束语放在调查问卷的结尾部分，一方面对被调查者的积极合作表示感谢，另一方面还可向被调查者征询对市场调查问卷设计的内容和对问卷调查的意见与建议。此外应注明公司的标志性信息（如公司名称、网站和联系方式等），这是宣传公司形象的好机会，例如：

感谢您的大力支持！祝您身体健康！生活美满！工作顺利！

××公司

××××年××月××日

二、选择合适的方式发布网络市场调研问卷

（一）使用电子邮箱发布网络市场调研问卷

电子邮箱使用方便快捷，深受用户的欢迎。发送电子邮件要注意受众对象，也要根据内容制定发送周期。

（二）将网络市场调研外包给专业的第三方公司

如果企业选择将网络市场调研外包给专业的第三方公司（这也是大多数企业的选择），能够使企业获得专业化、智能化的即时数据跟踪与分析服务。调研工厂是专业的问卷调查平台，支持明察暗访、网络调查、面对面访问、电话调查、深度访谈、座谈会、固定样本组、调研培训等功能，提供行业定制解决方案。其首页如图2-8所示。

图2-8 调研工厂首页

任务三　撰写网络市场调研报告

任务分析

调研报告是市场调研成果的集中体现,它是经过对信息资料的整理与分析,对所调研的问题做出结论并提出建设性意见,以供决策者参考。调研人员从互联网上收集到信息后,必须对这些消息进行整理和分析。下面的任务将指导大家提交一份图文并茂的网络市场调研报告,以便决策者针对企业的情况及时调整营销策略。

相关知识

网络市场调研报告的组成

网络市场调研报告的格式一般由封面、标题、目录、概述、正文、附件等部分组成。

1. 封面

封面包括调研报告题目、委托单位、承担单位、项目负责人、项目时间等主要信息。

2. 标题

标题是网络市场调研报告的题目,一般有两种构成形式:一种是公文式标题,即由调研对象和内容、文种名称组成,如《关于 2020 年中国互联网络发展状况统计报告》;另一种是文章式标题,即用概括性的语言形式直接交代调研的内容或主题,如《我国老年人生活现状及需求调研报告》。

3. 目录

如果调研报告的内容、页数较多,为了方便读者阅读,应当使用目录或索引形式列出报告的主要章节和附录,并注明标题、章节及页码。一般来说,目录的篇幅不宜超过一页。

4. 概述

概述又称导语,主要阐述调研报告的基本情况,它是按照调研课题的顺序将问题展开,并阐述对调研的原始资料进行选择、评价、做出结论、提出建议等的原因,其主要包括以下三个方面的内容。

第一,简要说明调研的目的,即简要地说明调研的由来和委托调研的原因。

第二,简要介绍调研对象和调研内容,包括调研时间、地点、对象、范围、调研要点和所要解答的问题。

第三,简要介绍调研的方法。介绍调研的方法,有助于使人确信调研结果的可靠性,因此对所用方法要进行简短叙述,并说明选用其方法的原因。例如,是用抽样调查法还是用典型调查法,是用实地调查法还是用文案调查法。另外,再分析使用的方法,如对指数平滑分析、回归分析、聚类分析、相关分析法等方法都应进行简要说明。如果部分内容很多,应有详细的工作技术报告加以说明补充,附在网络市场调研报告的附件中。

5. 正文

正文是调研报告的核心,也是写作的重点和难点所在。它要完整、准确、具体地说明调研的基本情况,进行科学、合理地分析预测,在此基础上提出有针对性的对策和建议。正文具体包括以下三个方面的内容。

(1) 基本情况介绍。

它是全文的基础和主要内容,要用叙述和说明相结合的手法,将调研对象的历史和现实情况表述清楚。无论如何都要力求做到准确和具体,富有条理性,以便为下文进行分析和提出建议提供坚实而充分的依据。

(2) 分析预测。

调研报告的分析预测,即在对调研所获基本情况进行分析的基础上对市场发展趋势做出预测,它将直接影响企业或有关部门领导的决策行为,因而必须着力写好。要采用议论的手法,对调研所获得的资料进行分析,并进行科学的研究和推断,进而据此形成符合事物发展变化规律的结论性意见。

(3) 营销建议。

这是报告的写作目的和宗旨的体现,要在调研情况和分析预测的基础上,提出具体的建议和措施供决策者参考。要注意建议的针对性和可行性,以便能够切实解决问题。

6. 附件。

附件是指调研报告正文无法包含或没有提及,但与正文有关且必须附加说明的部分。它是对正文报告的补充或更详尽的说明,包括数据汇总表、原始资料背景材料和必要的工作技术报告。例如,为调研选定样本的有关细节资料及调研期间所使用的文件副本等。

任务实施

一、撰写网络市场调研报告的主要步骤

(一) 拟订调研报告大纲

撰写网络市场调研报告前,首先要拟订调研报告大纲,包括报告的主要论点、论据、结论及报告的层次结构。请领导对拟订的大纲进行审定或者讨论,修改通过后再进行初稿的撰写。

(二) 撰写网络市场调研报告初稿

根据报告大纲由一人或多人分工进行初稿的撰写,参与的人数不宜过多。报告要努力做到准确、集中、深刻、新颖。准确,是指根据调研的目的,要如实反映客观事物的本质及其规律性,结论正确;集中,是指主题突出;深刻,是指报告能较深入地揭示事物的本质;

新颖,是指报告要有新意。

(三) 讨论修改报告

在完成网络市场调研报告初稿的基础上组织讨论和修改,再次审查报告是否符合调研要求、分析方法是否得当、数据是否准确、结构是否合理、结论是否正确。要注意调研报告的写作格式、文字数量、图表和数据是否协调、各部分内容和主题是否连贯、顺序安排是否得当,然后根据意见进行修改。重要报告要反复进行修改,最后通过审查得到批准后,再正式提交或发布。

(四) 正式提交或发布网络市场调研报告

经过反复修改和审查后,网络市场调研报告达到质量要求后,即可正式提交或发布。在提交或发布前,要确保报告的格式规范、内容完整、数据准确。

二、撰写网络市场调研报告注意事项

调研报告的撰写是整个调研活动的最后一个环节。调研报告不是数据和资料的简单堆砌,调研人员不能把大量的数字和复杂的统计工作留给管理人员,因为这样就失去了调研的意义。正确的做法是把市场调研的主要调研结果总结出来,并以调研报告的写作形式表现出来。

(1) 调研报告应该用清楚的、符合语法结构的语言表达。

(2) 调研报告中的图表应该有标题,对计量单位应清楚地加以说明。如果采用了已公布的资料,应注明资料来源。

(3) 正确运用图表,对于过长的表格,可在调研报告中给出它的简表,详细的数据则可列在附件中。

(4) 调研报告应该在一个有逻辑的框架中陈述调研结果。尽管特定的调研有特定的标题,但在调研报告中应对特定标题给出一些具体的建议。若涉及宣传方面的问题,调研报告的内容和形式都应满足其要求。

(5) 调研报告的印刷和装订应符合规范。

思政园地

网络市场调研中的道德与责任

在电子商务日益发达的今天,网络市场调研作为企业决策的重要依据,不仅关乎企业的经济利益,更涉及信息的真实性、合法性和伦理道德等多个层面。

一、遵守法律法规,维护市场秩序

网络市场调研应遵循国家法律法规,不得侵犯他人隐私,不得窃取商业机密,不得发布虚假信息误导消费者。作为电子商务从业者,应当时刻牢记法律红线,以合法合规的方式获取市场信息,维护公平竞争的市场秩序。

二、尊重用户隐私,保护数据安全

在进行网络市场调研时,往往涉及大量用户数据的收集和处理。企业应尊重用户隐私,明确告知用户数据收集的目的、范围和使用方式,并征得用户同意。同时,应采取必要的技术措施和管理手段,确保用户数据的安全性和保密性,防止数据泄露和滥用。

三、坚持诚实守信,反对不正当竞争

诚实守信是企业经营的基本原则,也是网络市场调研中不可或缺的伦理道德。企业在进行市场调研时,应如实反映市场情况,不得夸大其词或隐瞒真相。同时,应遵守公平竞争的原则,不得以不正当手段排挤竞争对手或损害消费者利益。

四、关注社会责任,推动可持续发展

企业在进行网络市场调研时,应关注社会责任,积极参与公益事业,推动经济、社会和环境的协调发展。例如,可以通过市场调研了解消费者对环保产品的需求,从而引导企业开发绿色产品,满足消费者对环保和可持续发展的需求。

五、培养职业道德,提升职业素养

电子商务从业者应具备良好的职业道德和职业素养,自觉抵制不良商业行为的诱惑,坚守职业道德底线。同时,应不断学习新知识、新技能,提升自身的专业素养和综合能力,为企业和社会创造更大的价值。

网络市场调研不仅是企业获取市场信息、制定营销策略的重要手段,更是展现企业职业道德和社会责任的重要窗口。同学们作为具有高尚职业道德和社会责任感的电子商务人才,应为推动我国电子商务行业的健康发展贡献力量。

归纳与提高

本章通过对网络市场调研的详细探讨,系统介绍了信息收集的方法、市场调研问卷的设计技巧及调研报告的撰写要点。有效的网络市场调研依赖于准确的数据收集与分析,合理设计调研问卷以获取真实反馈,并撰写结构清晰、论据充分的调研报告以供决策参考。提升网络市场调研能力的关键在于持续学习市场趋势、掌握先进的数据分析工具,并注重培养批判性思维与创新能力,以应对快速变化的市场环境,为企业决策提供有力支持。

知识巩固

一、判断题

1. 网络商务信息的收集只要求准确,无须考虑及时性和经济性。（　　）
2. 在设计调研问卷时,问题的排列顺序对调研结果没有影响。（　　）
3. 社交媒体在现代商业中仅用于产品推广,对市场调研没有实际帮助。（　　）
4. 利用电子邮箱收集商务信息时,可以直接向陌生邮箱发送大量调研问卷以提高回收率。（　　）
5. 撰写网络市场调研报告时,可以大量堆砌数据和统计结果,无须进行逻辑分析和结论提炼。（　　）

二、单项选择题

1. 网络商务信息检索的核心目的是（　　）。
   A. 收集大量信息以展示公司实力　　　　B. 为决策提供及时、准确、适度和经济的信息支持
   C. 仅获取竞争对手的商业机密　　　　　D. 追求信息的全面覆盖
2. 下列哪种搜索引擎主要以问答形式存在：（　　）。
   A. Google　　　　B. Yahoo　　　　C. Ask　　　　D. Bing
3. 在设计网络市场调研问卷时，以下（　　）不属于问卷的基本结构部分。
   A. 开头部分（问候语和填表说明）　　　B. 甄别部分（过滤非目标对象）
   C. 数据分析部分（包含统计图表）　　　D. 背景部分（被调查者信息）
4. 网络市场调研报告中的"概述"部分主要目的是（　　）。
   A. 详细列出所有调研数据和结果　　　　B. 对调研目的、对象和方法进行简要说明
   C. 提供具体的营销建议　　　　　　　　D. 分析市场趋势并预测未来走向
5. 以下（　　）不属于利用社交媒体收集网络商务信息的方法。
   A. 发布与调查相关的话题并邀请用户参与
   B. 直接从社交媒体平台购买用户数据
   C. 分析用户在社交媒体上的互动数据
   D. 利用社交媒体平台的统计功能获取用户反馈

技能训练

1. 实训目的

掌握网络调研的一般方法，主要包括在线调研问卷设计和后台发布管理、调研数据分析等，重点掌握调研问卷问题及其选项设计的一般原则，深入理解"预期结果导向法"调研问卷设计的基本思想。

2. 实训内容和步骤

（1）选择并确定在线调研主题。

（2）设计在线调研问卷。

（3）利用搜索引擎搜索网上现有的在线调研网站，然后选择其中的一个网站，就自己关心的问题制作一份网上调研问卷并发布。

（4）分析调研结果并完成调研报告。

3. 撰写实训报告

实训报告以书面形式提交，字数 2 000 字左右。

第三章
电子支付

✎ 学习目标

知识目标

了解个人网上银行与企业网上银行的含义;熟悉个人网上银行与企业网上银行的主要功能;了解支付宝的基本情况。

技能目标

掌握个人网上银行和企业网上银行的开通与应用;能够灵活使用第三方支付平台。

素质及思政目标

了解我国电子支付领跑全球的现状,增强民族自豪感,培养历史使命感。

思维导图

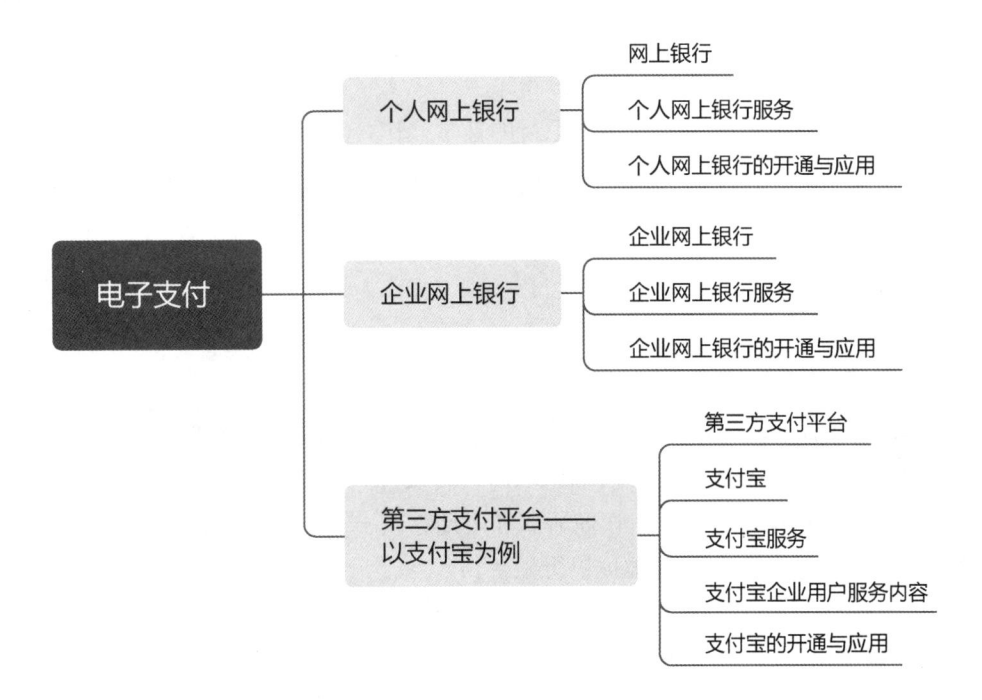

- 电子支付
  - 个人网上银行
    - 网上银行
    - 个人网上银行服务
    - 个人网上银行的开通与应用
  - 企业网上银行
    - 企业网上银行
    - 企业网上银行服务
    - 企业网上银行的开通与应用
  - 第三方支付平台——以支付宝为例
    - 第三方支付平台
    - 支付宝
    - 支付宝服务
    - 支付宝企业用户服务内容
    - 支付宝的开通与应用

引导案例

日本七大电子支付品牌连发盗刷事件，涉及十余家银行！

2020年日本最大的移动运营商"都科摩"的电子支付系统接连发生多起盗刷事件，9月底盗刷损失已扩大到约合人民币180万元。此外，日本多家主要的电子支付平台也被证实几乎全部中招，包括软银和雅虎旗下的"PayPay"、LINE旗下的"LINEPay"等共有七家电子支付品牌被查出存在盗刷问题，金额在约合人民币2万元到22万元不等。涉及的银行至少十余家，多为安全系统相对薄弱的日本地方银行，但也不乏邮储银行、瑞穗银行这样的银行业巨头。

除了电子支付平台的盗刷事件之外，日本最大的网络证券公司SBI证券也曝出了用户资金被盗的事件，该公司近日发现有6名用户账号内共计约1亿日元、约合人民币600万元，被非法转入诈骗分子以虚假身份开设的银行账户内。其中涉及的银行包括三菱日联银行、邮储银行等银行业巨头。多家电子支付平台发生盗刷的背后，一定程度上与日本电子支付行业竞争加剧有关。去年秋季日本开始大力推行电子支付，众多企业纷纷涉足，一时间电子支付品牌猛增至近30个，这也导致各家品牌为了抢占先机而忽视了支付安全。

资料来源：央视网.[EB/OL].https://tv.cctv.com/2020/09/22/VIDEKZbuQpJ2S0BQxoBo902b200922.shtml.

案例思考：在案例中，发生了哪些电子支付安全事件？造成这些事件发生的原因有哪些？

任务一　个人网上银行

任务分析

本任务旨在让学生掌握个人网上银行的基本操作,包括账户查询、转账汇款、账单支付等功能。通过模拟操作,学生将理解网上银行的便利性与安全性,并熟悉相关操作流程。

相关知识

一、网上银行

网上银行又称为网络银行、在线银行,是指银行利用 Internet 技术,通过 Internet 向用户提供开户、销户、查询、对账、行内转账、跨行转账、信贷、投资理财等传统项目,使用户可以足不出户就能够安全便捷地管理活期和定期存款、支票、信用卡、个人投资等。可以说,网上银行是在 Internet 上的虚拟银行柜台。

与传统银行业务相比,网上银行的业务更具有魅力。网上银行成本低廉,不受营业网点的限制,方便快捷,有效地提高了服务效率,而且可以提供很多非金融服务。总体来看,网上银行服务可以分为个人网上银行服务和企业网上银行服务。

二、个人网上银行服务

个人银行服务主要针对个人卡用户(包括贷记卡、信用卡等)和存折户提供全方位、个性化的电子金融服务。其业务范围因银行的网上业务发展程度不同而有所差别,个人网上银行服务应包括以下部分:

(1) 账户查询:可以对网上银行中注册的所有账户进行交易明细查询、余额查询、积分查询、转账查询、转汇款查询等。

(2) 个人信息修改:包括个人交易密码和查询密码的修改、个人信用卡额度调整、信用卡自动还款设置等。

(3) 自动缴费:包括手机话费、固定电话费、水费、电费、气费、网费、学费、保险费等。

(4) 转账汇款:包括同城转账、异地汇款等。

(5) 自助贷款:以账户内定期本外币为质押,在线办理个人贷款,贷款资金一般可及时获得。

(6) 电子商务:申请网上支付功能后,在银行特约网站上消费可以采取实时付款方式,资金实时扣款,扣款结果信息立即反馈。

(7) 投资理财:交易品种包括外汇、国债、股票、保险等。各个品种均可以提供实时行情查询、在线交易等服务。银行还可以为用户提供理财计划,为用户进行财务分析等。

（8）网上申请：可以在线进行各种银行卡的申请、挂失等，还可以申请银行卡的一些重要功能。

（9）信息服务：银行可以通过手机短信、电子邮件等形式为用户提供财经信息、账务信息、重要提示等，也可以与用户实现在线交流。

任务实施

以中国建设银行为例，通过建行个人网上银行的开通与应用的实训学习，让学生熟悉个人网上银行为客户提供的服务内容，掌握个人网上银行的使用技能。

个人网上银行的开通与应用——以中国建设银行为例

一、工作流程

建行个人网上银行客户，分为普通客户、便捷支付客户、高级客户，三者的开通与应用类似。现以便捷支付客户为例，个人网上银行的开通与应用流程大致如图 3-1、图 3-2 所示。

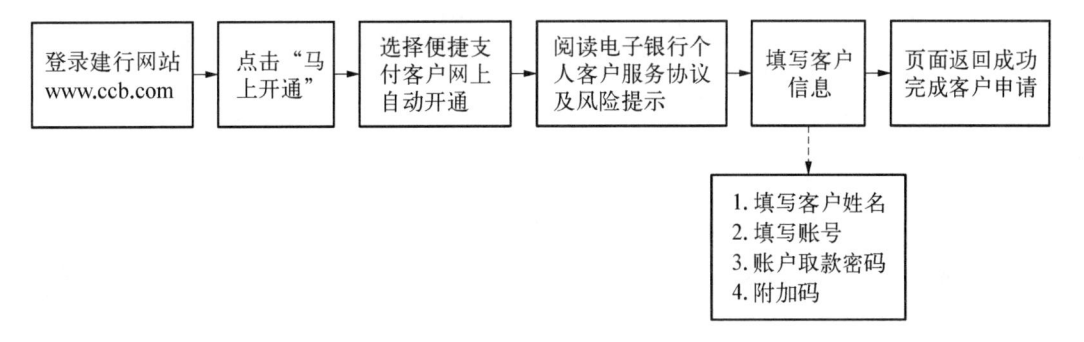

图 3-1　个人网上银行的开通流程

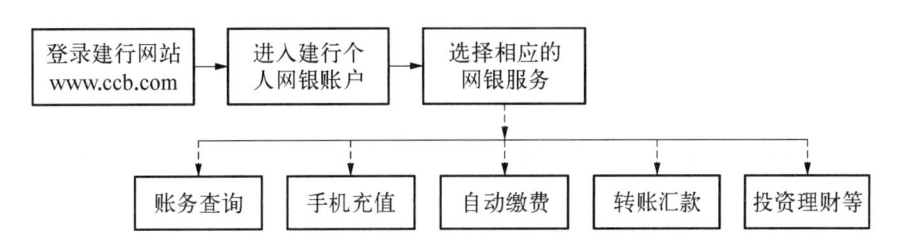

图 3-2　个人网上银行的应用流程

二、开通个人网银

现以中国建设银行便捷支付客户为例，其主要操作如下：

（1）在 IE 地址栏中输入 www.ccb.com，登录建设银行网站，在主页的左侧选择"马上开通"，如图 3-3 所示。

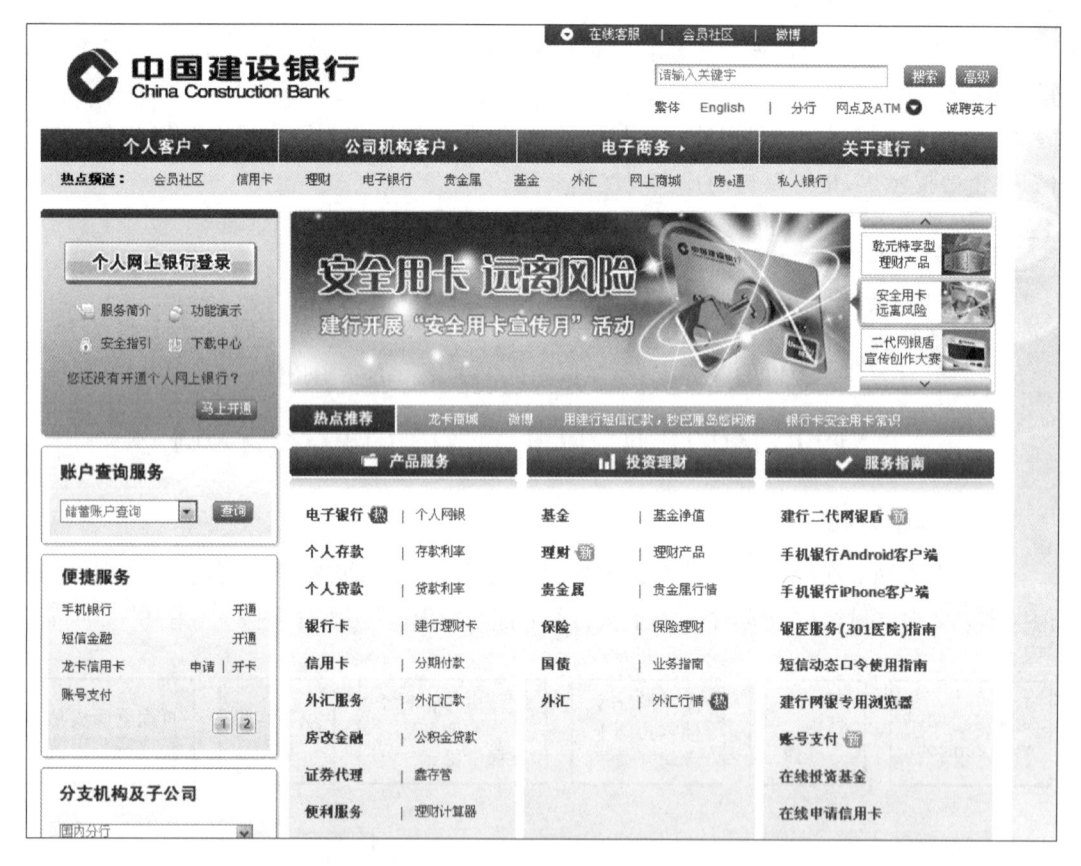

图 3-3 中国建设银行网站

(2) 单击"马上开通",出现如图 3-4、图 3-5 所示的中国建设银行网上银行个人账户信息及申请表。

(3) 所有资料填写完毕后,单击"确定"按钮,出现如图 3-6 所示的界面。

(4) 在网上银行注册成功的界面上,注意要牢记自己的证件号码,这个号码在登录时要用。单击"登录网上银行"按钮,进入网上银行登录界面,如图 3-7 所示。

(5) 单击"确定"按钮,进入个人网上银行后台管理界面,如图 3-8 所示。

(6) 为了使网上交易更加安全、可靠,需要使用中国建设银行的"动态口令卡"或者"网银盾"。

当你第一次购买动态口令卡后,登录网上银行,进入"安全中心"菜单,选择"动态口令",系统会显示动态口令卡登记页面,如图 3-9 所示。输入当前动态口令及两次新的交易密码,点击"确认",即登录成功。以后每次登录网上银行做交易时使用卡上的密码。值得注意的是,动态口令卡一旦登记成功,原交易密码将不能使用;动态口令卡的最后一道口令只能在换卡和恢复静态交易密码时使用,不能用于资金交易。

"网银盾"类似于 U 盘,可以将客户的安全证书专门存放于盘中,只需先安装网银盾的驱动程序,就可以把相应的证书导入其中,随插随用,非常安全。只需登录中国建设银

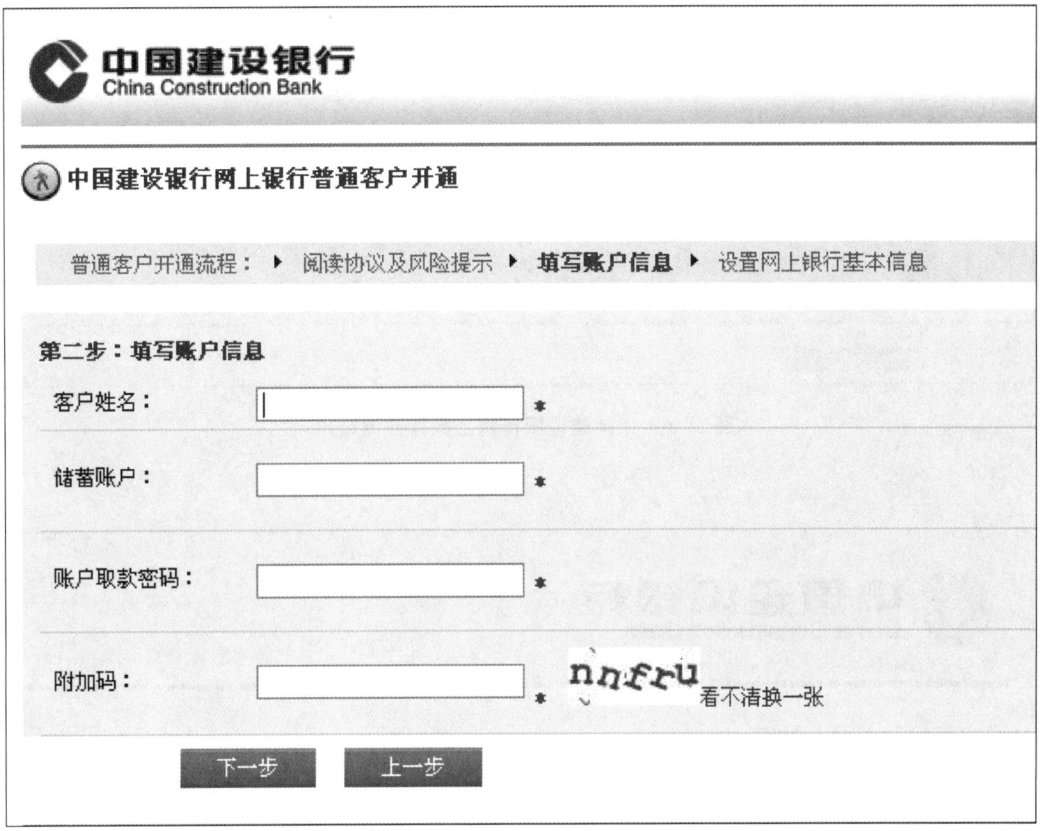

图 3-4　中国建设银行网上银行个人账户信息

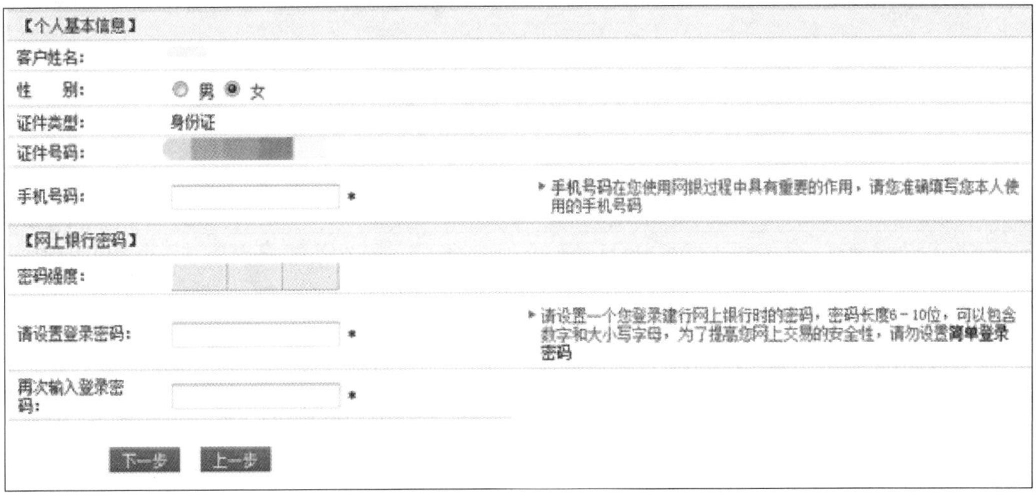

图 3-5　中国建设银行网上银行申请表

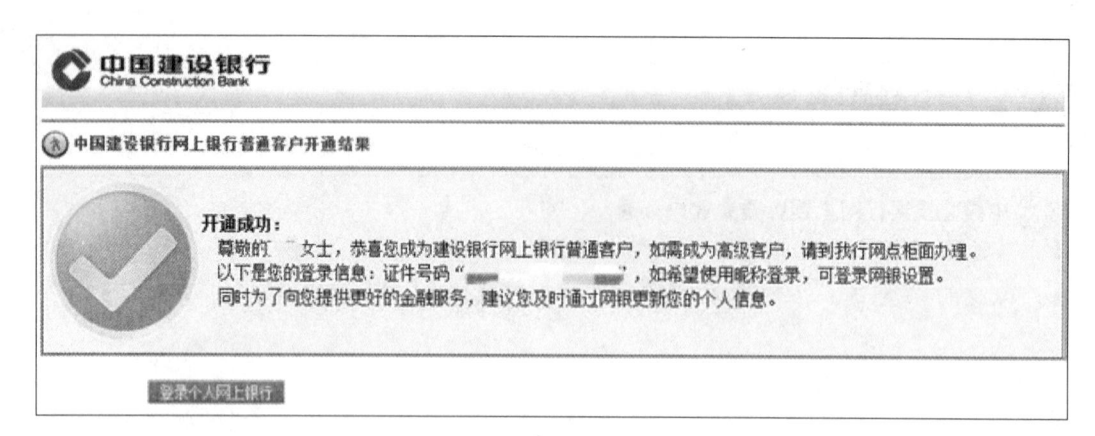

图 3‑6 中国建设银行网上银行开通结果

图 3‑7 中国建设银行网上银行登录界面

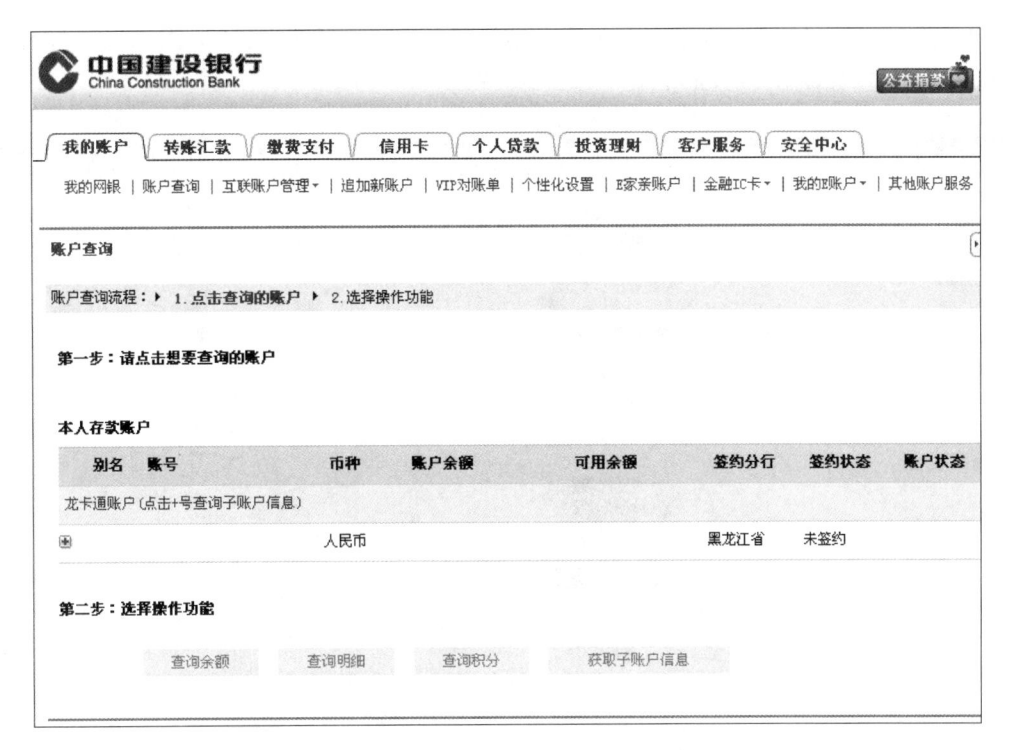

图 3-8　中国建设银行个人网上银行后台管理界面

图 3-9　中国建设银行个人网上银行安全中心

行 http://www.ccb.com，点击左上角网上银行服务项目下的"下载中心"，即可下载网银盾的管理工具，如图 3-10 所示。

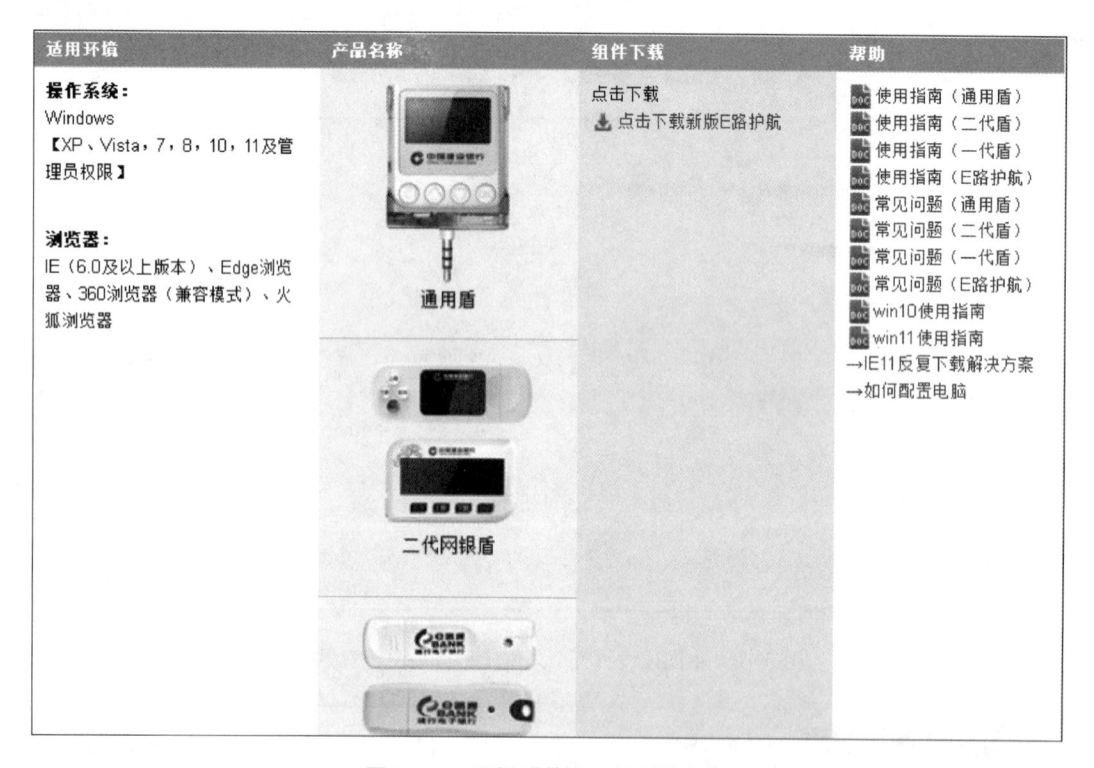

图 3-10　网银盾管理工具下载中心

安装完成后，在桌面上会出现"中国建设银行 E 路护航网银安全检测工具"的快捷图标，如图 3-11 所示。

插入网银盾，电脑屏幕弹出修改默认密码的提示，客户输入密码，并点击"确定"按钮，如图 3-12 所示。

图 3-11　E 路护航快捷图标

图 3-12　网银盾密码位置

至此，中国建设银行网上银行服务功能申请开通程序已全部结束，接下来就可以利用刚开通的网上银行的服务功能进行网上电子交易。

三、运用个人网上银行交易——活期转账（以二代网银盾为例）

（1）登录个人网上银行，填写转账汇款信息，点击"下一步"，如图 3-13 所示。

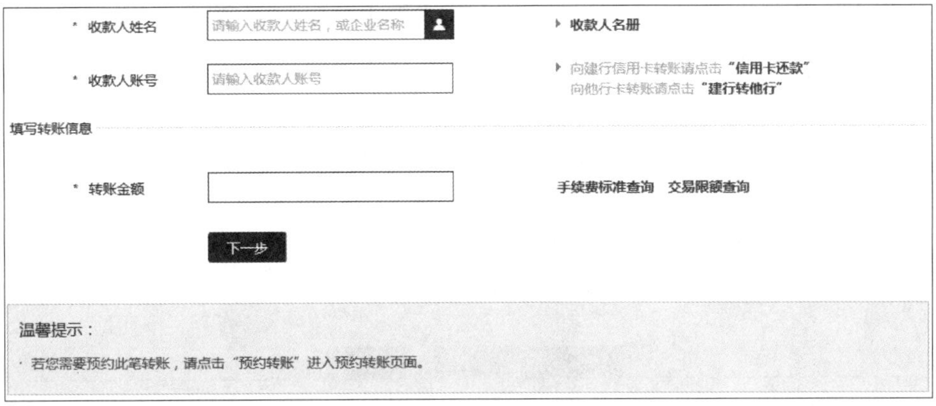

图 3-13　填写转账信息

（2）页面显示转账相关信息，点击"确认"，如图 3-14 所示。

图 3-14　确认转账信息

（3）网上银行弹出对话框，要求输入网银盾密码，如图 3-15 所示。

（4）网银盾密码验证通过后，网银将弹出对话框，提示客户："尊敬的客户，请仔细核对您网银盾屏幕中显示的交易信息与您所需提交的交易信息是否一致，确认无误请点击

图 3-15 输入网银盾密码

网银盾的'确认'按钮;如有疑问,请点击'取消'按钮撤销该笔交易";对话框同时显示二代网银盾图示,"确认"按键闪烁,并提供手指按压的动画提示客户进行操作,如图 3-16 所示。与此同时,二代网银盾屏幕将显示收款账号、金额、收款人姓名等交易信息。如十分钟未进行相关操作,该提示自动关闭,交易取消。

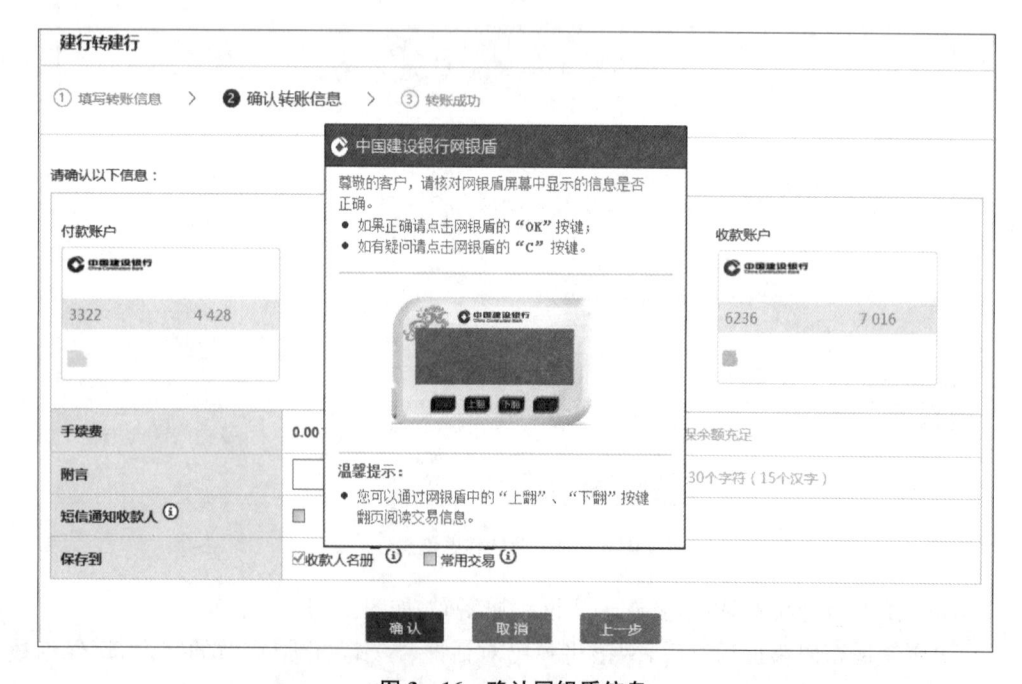

图 3-16 确认网银盾信息

网银盾屏幕信息如图 3-17 所示。

图 3-17　网银盾屏幕信息

（5）客户使用上下翻页按键查看二代网银盾的显示信息和实际的交易信息是否一致，一致则按二代网银盾的"确认"键确认，网银页面反馈"转账交易成功！"，如图 3-18 所示。

图 3-18　转账成功网银页面

（6）如客户核对二代网银盾的显示信息和实际的交易信息不一致，则按二代网银盾的"取消"按键撤销交易，网银页面返回至转账信息确认页面。

任务二　企业网上银行

任务分析

本任务要求学生了解企业网上银行的核心功能，如批量支付、资金归集、电子对账等。通过实践操作，学生将掌握企业级金融管理工具的使用，提升企业财务管理效率。

相关知识

一、企业网上银行

企业网上银行服务对象可以分为一般客户和集团客户。所谓"一般客户",是指没有开设任何分支机构的企业,或总部不需要通过企业网上银行系统查询分支机构账户,也不需要通过企业网上银行系统从分支机构账户转出资金的集团性企业。集团客户是指总部及其分支机构在某一银行对公共营业网点开立存款账户,且总部需要通过该企业网上银行系统查询分支机构账户或同时需要通过该企业网上银行系统从分支机构账户转出资金的企业。

二、企业网上银行服务

在实际岗位操作中,企业网上银行根据客户类型和付费情况为客户提供不同的交易功能。其主要工作有:

1. 账户管理

客户通过网上银行进行账户信息查询、下载、维护等一系列账户服务。一般客户和集团客户都可通过账户管理功能随时查看总(母)公司及分(子)公司的各类账户的余额及明细。

2. 收款业务

网上银行以批量方式主动收取签约个人或其他已授权企业用户各类应缴费用,如公用事业单位代收水电气费等。

3. 付款业务

网上银行可以为企业提供多种付款服务。如一般支付,可用于相同开户行或不同开户行之间的企事业彼此付款结算;集团支付,是当集团母公司和子公司均在某网上银行开户时,系统可以自动根据协议在母公司和子公司之间进行资金划拨,母公司可以掌控子公司的头寸;其他还可以进行代发工资、代发投资分红、电子商务中的B2C在线支付等。

4. 集团理财

集团企业总(母)公司可直接从注册的所有分(子)公司账户主动将资金上收或下拨到集团企业任一账户中,而不必事先通知其分(子)公司。

5. 信用证业务

客户可以通过网络向银行提交进口信用证开证申请和修改申请,网上自助打印《不可撤销跟单信用证开证申请书》和《信用证修改申请》、网上查询进出口信用证等。

6. 贷款业务

贷款业务包括自助贷款业务和委托贷款业务。自助贷款业务是客户向银行申请并获得自助贷款专项授信额度后,通过网上企业银行发送额度内用款申请,自助提取流动资金贷款,并可通过网络自助归还贷款。委托贷款是委托人和借款人分别与银行签订网上委托贷款有关协议,银行按委托人规定的用途和范围、定妥的条件代为向借款人发放、监督使用并协助收回的贷款业务。委托人可在网上发送委托贷款通知,经借款人网上确认后,发放委托贷款。借款人可通过网络归还委托贷款。

7. 企业信用管理

客户可以查询本公司或其异地子公司的信贷记录情况,包括各币种、各信用类别的余额和笔数,授信总金额和当前余额、期限、起始日期,以及借款借据的当前状态和历史交易。

8. 投资理财

网上银行可以为客户办理基金、债券、协定存款、通知存款等相关业务。客户可以通过网上银行进行基金的认购、申购、赎回以及基金基本信息查询等;可以进行债券申购、买卖、基本信息查询、交易明细查询等;可以网上开立协定存款账户,协定存款账户信息查询、销户等;可以开立通知存款账户、取消通知存款账户、通知存款账户信息查询、通知存款支取、开立/支取指令查询等。

9. 其他服务

为了给企业客户提供更加方便、快捷、高效的服务,除上述主要服务外,各家银行也推出一些其他服务,如:账户提醒、预约服务、网上票证查询、代理报销、代签汇票、代理汇兑、证书管理等。

任务实施

以中国建设银行为例,通过建行企业网上银行的开通与应用的实训学习,让学生熟悉企业网上银行为客户提供的服务内容,掌握企业网上银行的使用技能。

企业网上银行的开通与应用——以中国建设银行为例

一、工作流程

建行企业网上银行的开通与应用主要流程大致如图 3-19 所示。

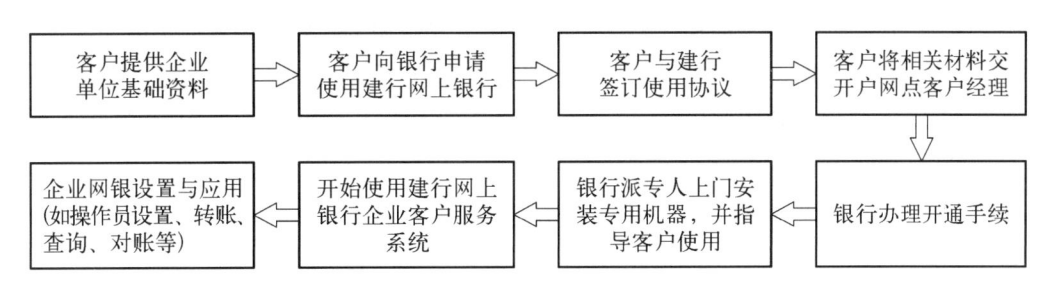

图 3-19 建行企业网上银行的开通与应用主要流程

二、开通企业网银

本示例以建设银行为例,建行企业申请成为网上银行客户的步骤,与个人网上银行客户申请程序步骤类似,只是在开户申请中要如实填写营业证号、对公账户等相关资料并且下载数字证书(浏览器方式只需申请数字证书,如果是客户端方式的则还需下载客户端程序)。与个人网上银行客户申请不同的是,企业申请的网上银行账户必须到银行柜台签约验证以后,才能开通相应的网上金融服务,它主要涉及企业相关资料,如营业执照(或全国组织机构代码证)、公章等资料的真实性验证与备份。

(一)客户提供企业单位基础资料

1. 营业执照/事业单位法人证书;
2. 税务登记证;
3. 组织机构代码证;
4. 法人身份证;
5. 法人委托经办人办理授权书;
6. 经办人身份证原件;
7. 公章及印鉴章。

(二)填写网上银行申请表、签订协议文件,审批开通

1. 中国建设银行股份有限公司网上银行企业客户服务申请表;
2. 网银盾申请表(2份);
3. 办理企业网上银行授权委托书;
4. 企业网上银行年费扣收授权书;
5. 企业网上银行结算费扣收授权书;
6. 网银盾签收单;
7. 代发代扣申请表(客户若有需求可开通);
8. 客户经理审批,办理开通手续。

三、客户安装网银盾

办理成功后,客户在柜台取得网银盾。建行一般会派专人上门帮助客户正确安装网银盾驱动程序,并指导客户使用,但在第二天才能正常使用企业网上银行。正确使用建行网银盾须经过三个阶段,即 Windows 补丁安装、建行网银盾驱动程序安装、电子证书下载(对于企业客户,"电子证书下载"由银行负责)。

1. Windows 补丁安装

Windows 补丁安装是建行网银盾正确安装使用的前提,系统安装光盘中已经提供了补丁程序。

重要提示:由于客户难以判断自己的系统是否已经安装了适当的补丁,建议所有客户无论何种情况,首先安装补丁程序。

客户将建行网银盾包装盒内光盘放入光驱后,光盘自动运行,如图 3-20 所示。

选择"企业网上银行"进入企业网上银行安装界面,如图 3-21 所示。

出现建行网银盾安装菜单,客户点击"安装系统补丁"后,系统自动安装补丁程序,补丁程序安装过程中,可能需要重新启动客户计算机。

网银盾安装:视客户的计算机系统而定,计算机可能提示客户不需要安装系统补丁。

图 3-20 网银盾补丁程序运行界面

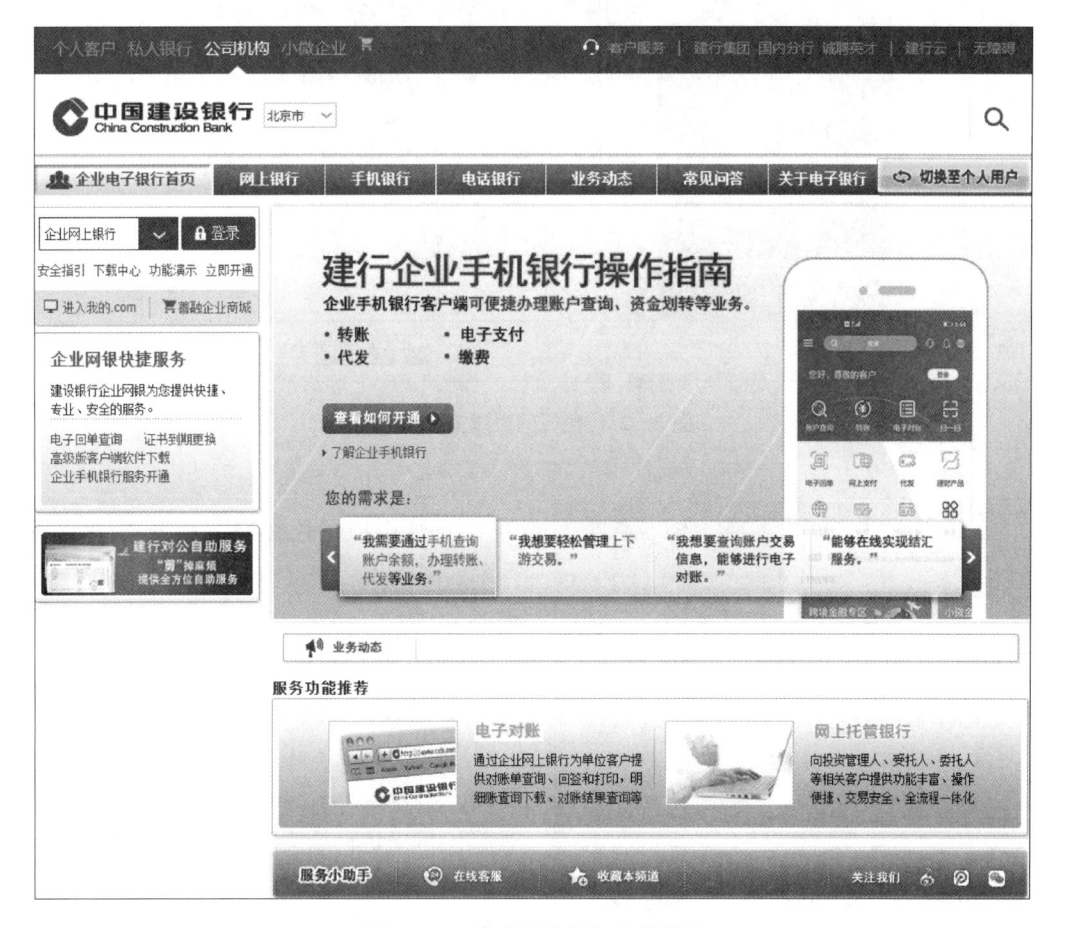

图 3-21 企业网上银行安装界面

为了支持长度达 128 位的高强度加密应用，客户还应该安装"IE 128 位补丁"，安装程序会根据当前电脑的操作系统和语言版本自动安装对应的补丁程序。

2. 网银盾驱动程序安装

Windows 补丁程序安装完毕后，需要安装建行网银盾驱动程序。

客户将建行网银盾包装盒内光盘放入光驱后，光盘自动运行，出现建行网银盾安装主菜单，客户点击"建行网银盾驱动程序安装"后，系统自动安装建行网银盾驱动程序和管理工具软件。

重要提示：驱动程序安装完毕后可以通过证书管理工具查看建行网银盾的状态。建行网银盾的初始密码由银行提供，可以通过证书管理工具修改密码，而且此过程也安装建行签名通软件，如图 3-22 所示。

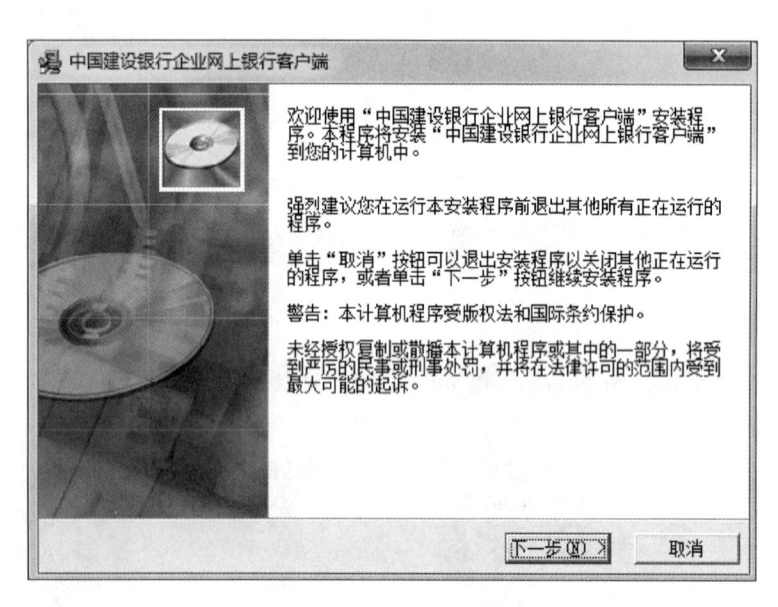

图 3-22　建行网银盾安装程序

3. 电子证书下载

目前，由银行代客户下载证书，客户只需拿到网银盾后直接登录使用，无须自行下载证书。

（四）登录网上银行

客户将网银盾插入 USB 接口，打开 IE 浏览器，在地址栏输入建设银行网上银行登录网址 https://b2b.ccb.cn（注意是 https），系统自动弹出"网上银行单位客户登录"的对话框，客户正确输入"客户识别号""操作员代码""登录密码"，点击"登录"即可，如图 3-23 所示。

图 3-23　网上银行单位客户登录

客户在使用网上银行时插上建行网银盾证书会自动导入到浏览器中,拔下建行网银盾硬件或关闭应用程序时,证书会自动卸载。无须客户手动注册或删除。

(五)企业网上银行设置与应用

一般银行会派专人上门帮助和指导客户进行正确设置和使用。

1. 设置操作员

登录网上银行后依次点击"管理设置"→"操作员管理"→"新增操作员"→选择正确卡号(网银盾上印的编号),输入操作员代码(请牢记6位数字)、交易密码、登录密码、姓名、电话等内容,如果想设定制单员就在操作员角色中选择制单,复核员选择复核→选择给这个操作员的权限——输入交易密码(主管默认99999,请注意修改密码)→"确定"。

2. 转账流程设置

若在网上银行上转账,需先设置转账流程。主管设定转账金额上限流程如下:主管登录网上银行后依次点击"管理设置"→"转账流程管理"→输入流程金额(看温馨提示)、用途-输入交易密码(主管默认99999,请注意修改密码)→"确定"→从左边框内选择复核员→"添加"→"选定一级复核员"→"结束定制"。

温馨提示:流程金额为交易金额的上限。

举例说明:若客户将流程金额设置为10 000元,当转账金额在流程金额内时,制单员制单后,复核通过即成功转账。当转账金额超过了流程金额,复核员复核通过后,此笔转账会自动转到"主管",必须主管审核通过后才可成功转账。

3. 设置与修改网上银行密码

建行高级版网上银行一共有3个密码:网银盾USB key密码、登录密码和交易密码。其中网银盾USB key密码用于登录网上银行和完成交易,登录密码用于登录网上银行,交易密码用于完成交易。

修改USB key密码:右键点击工具栏右下角建行图标→"修改口令"→输入原密码和新密码并确认→"确定"。

修改登录密码:主管登录网上银行→"服务管理"→"修改密码"→选择登录密码,进行修改→"确定"。

修改交易密码:主管登录网上银行→"服务管理"→"修改密码"→选择交易密码,进行修改→"确定"。

4. 查询功能

企业网上银行可查询当前余额(实时的)及明细账(三个月内交易明细),包括账户的余额查询、历史明细查询和当日明细查询,如图3-24所示。

余额查询和明细查询主要流程为:

拥有查询权限的操作员登录→在页面中间点击要查询账户的账号→"余额查询"→系统会自动显示当前余额→可选择是否打印与下载。

拥有查询权限的操作员登录→在页面中间点击要查询账户的账号→"明细查询"→输入查询的时间段→系统会自动显示该账号时间段内的所有交易→可选择是否打印与下载。

图 3－24　企业网上银行账户信息查询

5. 转账功能

一笔正常的转账,操作流程如图 3－25 所示。

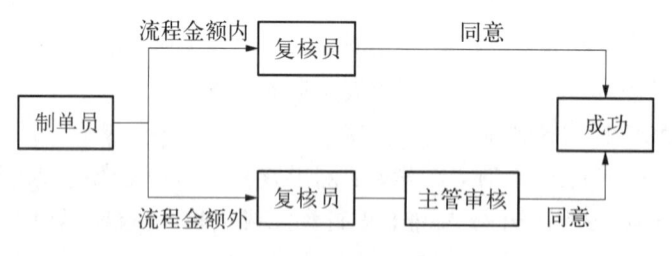

图 3－25　转账操作流程

(1) 流程金额内转账:

① 制单员登录后依次点击"制单"→"自由制单"→输入账号、金额等信息→"确定"→核对金额账号等信息无误后,输入交易密码(主管设定)→"确定"→系统提示"制单成功,请下一级复核员复核"。

② 复核员登录后依次点击"复核"→"付款复核"→选中要复核业务→选择"通过"→核对金额账号等信息无误后,输入交易密码(主管设定)→"确定"→一笔转账交易顺利完成。

(2) 流程金额外转账:

① 制单员登录后依次点击"制单"→"自由制单"→输入账号、金额等信息→"确定"→核对金额账号等信息无误后,输入交易密码(主管设定)→"确定"→系统提示"制单成功,请下一级复核员复核"。

② 复核员登录后依次点击"复核"→"付款复核"→选中要复核业务→选择"通过"→核对金额账号等信息无误后,输入交易密码(主管设定)→"确定"→系统提示"复核成功,此交易已发送到主管,需主管审批"。

③ 主管登录后依次点击"审批"→"付款审批"→选中要审批的业务→选择"通过"→核对金额账号等信息无误后,输入交易密码(默认99999,请尽快修改)→"确定"→一笔转账交易顺利完成。

6. 电子对账

电子对账业务只给开通该项业务的客户提供,未开通客户可找建行客户经理办理。拥有电子对账权限的操作员登录→"电子对账"→"对账单查询"→选择账号、日期→"确定"→核对金额无误后,输入交易密码→"回签"→可选择是否打印。

同时,客户可以在"电子对账"下面的"对账单回签"查询对账情况。对账单回签时,先点击"对账单查询",查出未回签的账单时再点击"回签"。

7. 企业代发代扣业务

企业通过网上银行实现在网上代发工资,代理报销,代收物业费、电费、保险费,企业批量转账等服务。

任务三　第三方支付平台——以支付宝为例

任务分析

本任务聚焦第三方支付平台的使用,重点学习支付宝的账户管理、支付流程、安全保障等功能。学生将通过实际操作,理解第三方支付在电子商务中的重要作用及其运作机制。

相关知识

一、第三方支付平台

第三方支付平台是指平台提供商通过通信、计算机和信息安全技术,在商家和银行之间建立连接,从而实现消费者、金融机构以及商家之间货币支付、现金流转、资金清算、查询统计的一个平台。

第三方支付是买卖双方在交易过程中的资金"中间平台",是在银行监管下保障交易双方利益的独立机构。在通过第三方支付平台的交易中,买方选购商品后,使用第三方平台提供的账户进行货款支付,由第三方通知卖家货款到达、进行发货;买方检验物品后,通知付款给卖家,第三方再将款项转至卖家账户。

(一) 第三方支付平台的优点

(1) 第三方支付平台采用了与众多银行合作的方式,从而大大地方便了网上交易的进行。对于商家来说,不用安装各个银行的认证软件,从一定程度上简化了操作,降低了费用。

(2) 第三方支付平台作为中介方,可以促成商家和银行的合作。对于商家第三方支付平台可以降低企业运营成本;对于银行,可以直接利用第三方的服务系统提供服务,帮助银行节省网关开发成本。

（3）第三方支付平台能够提供增值服务，帮助商家网站解决实时交易查询和交易系统分析，提供方便及时的退款和支付服务。

（4）第三方支付平台可以对交易双方的交易进行详细记录，从而防止交易双方对交易行为可能得抵赖以及为在后续交易中可能出现的纠纷问题提供相应的证据。

（二）第三方支付平台的缺点

1. 盈利问题

现阶段，各大型第三方支付平台在被使用过程中，只收取少量的使用费用或者完全免费，这对于需要巨大资金支持的一个安全性要求较高的平台来说，无疑是一个亟须解决的问题。

2. 从事资金吸储而形成的资金沉淀问题

根据粗略估算，每天滞留在第三方平台上的资金至少有数百万元。根据结算周期不同，第三方支付公司将能取得一笔定期存款或短期存款的利息，而利息的分配就成为一个大问题。第三方支付平台中的大量资金沉淀，如缺乏有效的流动性管理，则可能存在资金安全隐患，并可能引发支付风险和道德风险。

3. 第三方支付平台问题

第三方支付平台很难辨别资金的真实来源和去向，使得利用第三方平台进行资金的非法转移、洗钱、贿赂、诈骗以及逃税漏税等活动有了可乘之机。为了安全起见，支付宝的密码输入设置了密码安全控件。

二、支付宝

浙江支付宝网络科技有限公司是国内领先的独立第三方支付平台，由阿里巴巴集团创办，支付宝公司自 2004 年创建以来，始终以"信任"作为产品和服务的核心，不仅从产品上确保用户在线支付的安全，同时让用户通过支付宝在网络间建立起相互信任。支付宝负责为数字化服务商提供产品和服务接口，助力商家机构数字化经营，超过 300 万个商家机构小程序入驻支付宝 App，为消费者提供政务服务、扫码点单、生活缴费等超过 1 000 项生活服务。支付宝已服务 8 000 万商家、10 亿消费者。

短短几年时间，支付宝用户就覆盖了整个 C2C、B2C 以及 B2B 领域。支付宝创新的产品技术、独特的理念及庞大的用户群正在吸引越来越多的互联网商家主动选择支付宝作为其在线支付体系，已覆盖了虚拟游戏、数码通信、商业服务、机票等行业。这些商家在享受支付宝服务的同时，更拥有了一个极具潜力的消费市场。目前，支付宝与国内外 180 多家银行以及 VISA、MasterCard 国际组织等机构建立战略合作关系，成为金融机构在电子支付领域最为信任的合作伙伴。不断根据用户需求推出创新产品，成为金融机构在电子支付领域最为信任的合作伙伴。

三、支付宝服务

支付宝是现阶段我国最大的第三方支付平台。支付宝个人用户服务内容主要有：

(一) 收付款

收付款是支付宝的基本功能之一，支付宝钱包开通了当面付、二维码支付、找人代付等个性化服务，并且与180多家银行达成合作，实现了用户的快捷支付。同时支付宝与淘宝电商平台相关联，除了可以用支付宝进行淘宝平台上商品购买外，还可以实现快递信息的查询和取件等功能。

(二) 生活缴费

支付宝成功接入人们日常的生活缴费业务，如水费、电费、话费充值、车费等，都可以在支付宝上完成，为人们生活带来了极大的便利，可以做到足不出户就可以完成费用缴纳。

(三) 信用借贷

支付宝平台上线了花呗、借呗等服务。用户可根据自己的芝麻信用等级获得相应的消费额度，用于教育、购物等日常消费等服务。然而，如果未能按期还款，除了需支付最低还款额外，还会产生额外的利息费用。

支付宝目前已经发展成为一个开放的生活服务平台。其提供的功能很多，除了上面提到的人们常用的功能外，还有很多针对性很强的功能，比如交通出行、体育服务、快递查询等便民生活服务，红包、转账、商家服务等资金往来服务，出镜、彩票、全球惠等购物娱乐，校园生活、青少年成长等教育公益服务，以及火车票、机票、哈罗单车等第三方服务。

四、支付宝企业用户服务内容

(一) 网站集成支付宝

支付宝公司为用户提供以下具体服务：

(1) 提供消费者最全面易用的资金通道：网上银行、银行卡通、邮政网汇e、支付宝账户余额。

(2) 领先的担保交易服务让消费者的网购安全顾虑降为零。

(3) 7×24小时用户服务。

(4) 签约后可立刻申请支付宝技术支持，5个工作日内为用户提供集成服务。

(二) 商家营销工作

(1) 在线客服：用户不用安装阿里旺旺，即可轻松与商家在线沟通。

(2) 积分管理：商家可以给用户发送积分，进行礼品的发货管理。

(3) 促销红包：小生意，大智慧。新用户、老用户、潜在用户都需要商家用心去维系；发送促销红包，表达真挚的关怀。

(三) 安全中心

安全中心根据用户的账户资金情况，进行实时安全检查：

(1) 数字证书使用支付宝的双保险。

(2) 上次登录IP地址记录，亡羊补牢也不晚。

(四) 行业支付解决方案

这一服务内容涵盖以下行业：

(1) 航空机票直销行业。

(2) 游戏运营商 B2C 直销行业。

(3) 保险行业。

（五）商家交易和资金管理

(1) 为了方便商家交易和资金管理,支付宝为广大商家提供了交易查询管理平台和资金查询管理平台。

(2) 可以在平台上高效地进行订单确认、修改商品价格、商品发货、退款退货处理、账户资金明细查询、账户资金明细下载、资金充值、资金提现等一系列管理操作。

任务实施

以支付宝为例,通过支付宝的开通与应用的实训学习,让学生熟悉支付宝为客户提供的服务内容,掌握支付宝的使用技能。

支付宝的开通与应用

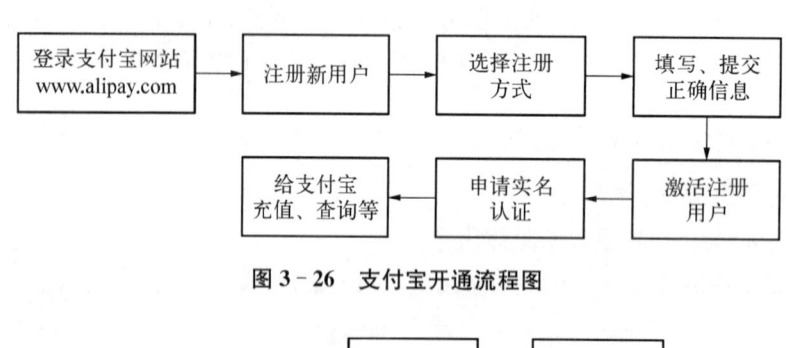

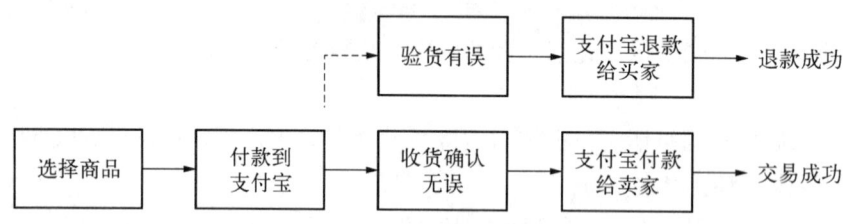

图 3-26 支付宝开通流程图

图 3-27 支付宝应用流程图

一、支付宝的开通与管理

（一）新用户注册

如果还没有支付宝账号,必须先进行注册。只要有一个 E-mail 地址或者手机号就可以免费注册支付宝。

(1) 登录支付宝主页 www.alipay.com,点击我是个人用户,如图 3-28 所示。

(2) 选择"我是个人用户",点击"立即注册",如图 3-29 所示。

(3) 选择"个人账户"进行注册,账号名可以选用手机号码或电子邮箱,如图 3-30 所

图 3-28　支付宝主页

图 3-29　支付宝"我是个人用户"界面

图 3-30　支付宝账户注册

· 63 ·

示。如使用电子邮箱注册,支付宝会自动发送一封激活邮件到注册时填写的邮箱中(请确保注册时填写 E-mail 真实有效)。登录邮箱,点击邮件中的激活链接,激活注册的支付宝账户,如图 3-31 所示。

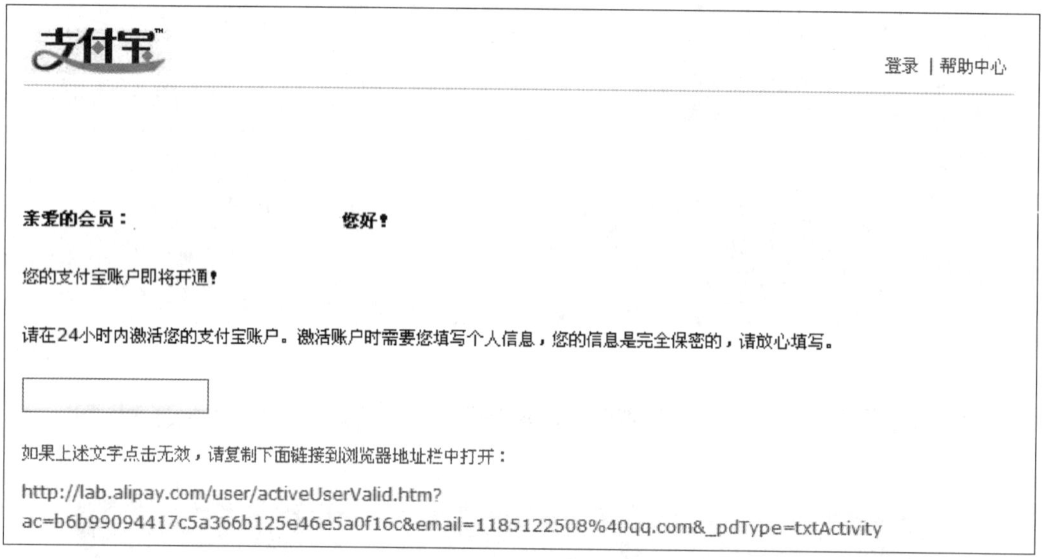

图 3-31 支付宝账户激活

(4) 成功激活支付宝账户后,需在系统为你提供的支付宝界面中完善相应的基本信息,包括支付宝的账户名、登录密码、支付密码、银行卡等基本信息,尤其要注意的是,为确保支付宝使用过程中的安全,支付宝的登录密码和支付密码严禁设置为相同的,且相应的银行卡信息会得到支付宝的严格保密,如图 3-32 所示。

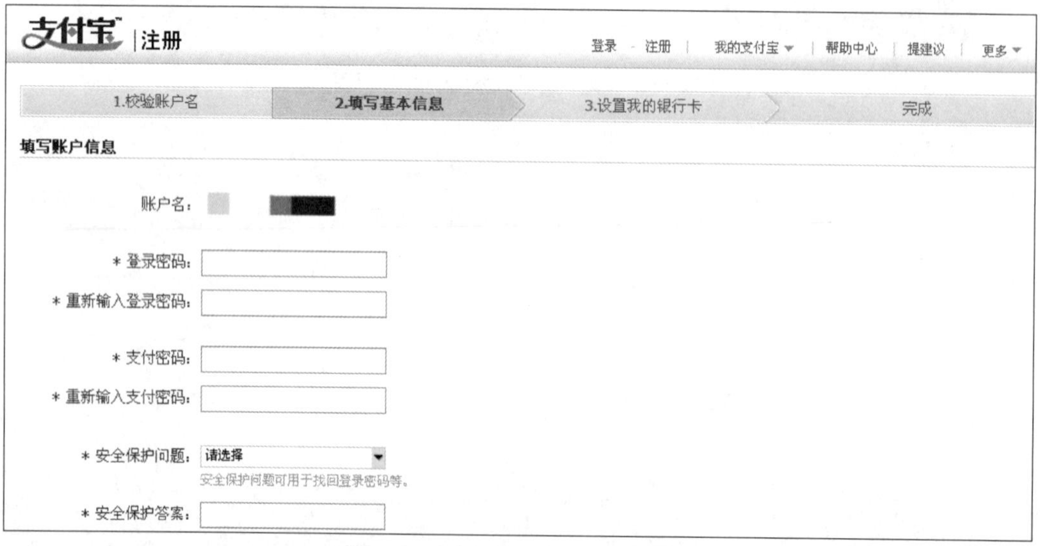

图 3-32 支付宝账户基本信息填写界面

(5) 激活成功后，支付宝注册成功，即可体验网上安全交易的乐趣，如图3-33所示。

图 3-33　支付宝账户激活成功界面

(二) 充值

向第三方支付平台发出充值请求，并通过第三方支付平台链接到开户银行进行充值。

(1) 输入 www.alipay.com 登录支付宝网站，在页面中输入账号、密码，点击"登录"，如图 3-34 所示。

图 3-34　支付宝网站

(2) 核对所选择的网上银行，点击"下一步"，如图 3-35 所示。

(3) 输入充值金额与支付宝支付密码，点击"确认充值"，如图 3-36 所示。

图 3-35　选择网上银行进行支付宝充值

图 3-36　确认充值金额与支付宝支付密码

(4) 支付宝页面出现人性化的提示,点击"已完成充值",如图 3-37 所示。

图 3-37　支付宝充值成功界面

二、利用支付宝进行网上购物

(一) 拍下宝贝并完成付款

(1) 输入 www.taobao.com,进入淘宝网主页,如客户没有淘宝账号,则先进行"免费注册",申请淘宝账号,再点击"登录",如图 3-38 所示。

图 3-38　淘宝网主页

(2) 客户在淘宝网中查找和浏览商家的网络商店进行购物,点击相应的商品相关信息(如颜色分类、数量等),再点击"立即购买",如图 3-39 所示。

(3) 点击成功后,则买家会进入到交易付款流程,如图 3-40 所示。

(4) 用户还需填写好支付宝账户名、登录密码及校验码,完成支付宝个人账户的识别,点击"登录"按钮,如图 3-41 所示。

图3-39 淘宝网商品信息

图3-40 淘宝网交易付款流程

图3-41 登录支付宝账户

(5) 登录成功后,买家需按照要求填写好所购买宝贝的运送方式,确认无误后,提交订单,如图3-42所示。

(6) 如在页面中显示"订单已提交成功,请尽快付款!"后,选择"支付宝"支付方式,并同时点击"确认无误,立即支付",如图3-43所示。

• 68 •

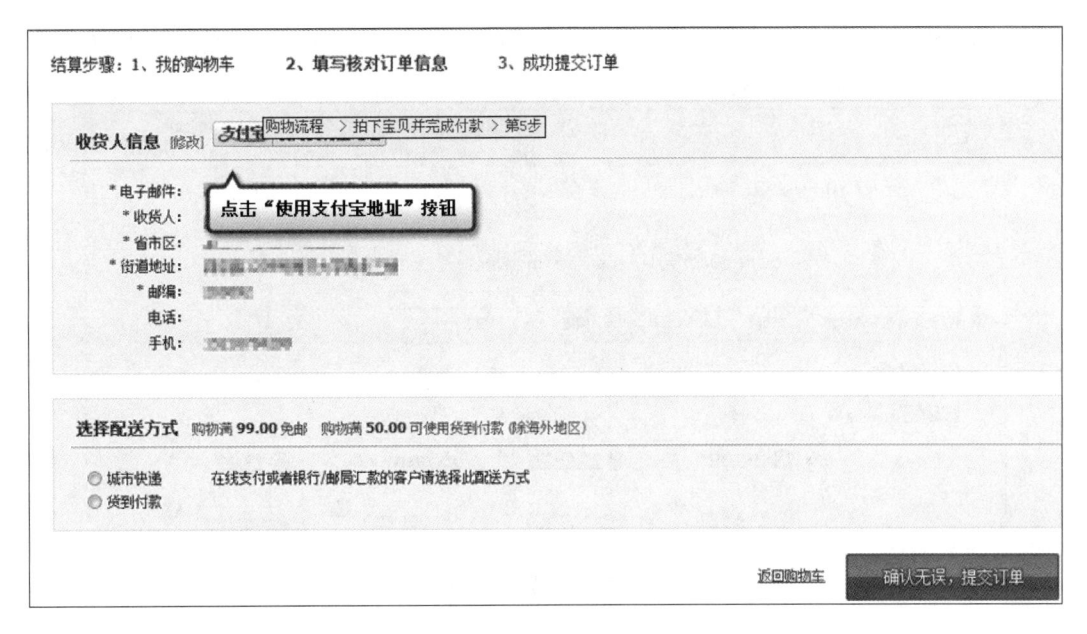

图 3-42　收货人信息

图 3-43　提交订单

(7) 在选择支付方式后,可以用储蓄卡、信用卡、网点、消费卡四种方式付款,选择相应的付款方式后,点击"下一步",如图 3-44 所示。

(8) 填写好持卡人姓名、持卡人证件等信息后,点击"确认付款"按钮,如图 3-45 所示。

(9) 付款成功,如图 3-46 所示。

(二) 确认收货并进行交易评价

(1) 正常收货后,买家就需要进行购物的最后环节。在支付宝网站的消费记录中点击"确认收货",值得注意的是,在点击按钮前,必须确保已经收到所购宝贝,如图 3-47 所示。

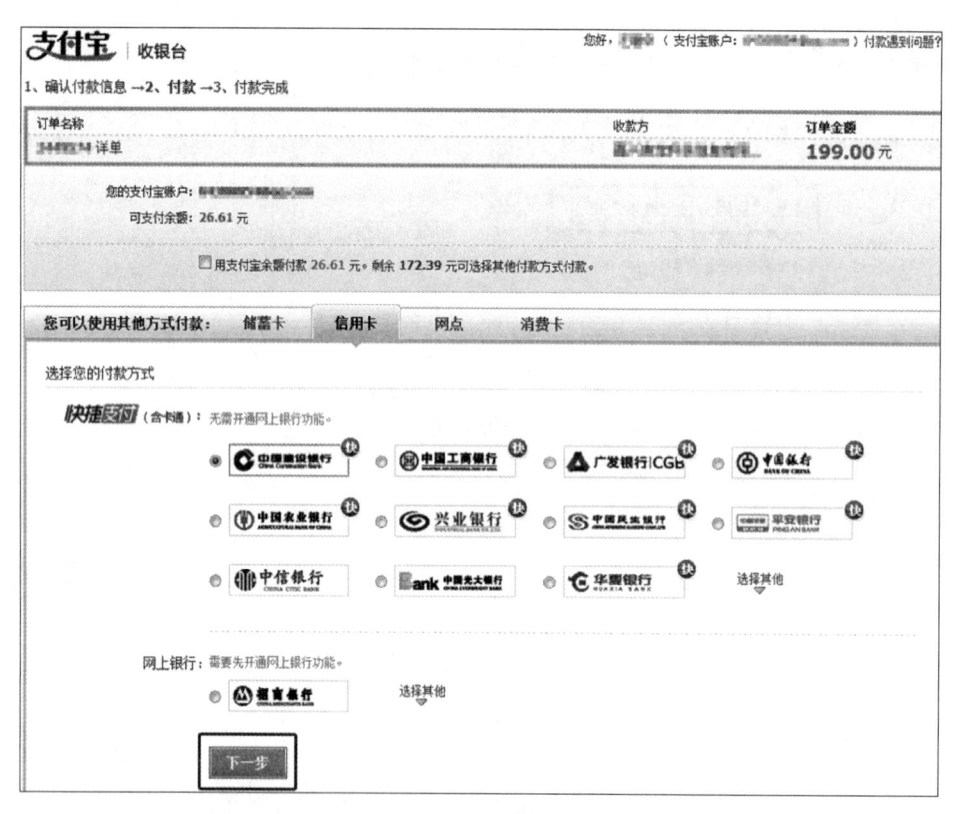

图 3-44　选择支付方式

图 3-45　确认付款

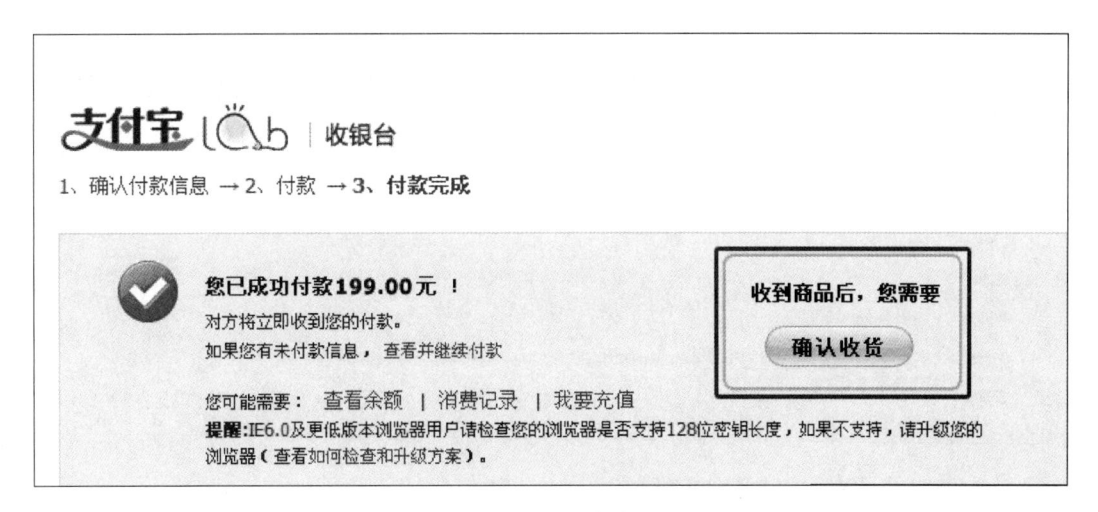

图 3-46　付款成功界面

图 3-47　确认收货界面

（2）同时还应该根据提示输入支付宝账户的支付密码，此时，支付宝会将货款打入卖家的支付宝账户中，交易真正完成，如图 3-48 所示。

（3）如果买家对卖家的服务和宝贝满意，买家就应该给卖家一个好评，否则就给中评或差评，这些评价会记录在买卖双方的信用档案中，如图 3-49 所示。

图 3-48　输入支付宝账户的支付密码

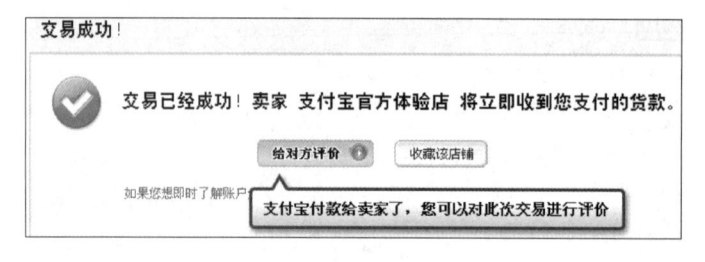

图 3-49　评价

思政园地

我国移动支付领跑全球

　　在世界屋脊的西藏拉萨，一部手机就能畅游日光之城；在日新月异的粤港澳大湾区，一码畅行三地。地铁公交刷手机、足不出户缴电费、机场扫码秒退税等这样便利的支付场景，已经成为今天中国人生活里的日常。"我国个人银行账户拥有率已超过95%，高于中高收入经济体平均水平，移动支付普及率达到86%，居全球第一。"中国人民银行日前公布的这组数据意味着，在中国这样一个人口大国，无论是城市还是乡村，人们都能方便快捷地享受现代化金融服务。

　　支付是经济活动的重要环节。移动支付"全球第一"，不仅是金融业发展的成果，更是整个国家科技实力与经济活力的象征。这个"全球第一",是一条从无到有、由弱到强的奋斗之路。从"粮票布票攥在手"到"揣着现金满街走",从"一卡在手行遍天下"到"手机支付遍地开花",改革开放以来,中国人支付方式的变迁不仅是经济繁荣、技术进步的标志,也是全新生活方式和业态嬗变的缩影。改革开放初期,银行卡、信用卡等国外支付方式通过广东等沿海地区传到国内,给我国人民生活带来极大的改变。现在,微信红包、支付宝、云闪付等"中国式支付"引领全球消费者支付潮流。从技术输入方变身技术输出方,"一进一出"间,既体现了中国高水平对外开放的不断深化,也反映出中国经济发展质量和整体实力已今非昔比。

"全球第一"背后,有世界最大的通信网络。移动支付离不开高速、可靠、广覆盖的移动网络支撑。我国已建成全球规模最大、技术领先的5G网络,在广袤的国土上,5G基站已覆盖所有地级市城区、县城城区,超过99%的行政村接入光纤网络和4G网络。

这个"全球第一",将助力数字经济的深层次变革。数字经济的快速发展,既对移动支付提出了更高要求,也带来了更大发展空间。作为数字基础设施的重要组成部分,移动支付通过加快数字化变革,可以深入到数字经济各价值链中,发挥互通融合、良性共生的基础性作用,从而加速推进整个经济体系的数字化转型。移动支付活力四射,数字中国未来可期。眼下,移动支付正与衣食住行、生活缴费、投资理财、医疗健康、教育培训等各行业深度融合,不断催生出新的业态和经济增长点,为中国经济社会发展持续注入不竭动力。

资料来源:支付宝官方微博.支付宝生活缴费15周年宣传片《生活的痕迹,幸福的底气》[EB/OL].https://weibo.com/tv/show/1034:4968641498644501,2023_11_16.

归纳与提高

第三方支付平台就是一些和国内外各大银行签约,并具备一定实力和信誉保障额的第三方独立机构提供的交易支持平台。在通过第三方支付平台的交易中,买方选购商品后,使用第三方支付平台提供的账户进行贷款支付,由第三方通知卖家货款到达、进行发货;买方检验物品后,就可以通知付款给卖家,第三方再将款项转至卖家账户。

本章主要讲述了个人网上银行、企业网上银行及第三方支付平台——支付宝的使用过程。分别对这三种电子支付方式进行了详细的实践,包括注册过程、使用过程、使用功能等。学习本章时,学生应对网上个人银行缴费与支付业务进行实际操作演练。网上支付的发展前景会越来越好,网上支付的普及必将推动中国新型经济行业的整体发展。

知识巩固

一、判断题

1. 电子支付是电子商务中最核心和最复杂的环节,所以电子支付方式一定要根据电子商务交易的实际情况进行选择。(　　)

2. 网上银行业务主要集中在账务查询、转账、在线支付等不涉及资金、实物转移和书面文件的领域。目前，人们通过网上银行尚不能够独立办理包括网上开户、网上贷款及投资理财等在内的业务。（　　）

3. 第三方支付平台仅仅能为个人客户提供支付结算服务，企业客户只能利用第三方支付平台进行查询，而不能进行支付结算。（　　）

二、单项选择题

1. 一个电子支付系统能否在互联网或其他的开放网络上被广泛使用，在很大程度上取决于它能否安全、方便、高效地完成支付。下列各选项中，不属于电子支付系统的是（　　）。

　　A. 中国现代化支付系统　　　　　　　B. 货到付款（货到付现金）
　　C. POS 系统　　　　　　　　　　　　D. 网上支付系统

2. 下列各选项中，（　　）是支付宝的理财产品。

　　A. 花呗　　　　　B. 余额宝　　　　　C. 蚂蚁集团　　　　　D. 支付宝

3. 消费者可以免费使用（　　）的消费额度购物，可以"这月买、下月还"，还款方便，还可以使用支付宝自动还款。

　　A. 芝麻信用　　　　B. 余额宝　　　　　C. 花呗　　　　　D. 支付宝

知识巩固

参考答案

技能训练

1. 登录中国建设银行网站（http://www.ccb.com），查看有关业务和功能。

2. 根据自己使用银行卡的情况，到相应银行营业网点办理网上银行开通手续，然后开通和使用网上银行。

3. 申请一个个人支付宝账户，并试着完成支付宝账户的充值、购物、付款、实名认证等支付与结算操作。

第四章
电子商务安全

学习目标

知识目标

熟悉保障电子商务安全的技术;熟知电子商务安全管理制度;掌握个人防火墙的安装方法。

技能目标

掌握文件的加密保护方法;利用数字证书,实现安全电子支付和安全移动支付;熟悉如何设置个人防火墙。

素质及思政目标

强化电子商务安全意识,培养良好的职业道德风尚。

思维导图

- 电子商务安全
  - 电子商务安全技术
    - 加密技术
    - 认证技术
    - 数字证书
    - 数字证书的申请
    - 数字证书的应用
  - 电子商务安全防范与管理
    - 日常安全防范
    - 电子商务安全管理制度
    - 国家反诈中心
  - 防火墙的安装及启用
    - 防火墙
    - 瑞星个人防火墙的安装及启用

引导案例

网上购机票被钓鱼网站欺诈

准备去烟台过年的黄女士打算购买机票。某一天,黄女士为了抢到低价机票,在网上搜到了一家购票网站,按照网站的提示填写了身份信息。之后,一名自称"客服"的工作人员打来电话,说希望和黄女士核对购票信息,并要求黄女士到 ATM 上转账。

黄女士按照对方的指示操作,在 ATM 上汇出机票款后,"客服"突然又打来电话说黄女士将乘坐的飞机因故不能起飞,要黄女士改签。黄女士回忆:"我当时还想,这网站太好了,这么快就通知机票改签,省得我跑去机场,我询问客服如何改签,她说会有短信发到我手机上,然后点击链接就可以了。"

之后,黄女士果然收到了短信。由于短信中有她准确的身份信息,她毫不犹豫地点击了链接,结果过了几分钟,她突然收到银行的短信,提示她卡里的 30 000 元被转走了。

资料来源:赵莉,林海.电子商务法律法规[M].高等教育出版社,2021.

案例思考:本案例中,黄女士在网上购买机票时是如何被骗的?我们应如何防范这类骗局?

任务一　电子商务安全技术

任务分析

电子商务安全技术在电子商务系统中的作用非常重要,它守护着商家和客户的重要秘密,维护着电子商务系统的信誉和财产,同时为服务对象和被服务对象提供了极大的便利。只有采取了必要和恰当的技术手段,才能充分增强电子商务系统的可鉴别性和可靠性。电子商务系统的安全应该建立在网络安全的基础之上,通过信息安全技术的保障及安全协议的应用才能实现。下面对电子商务安全技术进行简要介绍。

相关知识

一、加密技术

加密技术是利用技术手段把原始信息变为乱码(加密)传送,到达目的地后再用相同或不同的手段还原(解密)信息。原始信息通常被称为"明文",加密后的信息通常被称为"密文"。

加密技术涉及两个元素:算法和密钥。算法是将明文与一串字符(密钥)结合起来,进行加密运算后形成密文。密钥是在将明文转换为密文或将密文转换为明文的算法中输入的一串字符,可以是数字、字母、词汇或短语。

由此可见,在加密和解密过程中,都涉及信息(明文、密文)、密钥(加密密钥、解密密钥)和算法(加密算法、解密算法)这三项内容。

常用的现代加密体制有对称加密体制和非对称加密体制两种。

(一)对称加密体制

对称加密体制是指发送方和接收方使用同样密钥的加密体制,即文件加密和解密使用相同的密钥。这种加密体制要求发送者和接收者在安全通信之前商定一个密钥。由于对称加密体制的安全性依赖于密钥,因此,只要通信过程中采用了对称加密,密钥就必须保密。

如图 4-1 所示,对称加密体制主要由五个部分组成:明文、加密算法、密钥、密文、解密算法。发送方用密钥 K 和加密算法 E 对明文 P 进行加密,得到密文 C,然后传输密文 C;接收方用密钥 K 和解密算法 D 对密文 C 进行解密,得到原来的明文 P。

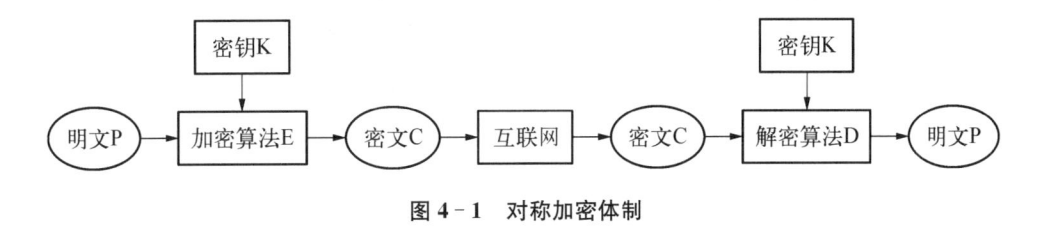

明文P → 加密算法E(密钥K) → 密文C → 互联网 → 密文C → 解密算法D(密钥K) → 明文P

图 4-1　对称加密体制

(二)非对称加密体制

非对称加密体制使用的是密钥对,即公钥(Public Key)和私钥(Private Key)。公钥是公开的,可以以文件的形式存储在密钥管理中心;与之配对的私钥以口令或密码的方式由用户记忆保管。通常用公钥加密、私钥解密来保证信息的机密性;用私钥加密、公钥解密来进行身份认证。目前,在非对称加密体制的算法中,使用最多的是

RSA 算法。

非对称加密体制由明文 P、加密算法 E、公钥、私钥、密文 C、解密算法 D 六个部分组成。图 4-2 所示为非对称加密体制的工作过程。发送方用接收方的公钥和加密算法 E 对明文 P 加密，得到密文 C，然后传输密文 C；接收方用自己的私钥和解密算法 D 对密文 C 解密，得到明文 P。

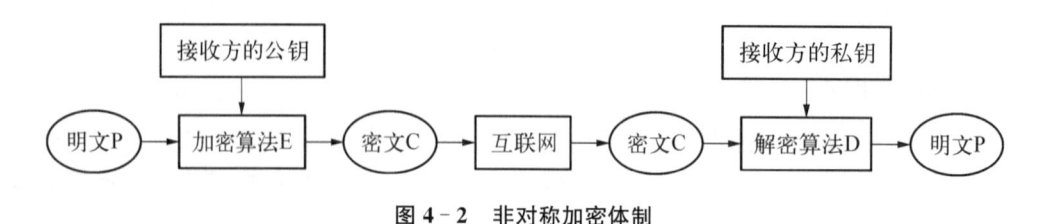

图 4-2 非对称加密体制

二、认证技术

常见的信息保护手段除了加密技术以外，还有认证技术。目前，认证技术有身份认证（也叫用户认证）和消息认证两种方式。身份认证用于鉴别用户的身份是否合法；消息认证可用于验证所收到的消息确实来自真正的发送方且未被修改（即完整性），也可以用于验证消息的顺序性和及时性。消息认证主要包括数字签名、数字时间戳等技术。

（一）身份认证

身份认证的基本思想是通过验证被认证对象的属性来确保被认证对象的真实性。用户只有通过了身份认证，才能操作计算机系统，访问网络资源。因此，身份认证是安全系统的第一道关卡。

实现身份认证的物理基础主要有以下三种：

(1) 用户所知道的。通常，最常用的方法是密码和口令。这种方法简单，开销小，但是也最不安全。

(2) 用户所拥有的。依赖用户拥有的信息（如身份证、护照、密钥盘等）来实现身份认证。其安全性比前者高，泄露信息的可能性较小，但认证系统相对复杂。

(3) 用户所具有的特征。这是指用户的生物特征，如指纹、虹膜、DNA、声音和脸部特征，还包括用户下意识的行为。这类技术的安全性最高，也是当前信息安全研究的热点。

（二）消息认证

消息认证是指验证消息的完整性，当接收方收到发送方的报文时，接收方能够验证收到的报文是真实的和未被篡改的。消息认证常用的方法就是消息摘要，即发送方在发送的消息中附加一个鉴别码，并经加密后发送给接收方。接收方利用约定的算法对解密后的消息进行鉴别运算，将得到的鉴别码与收到的鉴别码进行比较，若二者相等，则接收，否则拒绝接收。

三、数字证书

(一) 数字证书认证中心

实现网上安全支付是顺利开展电子商务的前提,建立安全的数字证书认证中心(Certificate Authority,CA)是电子商务的中心环节,其目的是加强数字证书和密钥的管理,增强网上交易各方的相互信任,提高网上交易的安全性,控制网上交易的风险,从而推动电子商务的发展。

认证中心的主要功能有以下几项:

1. 数字证书的颁发

认证中心负责接收、验证用户(包括下级认证中心和最终用户)数字证书的申请,对申请的内容进行备案,并根据申请的内容确定是否受理该数字证书申请,从而进一步确定为用户颁发何种类型的数字证书。

2. 数字证书的更新

认证中心可以定期更新所有用户的数字证书,或者根据用户的请求更新用户的数字证书。

3. 数字证书的查询

数字证书的查询可以分为两类:一是数字证书申请的查询,认证中心根据用户的查询请求返回当前用户数字证书申请的处理进程;二是用户数字证书的查询,这类查询由目录服务器完成,目录服务器根据用户的请求返回适当的数字证书。

4. 数字证书的作废

认证中心通过维护数字证书作废列表完成数字证书的作废。当用户的私钥由于泄密等原因造成用户数字证书需要申请作废时,用户需要向认证中心提出数字证书作废请求,认证中心会根据用户的请求确定是否将该数字证书作废;另外一种数字证书作废的情况是数字证书已经过了有效期,认证中心会自动将该数字证书作废。

5. 数字证书的归档

数字证书具有有效期,数字证书过了有效期之后将会作废。但是,不能将作废的数字证书简单地丢弃,因为有时可能需要验证以前某个交易过程中产生的数字签名,这时就需要查询已作废的数字证书。

国内的数字证书认证中心主要有行业、地方政府部门或企业等联手合作建立的数字证书认证中心,如中国金融认证中心(CFCA)、海关联盟认证中心(SCCA)、上海数字证书认证中心、广州市电子签名中心、山西数字证书认证中心等。

(二) 数字证书的定义

数字证书又称为数字凭证或数字标识,是由数字证书认证中心发行的、能提供在互联网上进行身份验证服务的电子文档。人们可以用它来证明自己在互联网中的身份或识别对方的身份,数字证书示例如图4-3所示。数字证书的详细信息至少包含以下几项:(1) 证书拥有者的姓名;(2) 证书的版本信息;(3) 证书的序列号,同一身份验证机构签发的证书序列号是唯一的;(4)证书所使用的签名算法;(5)证书发行机构的名称;(6)证书的有效期限;(7)证书所有人的公钥;(8)证书发行者对证书的签名。

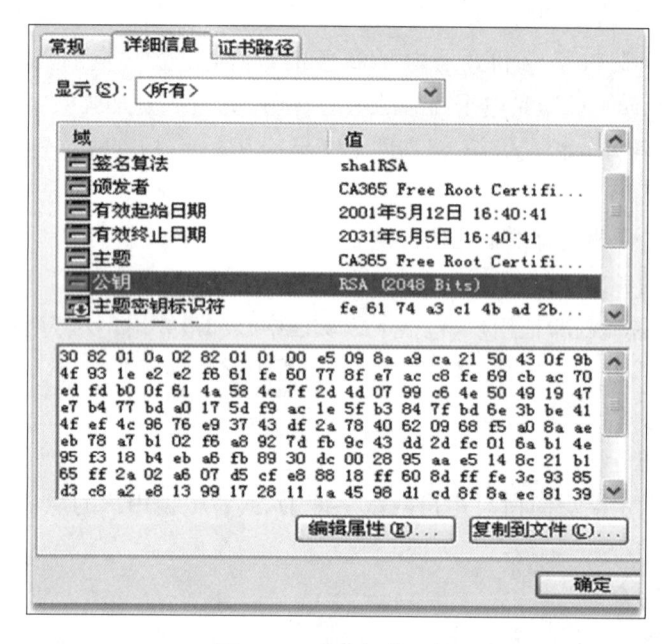

图4-3 数字证书示例

任务实施

一、数字证书的申请

数字证书依照证书的持有者类型可以分为个人证书、单位(包含商家、银行等企业)证书、服务器证书等,用来在电子商务活动中识别各方的身份,并保证交易过程中信息的机密性、完整性、真实性、可用性、不可否认性等。

数字证书根据适用的支付平台可分为支付宝数字证书、微信支付数字证书等。

支付宝数字证书是使用支付宝账户资金时的身份凭证之一,可以加密用户的信息并确保账户和资金安全。用户申请后,在进行付款和确认收货等涉及资金的操作时,就会验证计算机上是否安装了数字证书。即使用户的账号被盗,对方没有相应的数字证书也动用不了用户账户中的资金。图4-4所示为支付宝手机端数字证书申请入口。登录支付宝账号后点击"我的"→设置图标(手机端支付宝在右上角)→"账号与安全"→"安全中心"→"更多服务"→"数字证书",然后按照提示安装数字证书即可。

微信支付数字证书可在微信内点击"我"→"服务"→"钱包"→"消费者保护"→"安全保障"→"数字证书"进入数字证书页面,根据提示进行设置即可启用微信支付数字证书。启用微信支付数字证书的作用是:提高支付安全性;提高每日零钱支付限额。数字证书就相当于一个认证的程序。它会使你的微信账户更安全。图 4-5 所示为微信手机端数字证书申请入口。

图 4-4　支付宝手机端数字证书申请入口　　图 4-5　微信手机端数字证书申请入口

二、数字证书的应用

一般来说,用户要携带有关证件到各地的数字证书受理点或者直接到数字证书发放机构(即 CA 中心)填写申请表并进行身份审核,审核通过后缴纳一定费用就可以得到装有数字证书的存储介质(磁盘或 USB-Key)和一个写有密码口令的密码信封。

(1) 用户在需要使用证书的网站上进行操作时,必须准备好装有证书的存储介质。

(2) 如果用户是在自己的计算机上进行操作,则操作前必须先安装认证中心的根证书。一般所访问的系统如果需要使用数字证书,则会自动弹出提示信息,要求用户安装根证书,用户直接选择"确认"即可;当然,也可以直接登录认证中心的网站,下载安装根证书。

(3) 操作时,系统会自动提示用户出示数字证书或者插入证书存储介质。用户插入证书存储介质后,系统会要求用户输入密码,此时用户需要输入申请数字证书时获得的密码信封中的密码,密码验证成功后,系统将自动调用数字证书进行相关操作。

(4) 使用完毕后,取出数字证书存储介质,并妥善保管。当然,在不同系统中,数字证书会有不同的使用方式,但系统通常会有明确提示,以方便用户使用。网站安装了 SSL 证书,就会使网站的域名转换为以"https"开头的方式,浏览器地址栏会显示锁形标志。点击浏览器地址栏的锁形标志可以查看网站的 SSL 证书。需要注意,在不同浏览器上查看网站数字证书的方法不同。图 4-6 所示为在谷歌浏览器上查看的某网站的数字证书。

视野拓展
带你了解 SSL

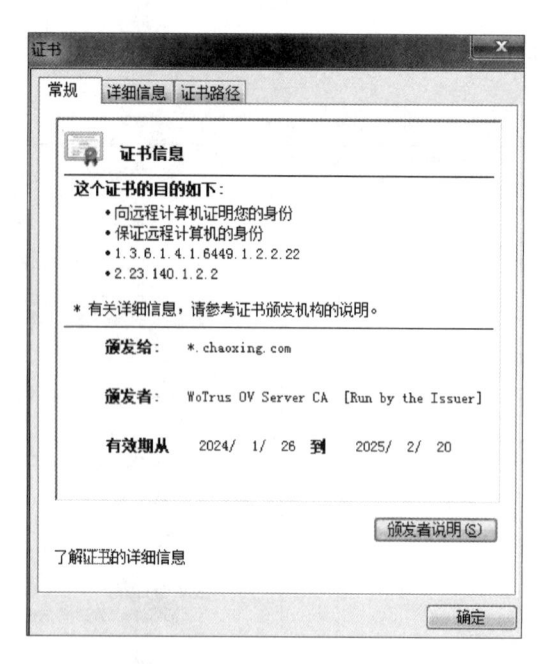

图 4-6　某网站的数字证书

任务二　电子商务安全防范与管理

任务分析

电子商务的安全问题是电子商务发展的关键所在。解决电子商务的安全问题需要从技术、管理和法律等方面综合考虑。目前，解决电子商务安全问题的手段、方法和制度已逐渐形成完善的体系，日益成熟。

相关知识

一、日常安全防范

（一）计算机用户的安全防范

1. 加强个人计算机安全防护

个人计算机应该安装适当的防火墙与杀毒软件；平台或系统使用复杂的密码，不要使用简单的数字密码，如生日、身份证号等，最好定期更换密码；不要随便接收文件，尤其是通过 QQ 等即时通信软件或电子邮件接到他人发来的文件时，要向发送方求证发的是什么，是不是发送方主动发送的，接收文件后要先用杀毒软件查杀病毒。

2. 创建没有权限的管理员用户

为 Windows 操作系统创建一个无实际权限的管理员（Administrator）用户。管理员用户是最高级别的用户,无初始密码。黑客很容易通过管理员用户进入计算机,因而,有必要创建一个无实际权限的管理员用户。具体操作为:先以一个非管理员的账户登录 Windows,然后按照"控制面板→管理工具→计算机管理→本地用户和组→用户"流程操作,删除管理员用户,再创建一个新的 Administrator 用户,设置密码,密码要尽可能复杂,让其隶属于最低级别的用户组,并在"属性"选项卡里选中"账户已停用"。这样,即使别人破解了管理员用户,进入后会发现也只是一个没有多少权限的账户。

3. 禁止磁盘自动运行

U 盘病毒的一般运行机制是通过双击盘符自动运行,因此,禁止磁盘自动运行是一种相当有效的预防手段。具体操作方法为:单击"开始"按钮,选择"运行"命令,在出现的"运行"对话框中输入"gpedit.msc"命令,按 Enter 键,在出现的对话框中依次选择"用户配置""管理模板""系统",然后双击右侧列表里的"关闭自动播放"选项,在出现的对话框中选择"已启动"选项,再选择"所有驱动器"选项,单击"确定"按钮后退出。此外,要经常检查开机启动项,发现启动项有异常时,一定要确定是否为病毒。可通过在"运行"对话框中输入"msconfig"命令并按 Enter 键来查看启动项,也可以使用计算机管理软件完成此项工作。

4. 加强防范意识

插入 U 盘后,不要双击 U 盘盘符,要先用杀毒软件扫描 U 盘。如果 U 盘里有病毒,则通过资源管理器查看 U 盘里有无 autorun.inf 文件(通常是隐藏的)。若有,则删除 autorun.inf 文件及其指向的程序。

5. 备份与加密

一些重要的数据必须经常备份,如重要的图片和个人信息等。隐私文件要加密。将文件设置为隐藏模式是一种自欺欺人的方式,对于用户认为不能暴露于公众面前的文件,可以使用一些加密程序对其加密,网上有很多这样的免费软件。

(二) 移动端用户的安全防范

1. 谨慎下载安装手机软件

手机病毒的最大来源渠道为手机应用商店,第二大来源渠道为手机论坛。两大渠道中,无认证的手机软件存在大量安全问题,因而用户要只安装较为可靠的手机应用软件,对可疑的手机应用软件应避而远之。另外,应给手机安装可靠的安全管理软件,它能阻止有风险手机软件的安装,还能查杀手机病毒。

2. 不要随便打开短信中的链接或扫描二维码

短信中的链接地址可能是钓鱼网址甚至是木马病毒。热门节目中奖、房东转账等多为骗局;有的二维码中隐藏有病毒、木马,如果扫描了这样的二维码,手机里的个人信息很容易被别人盗取。

3. 手机刷机风险与更新建议

不要对手机刷机,以获取超级用户(Root)权限,或"越狱"。这样做不仅存在安全隐患,手机一旦损坏厂商也会拒绝保修。同时,在发现手机提醒系统更新时,应及时更新。手机厂商发现系统漏洞后,一般会迅速更新系统以解决漏洞问题。

4. 慎连免费 Wi-Fi，保护个人信息

在公共场合，要避免随意连接免费无密码 Wi-Fi，否则可能会被黑客截获个人信息，甚至被植入木马病毒。手机开机和关键应用程序（如理财通、支付宝等）要设置较复杂的密码。

二、电子商务安全管理制度

电子商务安全管理不完善是电子商务安全的重大隐患。安全管理在整个网络安全保护工作中的地位十分重要。任何先进的网络安全技术都必须在有效且正确的管理控制下，并结合合理的法律保障，才能得到有效实施。下面介绍我国主要的保障电子商务安全的相关法律与制度，如图 4-7 所示。

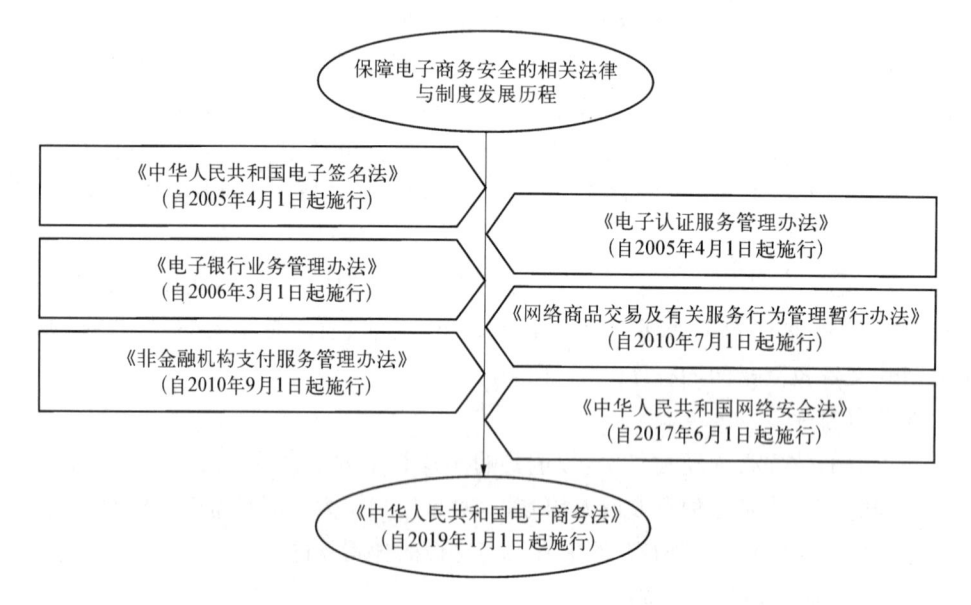

图 4-7　我国主要的保障电子商务安全的相关法律与制度

（1）确立电子签名的法律效力。《中华人民共和国电子签名法》自 2005 年 4 月 1 日起施行，它对推进我国电子商务发展，扫除电子商务发展障碍起到了重要作用。该法被认为是我国首部真正意义上有关电子商务的法律。

（2）规范电子认证服务行为。《电子认证服务管理办法》自 2005 年 4 月 1 日起施行。

（3）加强电子银行业务的风险管理。《电子银行业务管理办法》自 2006 年 3 月 1 日起施行。

（4）规范网络商品交易及有关服务行为。自 2010 年 7 月 1 日起施行的《网络商品交易及有关服务行为管理暂行办法》中明确规定，通过网络开展商品交易及有关服务行为的自然人，应提交其姓名和地址等真实的信息。

（5）规范非金融机构支付服务行为，防范支付风险。自 2010 年 9 月 1 日起施行的《非金融机构支付服务管理办法》，要求第三方支付公司必须在 2011 年 9 月 1 日前申请取得"支付业务许可证"，且全国性公司注册资本最低应为 1 亿元。该办法的出台意在规范当时发展迅猛的第三方支付行业。

(6) 保障网络安全。《中华人民共和国网络安全法》自 2017 年 6 月 1 日起施行。

(7) 电子商务综合性法律。《中华人民共和国电子商务法》自 2019 年 1 月 1 日起施行,它是我国电子商务领域的首部综合性法律,涉及电子商务经营主体、经营行为、合同、快递物流、电子支付等多项内容,在电商经营资质、纳税、知识产权、责任界定、处罚标准、跨境电商等多个方面对中国电子商务行业进行了规范。

视野拓展

防电信诈骗小知识

任务实施

"国家反诈中心"是国务院打击治理电信网络新型违法犯罪工作部际联席会议合成作战平台,集资源整合、情报研判、侦查指挥为一体,在打击、防范、治理电信网络诈骗等新型违法犯罪中发挥着重要作用。该软件可以自动识别涉诈来电、具有手机 App 风险自查、支付社交账号检验查询等功能,以及电信网络诈骗真实案例动态信息和防诈知识普及。

国家反诈中心

一、"国家反诈中心"的安装

(1) 安卓、苹果手机均可在应用商店搜索"国家反诈中心"下载安装,如图 4-8 所示。

图 4-8 "国家反诈中心"安装界面

(2) 打开应用,选择常驻地区,点击"确定",如图 4-9 所示。

(3) 进入登录界面,点击"快速注册",输入手机号→获取验证码→勾选"服务协议"→点击"确定",完善账号并保存,如图 4-10、4-11 所示。

图 4-9 "国家反诈中心"常驻地区确认

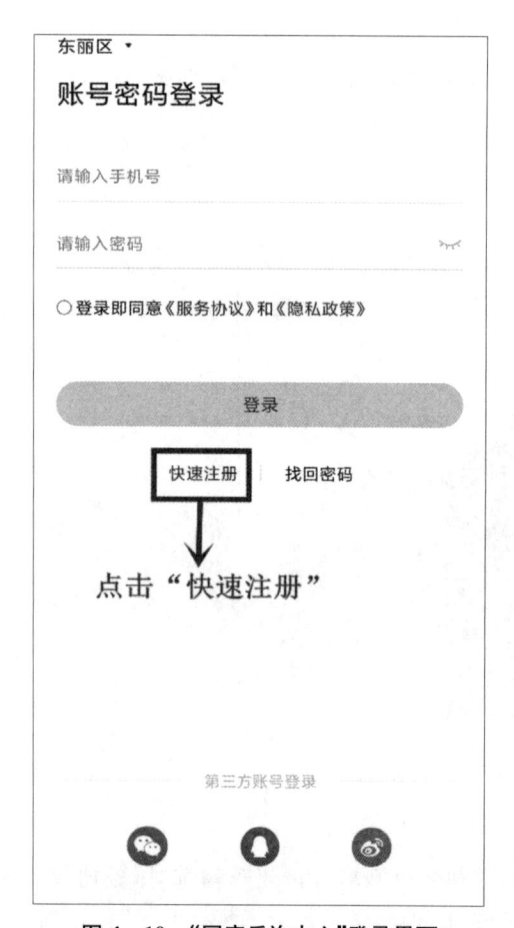

图 4-10 "国家反诈中心"登录界面

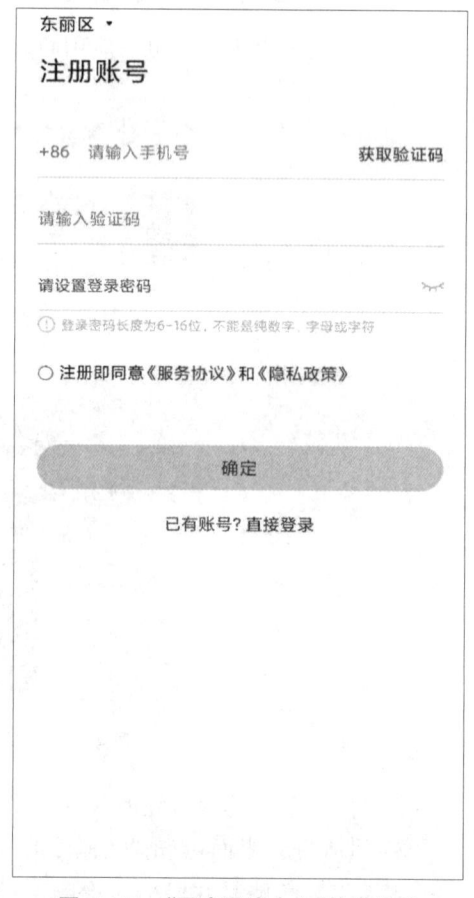

图 4-11 "国家反诈中心"快速注册

(4) 注册完成,点击"继续完善",完成身份认证(人脸识别);然后完善地区、详细地址、行业等更多信息,如图 4-12、4-13、4-14 所示。

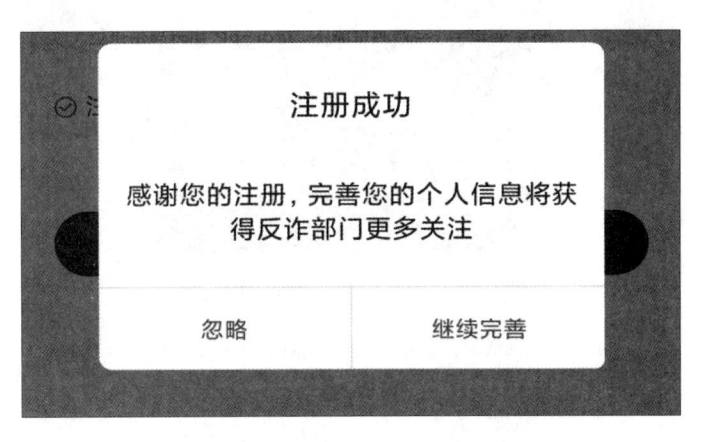

图 4-12 "国家反诈中心"注册完成

图 4-13 "国家反诈中心"个人信息完善 　　**图 4-14 "国家反诈中心"身份认证**

(5)注册成功登录后,点击"来电预警",开启全方位预警,如图4-15所示。

图4-15 "国家反诈中心"来电预警功能

二、"国家反诈中心"功能

(一)我要举报功能

(1)进入首页,点击"我要举报",如图4-16所示。

(2)填写诈骗类型、报案地、举报描述,至少填写一项举报内容,如电话、短信、App应用程序、图片、网址等,如图4-17所示。

(3)App应用程序、图片等信息选择完成后,需先上传文件,文件上传成功后可提交举报,如图4-18所示。

(二)报案助手功能

(1)进入首页,点击"报案助手",如图4-19所示。

(2)点击"扫码报案"扫描反诈中心出示的"案件二维码",点击开始填写报案信息,对标注"必填"字样或打"*"号的为必填项,如图4-20、4-21、4-22、4-23所示。

图 4‑16 "国家反诈中心"我要举报功能

图 4‑17 "国家反诈中心"举报内容

图 4‑18 "国家反诈中心"文件上传

图 4‑19 "国家反诈中心"报案助手功能

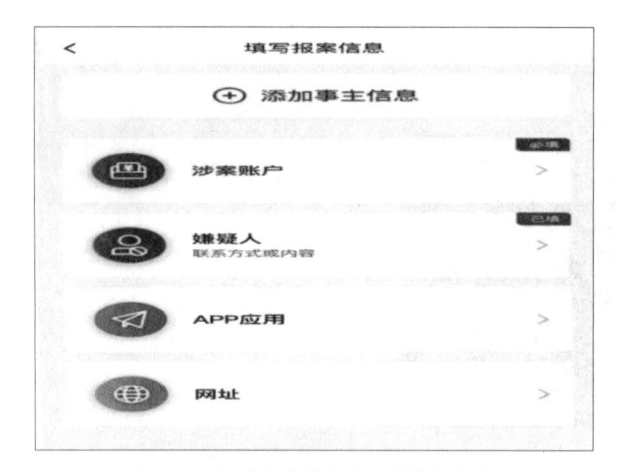

图4-20 "国家反诈中心"报案信息

图4-21 "国家反诈中心"事主信息

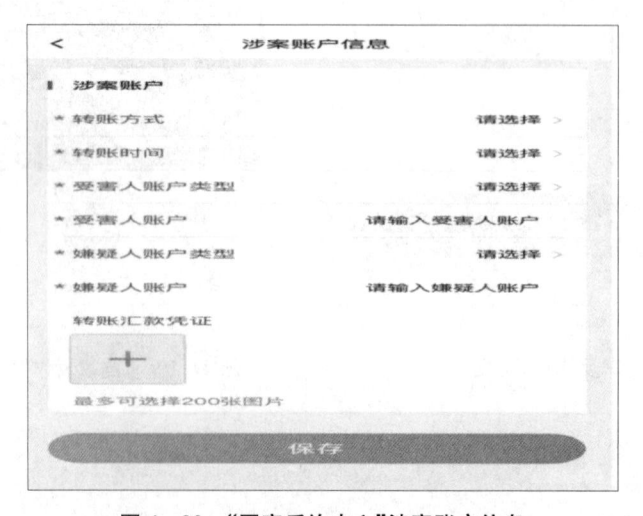

图4-22 "国家反诈中心"涉案账户信息

图 4‑23 "国家反诈中心"嫌疑人信息

（3）点击"下一步"，进入签字提交页，确认信息准确无误后，完成报案人签字后点击"提交报案信息"完成报案，如图 4‑24、4‑25 所示。

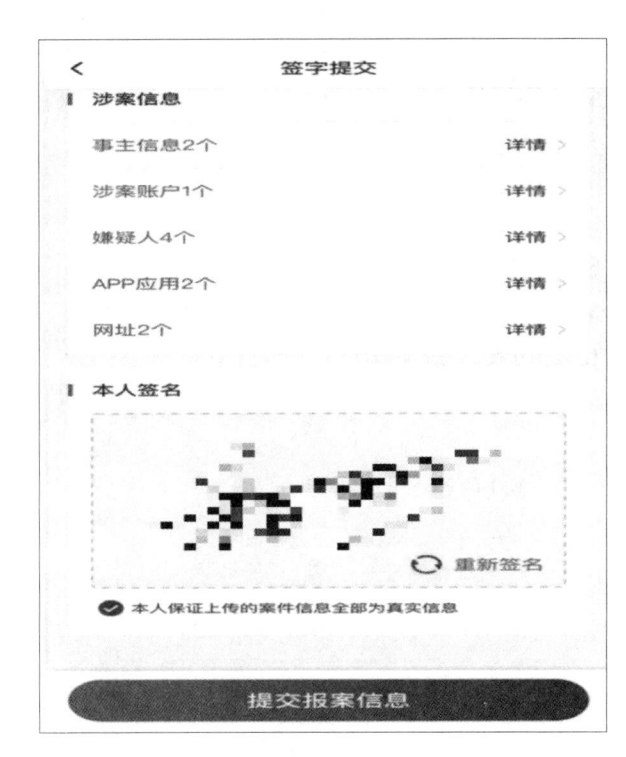

图 4‑24 "国家反诈中心"报案信息签字提交 　　图 4‑25 "国家反诈中心"报案提示成功界面

任务三　防火墙的安装及启用

任务分析

本任务旨在让学生掌握防火墙的安装与启用方法,理解其在网络安全中的重要作用。通过实际操作,学生将学习如何配置防火墙规则,保护电子商务系统免受外部攻击,提升网络安全防护能力。

相关知识

防火墙

防火墙是指由软件和硬件设备组合而成的安全系统,用于在内部网络和外部网络(如互联网)之间建立保护屏障。它是一种保障网络安全的解决方案,通过专用网与公共网的界面上构建安全网关,防止非法用户侵入内部网络。首先,防火墙对流经它的网络通信进行扫描,这样能够过滤掉一些攻击,以免其在目标计算机上被执行。其次,防火墙还可以关闭不使用的端口,而且它还能禁止特定端口的流出通信,封锁特洛伊木马。最后,防火墙可以禁止来自特殊站点的访问,从而防止来自不明入侵者的所有通信。

瑞星个人防火墙软件可为我们的计算机提供全面的保护,有效地监控任何网络连接。通过过滤不安全的服务,防火墙可以极大地提高网络安全,同时减少主机被攻击的风险,使系统具有抵抗外来非法入侵的能力,防止我们的计算机和数据遭到破坏。

任务实施

以瑞星个人防火墙为例,学习防火墙的安装、启用及设置。

瑞星个人防火墙的安装及启用

一、防火墙的安装

(1) 双击运行安装程序,根据安装向导进行操作,如图 4-26 所示。

图 4-26　瑞星软件安装程序

（2）安装程序显示语言选择框,选择需要安装的语言版本后,单击"确定"继续,如图4-27所示。

图4-27 瑞星软件语言设置程序

（3）进入安装欢迎界面,再选择"下一步"继续,如图4-28所示。

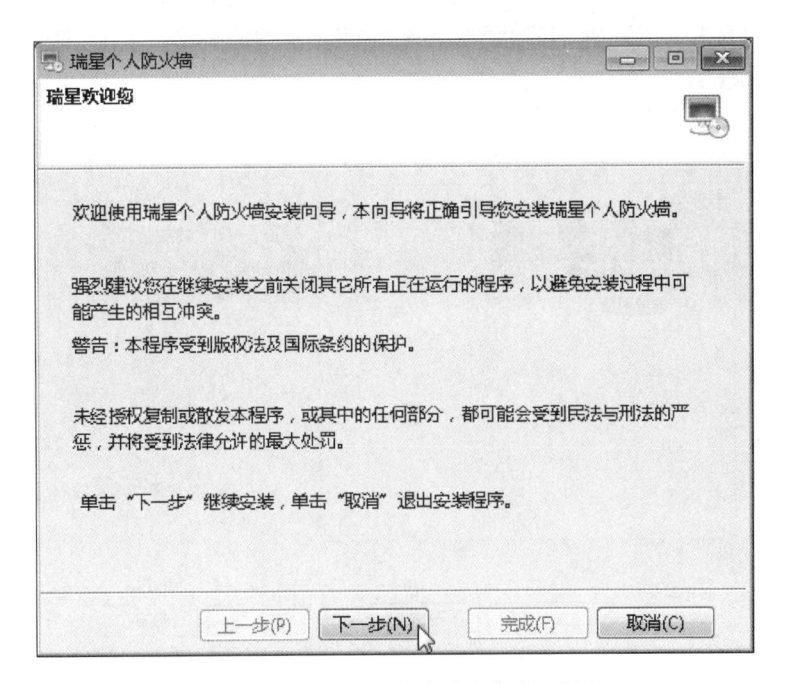

图4-28 瑞星个人防火墙安装欢迎界面

（4）阅读"最终用户许可协议",选择"我接受",单击"下一步"继续安装;如果不接受协议,选择"我不接受",退出安装程序,如图4-29所示。

（5）在"定制安装"窗口中,选择需要安装的组件,单击"下一步"继续安装,也可以直接单击"完成"按钮,按照默认方式进行安装,如图4-30所示。

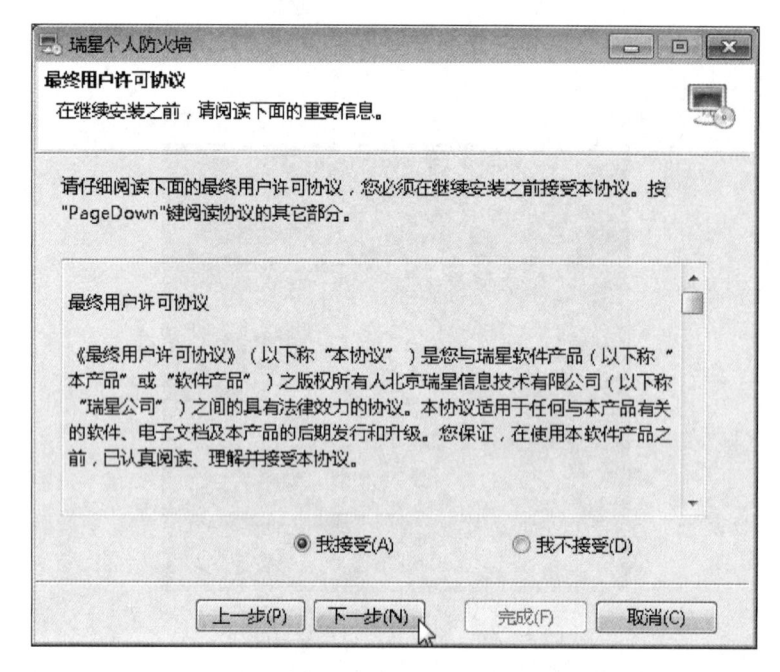

图 4-29 瑞星个人防火墙最终用户许可协议

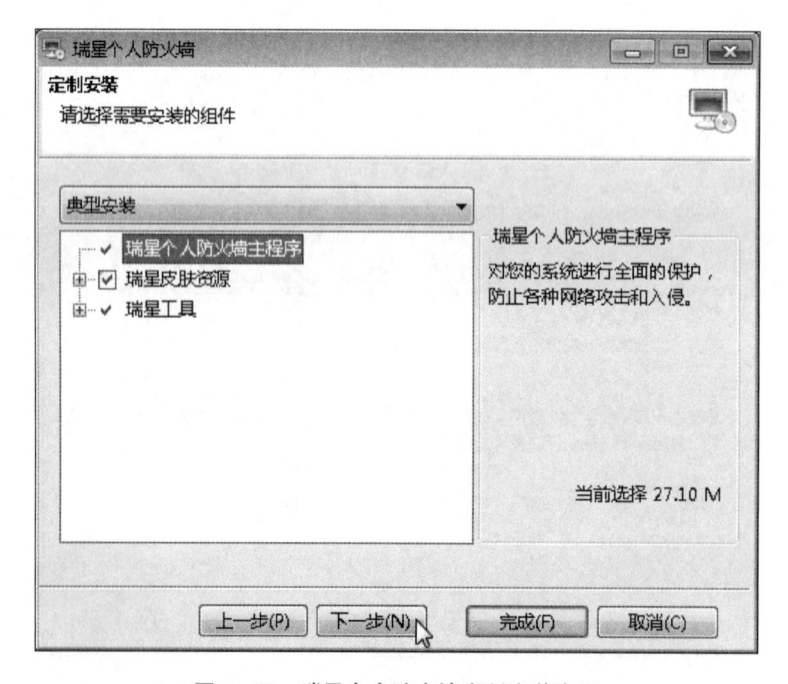

图 4-30 瑞星个人防火墙定制安装窗口

（6）在"选择目标文件夹"窗口中，指定瑞星个人防火墙的安装目录，单击"下一步"继续安装，如图 4-31 所示。

（7）在"安装信息"窗口中，显示了安装路径和程序组名称，单击"下一步"继续安装，如图 4-32 所示。

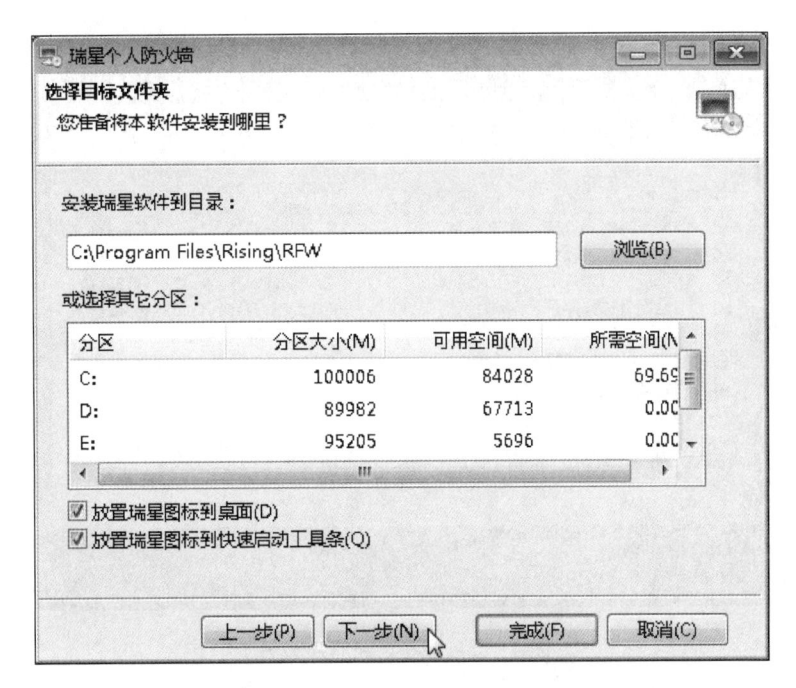

图 4-31　瑞星个人防火墙指定安装目录

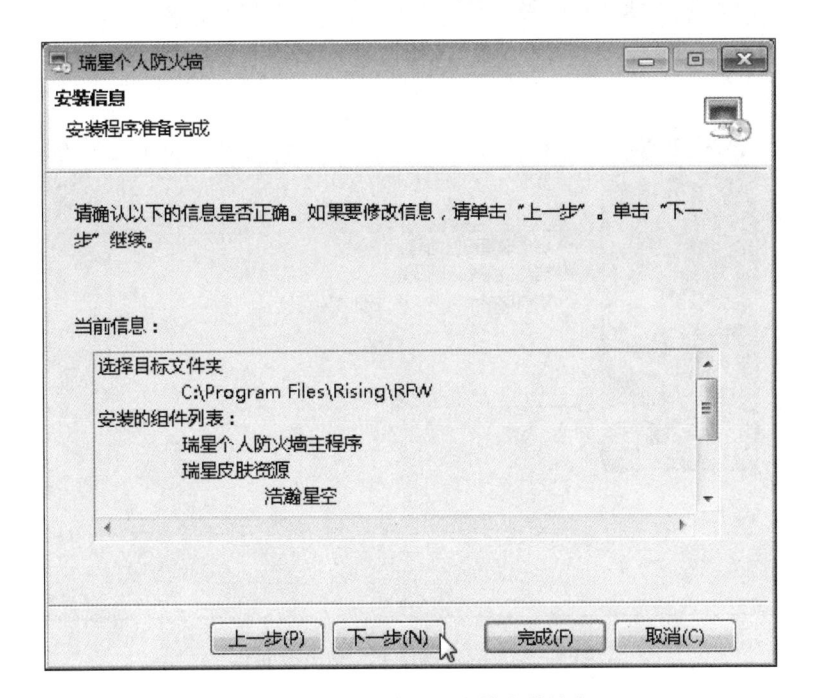

图 4-32　瑞星个人防火墙安装信息

（8）确认后单击"下一步"开始安装瑞星个人防火墙，如图 4-33 所示。

（9）在"结束"窗口中，用户可以选择"启动瑞星个人防火墙"等启动程序，最后选择"完成"结束安装，如图 4-34 所示。

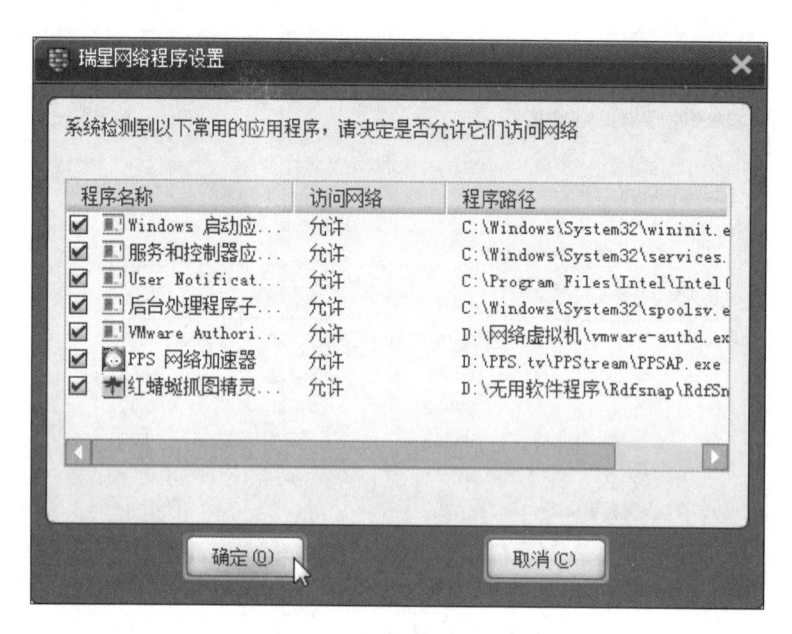

图 4-33 瑞星网络程序设置

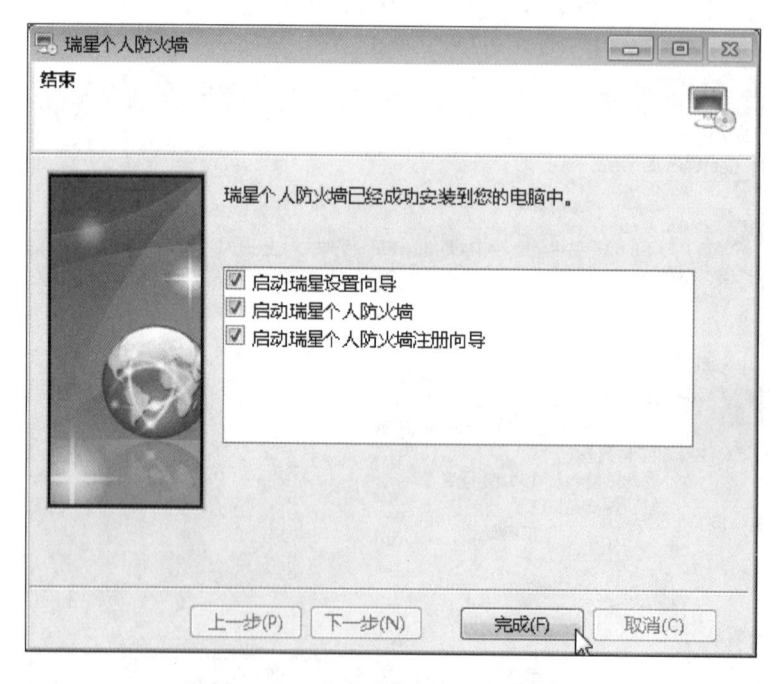

图 4-34 完成瑞星个人防火墙安装

二、防火墙的启用

进入"开始"/"所有程序"/"瑞星个人防火墙",选择"瑞星个人防火墙",即可启动防火墙,如图 4-35 所示。

图 4‑35　启动瑞星个人防火墙

三、防火墙的设置

(1) 启动后点击"网络防护",根据需要对电脑进行相应的防护设置,如图 4‑36 所示。

图 4‑36　网络防护设置

(2)"程序联网控制"可控制电脑中的程序对网络的访问,如图4-37所示。

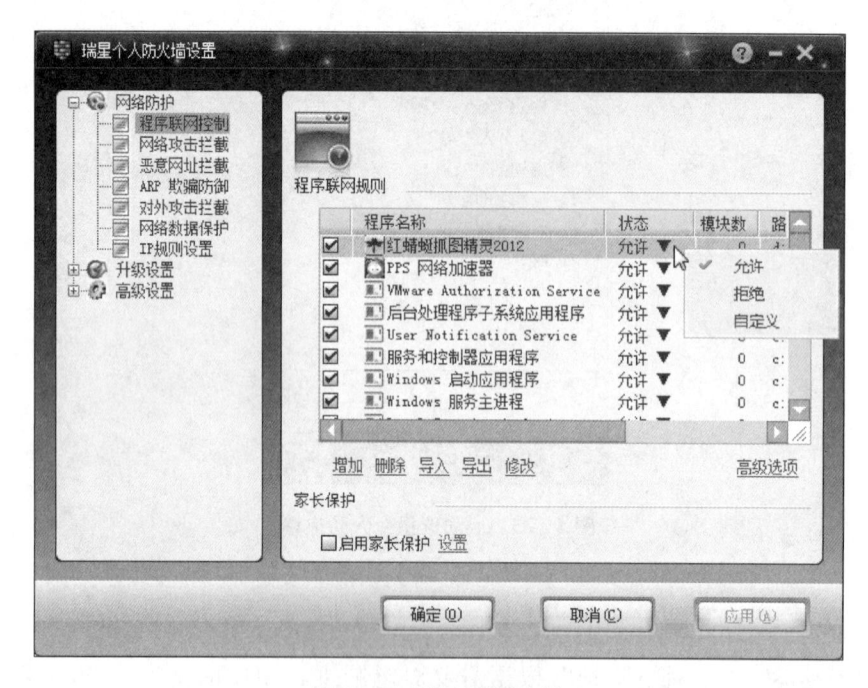

图4-37 程序联网控制

(3)使用家长保护功能,可以自动屏蔽常见的不适合青少年浏览的色情、反动网站,给孩子创建一个绿色健康的上网环境,如图4-38所示。

图4-38 家长保护高级设置

(4)"网络攻击拦截"可利用网络分析技术有效地拦截各种网络攻击,如图 4-39 所示。

图 4-39　网络攻击拦截

(5)"恶意网址拦截"利用智能分析技术,可有效拦截钓鱼、挂马网站,保护个人信息安全,如图 4-40 所示。

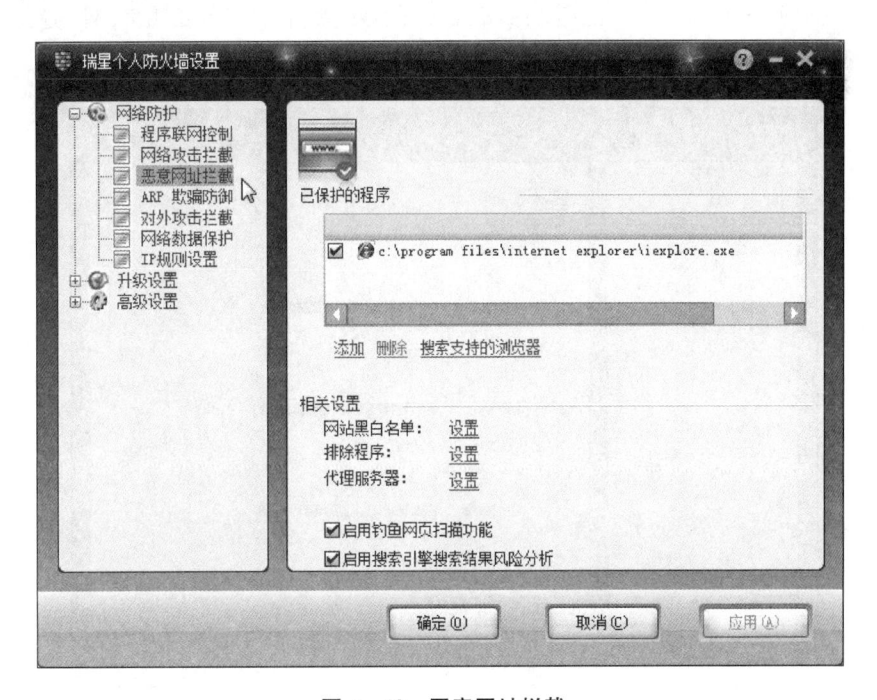

图 4-40　恶意网址拦截

（6）ARP欺骗是通过发送虚假的ARP包给局域网内的其他电脑或网关，从而冒充别人的身份来欺骗局域网中的其他电脑，使得其他电脑无法正常通信，或者监听被欺骗者的通信内容。"ARP欺骗防御"可防止电脑受到ARP欺骗攻击，并帮助用户找到局域网的攻击源，如图4-41所示。

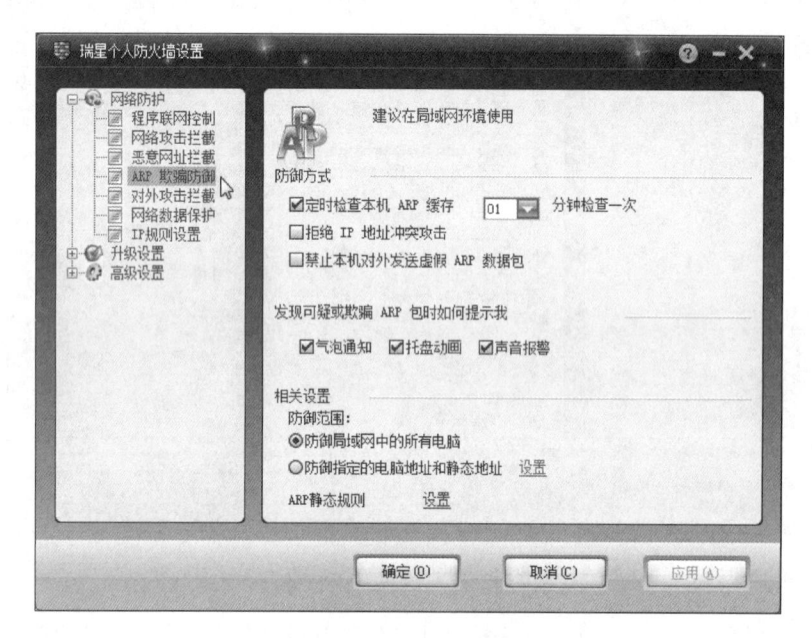

图4-41 ARP欺骗防御

（7）"对外攻击拦截"可防止电脑被黑客控制，沦为"肉鸡"攻击互联网，避免其成为"僵尸网络"成员，保护系统和网络资源不被恶意占用，如图4-42所示。

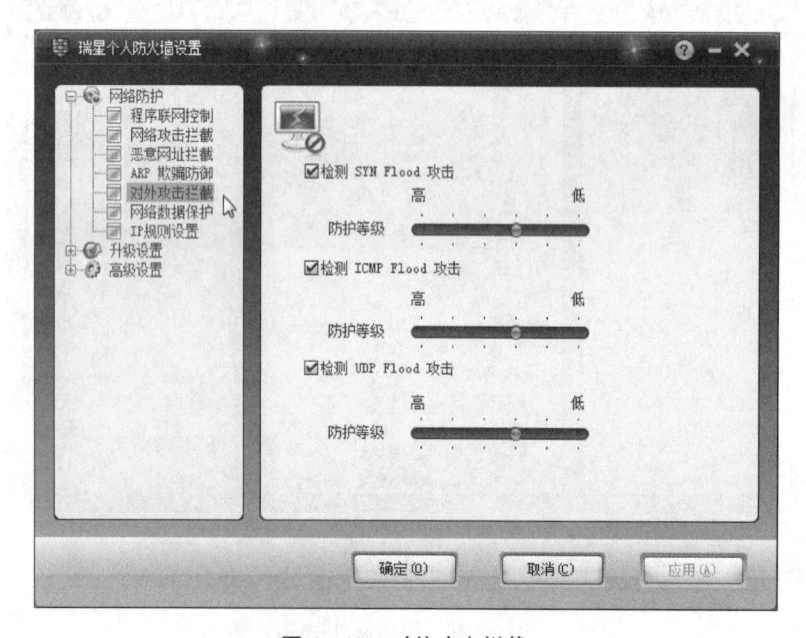

图4-42 对外攻击拦截

(8)"网络数据保护"可通过相关技术发现威胁,保护数据在网络中的传输安全,如图4-43所示。

图4-43 网络数据保护

(9)"IP规则设置"可根据相关规则,对进出电脑的IP数据包进行过滤,如图4-44所示。

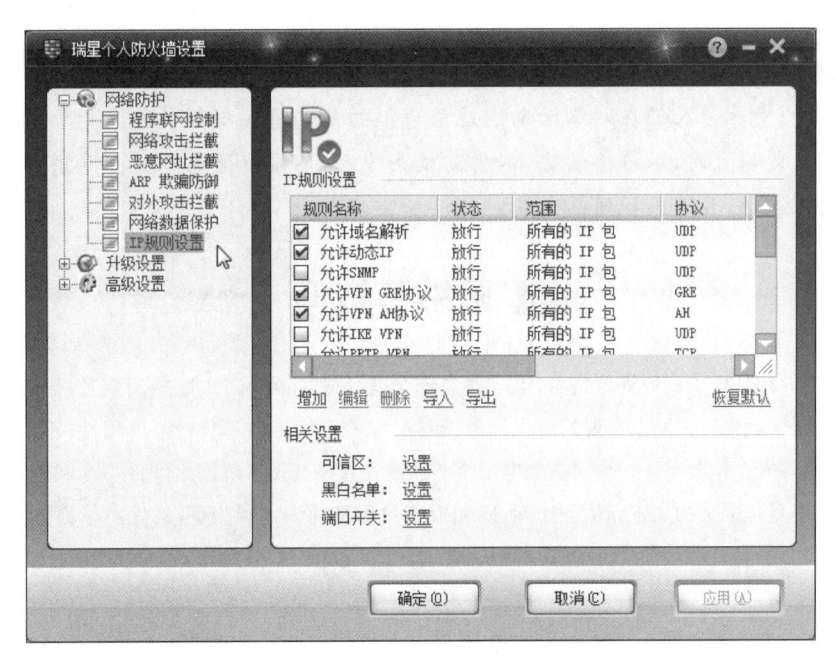

图4-44 IP规则设置

思政园地

培养大学生信息安全意识与网络道德素养

网络世界是一个虚拟的空间,但它所承载的信息和影响却是真实而深远的。大学生要明确网络的正面作用,将其作为获取知识、交流思想、拓宽视野的重要平台。然而,网络也存在着一些不文明的现象,如网络暴力、恶意谣言等,这些行为严重损害了网络环境的和谐与稳定。作为大学生,应该以身作则,用自己的行为引领网络文明的潮流。

一、了解网络素养

网络素养是指人们在网络环境中的基本素质和能力,包括信息素养、网络安全素养、网络道德素养等方面。对于大学生而言,具备较高的网络素养不仅有助于个人综合素质的提升,还能为社会发展做出贡献。

二、提升信息素养

信息素养是网络素养的核心。大学生要学会获取、判断、分析、评价和利用信息,提高对信息的敏感度和处理能力。同时,要善于利用网络资源,学习新知识,拓宽视野。

三、加强网络安全素养

网络安全素养是保障个人信息安全的重要能力。大学生要掌握网络安全的基本知识,学会保护个人隐私,防范网络诈骗和网络攻击。同时,要遵守网络安全法规,维护网络秩序。

四、培养网络道德素养

网络道德素养是人们在网络活动中应该遵循的基本道德规范。大学生要树立正确的网络价值观,文明上网,不传播谣言、不恶意攻击他人、不侵犯他人隐私。要遵守网络道德规范,弘扬正能量,共同维护网络文明。

归纳与提高

本章主要介绍了电子商务安全技术、电子商务安全防范管理以及防火墙的安装及启用。通过本章的学习,我们了解到在互联网上实现的电子商务交易必须符合机密性、完整性、可用性、不可否认性、真实性和可靠性等安全性要求。一个完整的电子商务系统在保证其计算机网络硬件平台和软件平台安全的基础上,还应具备强大的加密和认证功能,以完成用户信息的识别和验证,确保电子商务交易和支付的可靠性、真实性、完整性;也应提供便捷的密钥管理,以满足电子商务对计算机网络安全与商务安全的双重要求。

电子商务安全技术的提高、管理制度的完善、法律制度的健全需要政府和服务商长期不懈的努力。个人用户和企业用户在互联网上开展商务活动时要注意进行网络安全防范。

知识巩固

一、单项选择题

1. 在使用数字证书为邮件签名之前,还应该为电子邮件地址申请(　　)。
   A. 密码　　　　　　　　　　　　B. 密钥
   C. 数字标识　　　　　　　　　　D. 账号

2. 加密后的内容成为(　　)。
   A. 密钥　　　　B. 算法　　　　C. 密文　　　　D. 明文

3. 在电子商务信息安全的要求中,信息在存储或传输过程中不被他人窃取指的是(　　)。
   A. 信息的机密性　　　　　　　　B. 信息的完整性
   C. 信息的不可否认性　　　　　　D. 交易者身份的真实性

二、多项选择题

1. 引起电子商务安全问题的事项有(　　)。
   A. 黑客的攻击　　　　　　　　　B. 管理制度不健全
   C. 网络自身的缺陷　　　　　　　D. 应用软件的漏洞

2. 数字签名可解决(　　)的问题。
   A. 数据被泄露或篡改　　　　　　B. 身份认证
   C. 用户未经授权访问网络　　　　D. 病毒防范

3. 病毒防范措施包括(　　)。
   A. 为自己的计算机安装防病毒软件　　B. 不打开陌生人发来的电子邮件
   C. 认真执行定期查病毒制度　　　　　D. 高度警惕网络陷阱

技能训练

1. 为消除移动支付带来的安全隐患,在于机端的移动支付平台上进行如下操作。
   (1) 开启数字证书,记录操作过程,并解释为什么要开启数字证书。
   (2) 关闭一些服务的支付宝"免密支付/自动扣款"功能。
2. 安装一个防火墙或防病毒软件,通过实验,写出其功能。

第五章
电子商务物流

学习目标

知识目标

了解电子商务物流的概念、电子商务物流不同模式的定义和优劣势;了解网络购物物流配送的基本流程。

技能目标

通过学习电子商务下的各类物流模式,可为企业在开展物流活动时选择最佳的方案;能够利用网络平台追踪物流配送状态。

素质及思政目标

培养电子商务物流活动中的环境保护意识,培养并树立保护环境的社会责任感。

思维导图

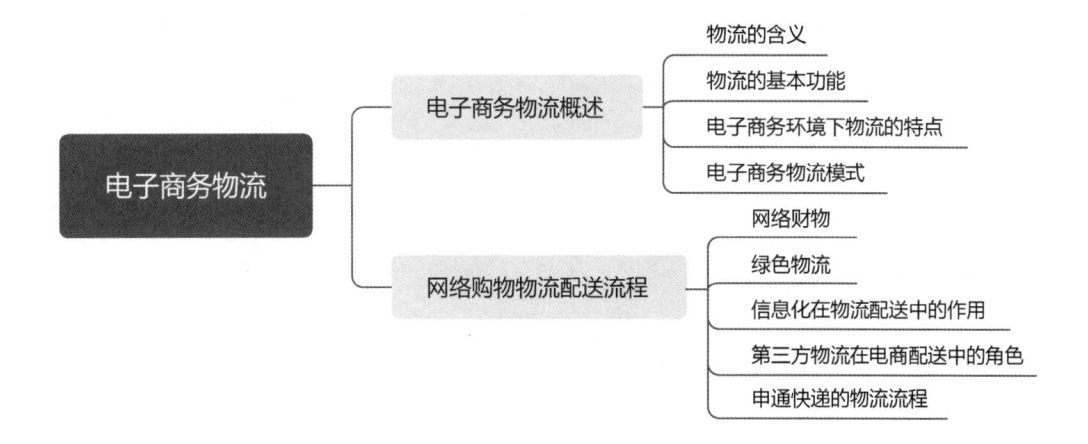

- 电子商务物流
  - 电子商务物流概述
    - 物流的含义
    - 物流的基本功能
    - 电子商务环境下物流的特点
    - 电子商务物流模式
  - 网络购物物流配送流程
    - 网络财物
    - 绿色物流
    - 信息化在物流配送中的作用
    - 第三方物流在电商配送中的角色
    - 申通快递的物流流程

引导案例

初步认识物流

随着我国惠农政策的实施,现在农民的致富途径越来越多:多种粮可以生财,种植各种特色水果、蔬菜可以生财,承包荒山荒地也可以生财……在农民绞尽脑汁地想着如何生财的时候,他们可能忽略了几个细节——其实他们只要再进一步做些思考,对收获的农产品稍微做一些改变就可以生财。

要不要先把农产品存放一段时间再卖到市场上?(储存)

用什么运输工具、一次装载多少货、走哪条路把农产品拉到市场上?(运输)

要不要先把收获的农产品进行清洗,然后按照品质分出级别,再按不同的价格卖出去?(流通加工)

有没有必要对农产品进行包装后再销售?包装设计成什么样子更招人喜欢,从而激发人们的购买欲望和消费欲望?一个包装里面放入多少货物更合适?(包装)

装车、卸货的时候怎么做才能保证农产品不被损坏?哪些东西先装车,哪些东西后装车?(装卸搬运)

如果今天有几十个客户都要求送货,要先给谁送,后给谁送?送货时若能把居住在相近区域的几个客户的货物都装到同一辆车上,那不是可以少跑几趟,省了油钱吗?(配送)

要是能及时知道哪些地方、什么人正好需要哪些农产品,那农产品不是就不愁卖不出去了吗?(信息)

资料来源:白东蕊,岳云康,成保梅,张卫东.电子商务概论[M].人民邮电出版社,2022.

案例思考:以上几个问题属于我们研究的哪个领域?为什么要研究这些内容?

任务一　电子商务物流概述

任务分析

本任务旨在让学生了解电子商务物流的基本概念,掌握其功能(如仓储、运输、配送等)、特点(如信息化、智能化等)及主要模式(如自营物流、第三方物流等)。通过学习,学生将理解物流在电子商务中的核心作用。

相关知识

一、物流的含义

物流是物品从供应地向接收地的实体流动过程,根据实际需要,将运输、储存、装卸、搬运、包装、流通加工、配送、信息处理等基本功能实现的有机结合。物流的内涵主要体现在以下几个方面:

1. 物流的研究对象是物

"物流"中的"物"是指一切具有经济意义的物质实体,既包括生产过程中的物质,又包括流通过程中的商品,还包括消费过程中的废弃物。

2. 物流是"物"的物理性运动

物流是指物品从供应地向接收地的实体运动,这一运动过程创造了空间价值。它不同于其他形式的运动,如化学的、机械的、生物的、社会的运动等。

3. 物流是一种经济活动

物流是为满足社会需求而进行的原材料、中间库存、最终产品从供应地向接收地的转移,是一种经济活动。不是经济活动的物质实体流动不属于物流范畴。

二、物流的基本功能

物流的基本功能是指物流系统所具有的基本能力。把这些基本能力有效地进行组合便能合理地实现物流系统的总目标,物流的基本功能包括包装、装卸搬运、运输、储存、流通加工、配送及物流信息管理,分别对应物流活动中的七个实际工作环节。

（一）包装功能

包装功能是指商品的出厂包装,包括生产过程中制成品和半成品的包装以及物流过程中换装、分装和再包装等功能。图 5-1 和图 5-2 所示分别为最常见的两种物流包装——集装箱和托盘。

图 5-1 集装箱　　　　　图 5-2 托盘

(二) 装卸搬运功能

装卸搬运功能是加快商品在物流过程中的流通速度所必须具备的功能。装卸搬运是运输、储存、包装、流通加工等物流活动间的衔接活动，以及在储存等活动中为进行检验、维护和保养所进行的装卸及搬运活动。图 5-3 所示为现代化的自动搬运机械——自动搬运车(Automated Guided Vehicle，AGV)。

图 5-3　自动搬运车

(三) 运输功能

物流的运输功能主要是指物流企业选择运输方式，然后具体组织运输作业，在规定时间内将客户购买(或退换)的商品运抵目的地的功能。图 5-4 和图 5-5 所示分别为货运汽车和集装箱船。

图 5-4　货运汽车 　　　　图 5-5　集装箱船

(四) 储存功能

储存功能包括堆存、保管、保养、维护等功能。图 5-6 所示为托盘货架。

图 5-6 托盘货架　　　　　　　　图 5-7 罐头企业的流通加工

（五）流通加工功能

流通加工功能又称流通过程中的加工功能，其不仅存在于社会流通过程中，还存在于企业内部的流通过程中。它表现为物流过程中进行的辅助加工活动。图 5-7 所示为罐头企业的流通加工。

（六）配送功能

配送功能是指物流进入最终环节，通过配货、送货等形式完成社会物流，最终实现资源配置的功能。《物流术语》对配送的定义为：在经济合理区域范围内，根据用户要求，对物品进行拣选、加工、包装、分割、组配等作业，并按时送达指定地点的物流活动。图 5-8 所示为配送中心分拣货物的分拣线。

图 5-8 配送中心货物的分拣线

（七）物流信息管理功能

物流信息管理功能包括进行与上述各项活动有关的计划和预测，对物流动态信息及其有关费用、生产、市场信息进行收集、加工、整理和分析的功能。目前的物流信息技术按照功能可以分为物流识别技术(如条形码识别和射频识别技术)、数据处理技术(如数据库)、数据交换技术、货物跟踪技术(如北斗星导航系统、GPS)、地理信息系统技术(如GIS)、电子订货技术(如EOS)、时点技术(如POS)。图5-9和图5-10所示分别为条形码和手持射频扫描仪。

图5-9 条形码

图5-10 手持射频扫描仪

三、电子商务环境下物流的特点

(一) 信息化

物流信息化是电子商务的必然要求。物流信息化表现为物流信息搜集的数据库化和代码化、物流信息处理的电子化和计算机化、物流信息传递的标准化和实时化、物流信息存储的数字化等。信息分类编码、射频识别、条码、电子数据交换等物流信息技术在物流信息化管理中发挥着重要作用。

(二) 自动化

自动化的基础是信息化,自动化的外在表现是无人化,效果是省力,自动化可以扩大物流作业能力、减少物流作业差错。物流自动化的设施非常多,如基于条码/射频的自动识别系统、自动分拣系统、自动存取系统、货物自动跟踪系统等。

(三) 智能化

智能化是物流自动化、信息化的一种高层次应用。物流作业过程中存在大量的运筹和决策问题,如库存水平的确定、运输(搬运)路径的选择、物流配送中心选址等。

(四) 网络化

随着全球一体化程度越来越高,企业很难独自应对变幻莫测的市场竞争环境,以供应链的形式参与竞争已成为企业赢得市场的重要途径。例如,按照客户订单组织生产,生产采取分散形式,即将全世界的计算机资源全部利用起来,通过全球的物流网络将计算机零部件、元器件和芯片发往同一个物流配送中心进行组装,再由物流配送中心将组装好的计算机发给客户。可见,实现物流网络化是提高供应链反应速度,增强供应链整体竞争力的关键环节。

(五) 柔性化

柔性化本来是为实现"以顾客为中心"的理念而在生产领域提出的,但要真正做到柔性化,即真正地根据消费者需求的变化来灵活调节生产工艺,配套的柔性化物流系统是不可或缺的。20世纪90年代,国际生产领域纷纷推出柔性制造系统、计算机集成制造系统、制造资源系统、企业资源计划以及供应链管理的概念和技术等。柔性化物流正是适应生产、流通与消费的需求而发展起来的一种新型物流模式。准时制、快速反应和高效客户反应等理念的提出,实质就是要将生产、流通进行集成,根据消费需求的"多品种、小批量、多批次、短周期"的特色组织生产,安排物流活动。

四、电子商务物流模式

(一) 自营物流

自营物流模式的代表企业主要包括京东物流、苏宁物流、海尔旗下的日日顺物流等。在第三方物流企业无法满足电商企业对于物流的服务时效、成本、质量、规模、体验、用户黏性和退换货衔接等高标准要求时,电商企业可通过建设自营物流,面向终端消费者,构建从售前服务到售后服务的更高水平全服务供应链生态圈,大幅提升终端消费者的消费体验。

1. 自营物流的定义

通过分析苏宁物流的整个发展历程,我们对自营物流有了一个初步的认识。自营物流是指企业自身经营物流业务,建设全资或控股物流子公司,完成企业物流配送业务,即企业建立一套物流体系。

知识拓展

苏宁物流

苏宁物流始建于1990年,前身为苏宁电器股份有限公司(现更名为"苏宁云商集团股份有限公司",以下简称"苏宁云商")物流部,是国内较早从事仓储、配送等供应链全流程服务的企业。2012年苏宁物流注册成立公司,由企业内部物流转型成家电第三方物流企业;2015年1月成立物流集团,物流云全面对外开放。20多年来,苏宁云商一直坚持自建物流,打造线上到线下融合的物流体系,旨在为用户提供更好的物流服务体验。如今,苏宁已经建设了一张智能、高效、覆盖全国的"超级仓网",拥有8大全国物流中心(北京、上海、广州、成都、南京、武汉、沈阳、西安)、47个区域物流中心、365个城市配送中心,仓储面积近50万平方米,并拥有近6 500个末端快递网点(兼具自提功能),区县覆盖率90%,乡镇覆盖率84%,同时在全国布局了近4 000家易购直营店和服务站,如图5-11和图5-12所示。此外,苏宁物流还建设了多个海外仓,已在杭州、广州、郑州、上海、天津、宁波口岸设立保税仓,同时拥有10条国际航线。苏宁物流各级仓储平台通过苏宁自主研发的乐高信息平台进行有效衔接,融合成一个统一的整体。

图 5-11　苏宁云商城市配送中心

图 5-12　苏宁云商全国物流中心

2015年,苏宁物流向社会全面开放三方业务(主要涉及供应链物流、仓配物流、揽件速递等业务),面向主流家电厂商、互联网家装、快消品、平台商户等业务线进行业务拓展,服务于美的、志高、松下、夏普、华润、永辉超市、通用磨坊、金螳螂等1 200多家品牌供应商,以及70%以上的易购平台商户。同时,苏宁物流与菜鸟网络的合作进行到深入阶段,为天猫商城的3C(中国国家强制性产品认证)、小家电产品商家提供全国5大区域的仓配服务。苏宁物流一经开放便迅速获得了众多平台商户的青睐。随着业务量的不断增长,针对电商物流中心的运营难点,苏宁物流对各大物流中心进行了升级,大幅提升了服务能力。

资料来源:苏宁物流.[EB/OL].https://slp.suning.com/home/home.htm#1.

2. 自营物流的优势

（1）掌握控制权。

对于企业内部的采购、制造和销售环节，原材料和产品的性能、规格，供应商以及销售商的经营能力，企业自身掌握最详尽的资料。企业自营物流可以运用自身掌握的资料有效协调物流活动的各个环节，能以较快的速度解决物流活动管理过程中出现的问题，获取供应商、销售商以及最终顾客的第一手信息，以便随时调整自己的经营战略。

（2）利用企业原有的物流资源。

据统计，目前生产企业中，73%的企业拥有汽车车队，73%的企业拥有仓库，33%的企业拥有机械化装卸设备，3%的企业拥有铁路专用线。企业选择自营物流，可以在改造企业经营管理结构和机制的基础上，利用企业原有的物流资源，带动资金流转，为企业创造利润空间。

（3）降低交易成本。

由于信息的不对称性，企业无法完全掌握第三方物流服务商完整、真实的资料。而企业自营物流可通过内部行政权力控制原材料的采购和产品的销售，不必为运输、仓储、配送和售后服务的佣金问题进行谈判，避免多次交易支出以及交易结果的不确定性，降低交易风险，减少交易成本。

（4）提高企业品牌价值。

企业自建物流系统，就能够自主控制营销活动，一方面，可以亲自为顾客服务，使顾客近距离了解企业、熟悉产品；另一方面，企业可以掌握最新的顾客信息和市场信息，并根据顾客需求和市场发展动向对战略方案做出调整。

3. 自营物流的劣势

（1）增加企业投资负担，削弱企业抵御市场风险的能力。

企业为了自营物流，就必须投入大量的资金用于建设仓储设备、运输设备以及相关的人力资本，这必然会减少企业对其他重要环节的投入，削弱企业的市场竞争能力。

（2）企业配送效率低，管理难以控制。

对于大多数企业而言，物流部门只是企业的一个后勤部门，物流活动也并非为企业所擅长。在这种情况下，企业自营物流就等于迫使企业从事不擅长的业务活动，企业的管理人员往往需要花费大量的时间、精力和资源去从事辅助性的工作。结果就是辅助性的工作没有抓起来，关键性业务也无法发挥出核心作用。

（3）规模有限，物流配送的专业化程度低、成本高。

规模较小的企业，其产品数量有限，采用自营物流，一方面，不能形成规模效应，导致物流成本过高，产品在市场上的竞争能力下降；另一方面，由于规模有限，物流配送的专业化程度低，不能满足企业的需要。

（4）无法进行准确的效益评估。

由于许多自营物流企业采用内部各职能部门彼此独立地完成各自的物流，没有将物流分离出来进行独立的核算，因此企业无法计算出准确的物流成本，从而无法进行准确的效益评估。

因此,自营物流管理相对困难。电子商务企业自营物流对物流的专业化要求较高,新兴的电子商务企业一开始并不具备专业化的物流管理团队,导致物流配送的专业化程度低,不能满足企业的需要。

(二) 第三方物流

电子商务企业使用第三方物流能够使其从复杂的物流服务中脱离出来,将时间、资金投入商品的生产和销售上,发展企业自身的核心业务。

知 识 拓 展

美国通用汽车公司

美国通用汽车公司在美国的 14 个州中,大约有 400 个供应商负责把各自的产品送到 30 个装配工厂进行组装。由于卡车满载率很低,库存和配送成本急剧上升。为了降低成本,改进内部物流管理,提高信息处理能力,美国通用汽车公司委托 Penske 物流公司为其提供第三方物流服务。通过调查了解半成品的配送线之后,Penske 公司建议美国通用汽车公司在克利夫兰使用一家有战略意义的配送中心,配送中心负责接收、处理、组配半成品,由 Penske 派员工管理,同时 Penske 也提供 60 辆卡车和 72 辆拖车。为此,Penske 设计了一套最优送货线,增加供应商的送货频率,减少库存水平,改进外部物流活动,运用全球卫星定位技术,使供应商随时了解行驶中的送货车辆的方位。与此同时,Penske 通过在配送中心组配半成品后,对装配工厂实施共同配送的方式,既降低了卡车空载率,也减少了美国通用汽车公司的运输车辆,只保留了一些对 Penske 所提供的车队有必要补充作用的车辆,这样也减少了美国通用汽车公司的运输单据处理费用。

资料来源:刘萍,王淑云,李岩.电子商务物流[M].电子工业出版社,2021.

---

1. 第三方物流的定义

第三方物流指一个具有实质性资产的企业为其他企业提供与物流相关的服务,如运输、仓储、存货管理、订单管理、资讯整合及附加价值等服务,或与相关物流服务的从业者合作,提供更完整的专业物流服务。我国的第三方物流企业仍以运输、仓储等基本物流业务为主,加工、配送、定制服务等增值服务功能处于发展完善阶段。

第三方物流是相对于"第一方"发货人和"第二方"收货人而言的,它超越了传统基础物流相对单一的服务内容,增加了一些新的特点,如长期性——1 年以上的稳定关系;正规性——通过合同确定合约双方关系;密切性——第三方从货主的角度管理物流业务;服务的增值——除了运输与仓储业务外,还涵盖了相关的管理、分析、设计等增值服务内容。

2. 第三方物流的优势

(1) 归核优势。

一般来说,企业的关键业务不会是物流业务,并且物流业务也不是它们的专长,而第三方物流企业由于从事多个物流项目的运作，可以整合各项物流资源，使物流的运作成本相对降低，物流作业更加高效。企业如果将物流业务交给第三方物流企业来做，将得到更加专业的物流服务，同时也可以集中精力开展核心业务。

（2）业务优势。

① 使企业获得本身不能提供的物流服务。

客户对服务和要求千差万别，例如，生鲜产品的快速、及时、冷藏的要求，危险化学品的安全的要求。这些要求的差异往往是企业内部的物流系统所不能满足的，却是第三方物流市场细分的基础。企业通过物流业务的外包就可以将这些要求转交给第三方物流公司，由它们来提供具有针对性的定制化物流服务。

② 降低物流设施和信息网络滞后对企业的影响。

小企业的物流部门缺乏与外部资源的协调能力，当企业的核心业务迅猛发展时，需要企业物流系统快速跟上，这时企业的自营物流系统往往由于硬件设施和信息网络的局限而滞后，而第三方物流则可以突破这种资源限制的瓶颈。

（3）成本优势。

① 第三方物流可降低企业的运作成本。

专业的第三方物流提供商利用规模生产的优势，通过提高各环节资源的利用率实现费用节省，能使企业从分离费用结构中获益。另外，企业使用外协物流作业，可以事先得到物流服务供应商申明的成本或费用，将可变成本转变成不变成本。稳定的成本使得规划和预算手续更为简便，这也是物流外包的积极因素。

② 第三方物流可以减少固定资产投资。

现代物流领域的设施、设备与信息系统的投入是相当大的，企业通过物流外包可以减少对此类项目的建设和投资，并且可以将由物流需求的不确定性和复杂性所带来的财务风险转给第三方。尤其是业务量呈现季节性变化的公司，物流外包对公司资产投入的影响更为明显。

（4）客服优势。

① 第三方物流的信息网络优势。

第三方物流企业所具有的信息网络优势使它们在提高客户满意度上具有独特的优势。它们可以利用强大便捷的信息网络来加大订单的处理能力，缩短对客户需求的反应时间，进行直接到户的点对点配送来实现商品的快速交付，提高客户的满意度。

② 第三方物流的服务优势。

第三方物流企业所具有的专业服务可以为客户提供更多、更周到的服务，加强企业的市场感召力。另外，设施先进的第三方物流企业还具有对物流全程监控的能力，通过其先进的信息技术和通信技术对在途货物实施监控，及时发现、处理配送过程中出现的意外事故，保证货物及时、安全送达目的地。

3. 第三方物流的劣势

（1）生产企业对物流的控制能力降低。

由于第三方的介入,企业自身对物流的控制能力下降,在企业与第三方物流协调出现问题的情况下,可能会出现物流失控的风险,从而使企业的客户服务水平降低。另外,由于外部服务商的存在,企业内部更容易出现相互推诿的局面,进而影响效率。

(2) 客户关系管理的风险。

① 企业与客户的关系被削弱。

由于企业是通过第三方来完成产品的配送与售后服务的,因此会减少与客户的直接接触次数,这对建立稳定密切的客户关系非常不利。

② 客户信息泄露风险。

客户信息对企业而言是非常重要的资源,但第三方物流公司并不只面对一个客户,在为企业竞争对手提供服务的时候,企业的商业机密有被泄露的可能性。

(3) 连带经营风险。

企业与第三方物流是一种长期的合作关系,如果物流服务商自身经营不善,则可能影响企业的经营,解除合作关系又会产生较高的成本,因为稳定的合作关系是建立在较长时间的磨合期上的。

(三) 第四方物流

知识拓展

德 邦 物 流

德邦物流青岛配送中心(见图 5-13)的面积约 1 万平方米,负责青岛市及周边地区的物流业务。德邦青岛物流配送中心是德邦物流运用现代化自动设备的试点,由于实际运行过程中存在诸多瓶颈,导致转运中心的吞吐能力无法提高。法布劳格公司作为专业的咨询公司,受德邦委托对其青岛转运中心进行全面的优化设计,选择现代化的物流分拣设备,制定合理的操作流程,充分地提升库房的运作能力和运作水平,为未来转运中心的建设、规划、发展提供指引和依据。

在分析过程中,法布劳格公司仔细测算了中心的卸车、缓存、分拣、装车四个环节的操作能力,根据木桶理论找出了四个环节中的最短板,即卸车和装车环节。由于货物不使用托盘装载,装车以及卸车需要很长的时间进行操作。进一步对装卸车曲线进行分析后,法布劳格公司发现,在货量的高峰月份,卸车的峰值时间段卸货能力提高很多,而装车能力却没有随之提高,导致货物积压,库房面积不足,整体周转能力无法提高。

面对这种情况,法布劳格公司提出采用在国外广泛应用的装卸车时间窗理念来解决装卸无序化的状态,同时针对装卸车时间太长的情况有针对性地对部分货物采用笼车进行装卸,以加快装卸效率,提升装卸车道口的能力。

德邦物流本身是一家物流公司,但在遇到青岛转运中心的吞吐能力无法提高时,同样需要咨询法布劳格公司来进行全面的优化设计,法布劳格公司通过一系列的

图 5-13 德邦物流青岛配送中心

调研和诊断,找出关键问题所在,并给出了最优的解决方案,提高了青岛转运中心的吞吐能力。而为德邦物流提供问题解决方案的法布劳格公司,我们则称之为第四方物流。

资料来源:法布劳格官方网站.德邦青岛转运中心与物流仓库规划设计项目[EB/OL].https://www.fablog.net.cn/case/cksj/20191232.html,2019_12_30.

1. 第四方物流的定义

第四方物流(Fourth Party Logistics,4PL)是1998年美国埃森哲咨询公司率先提出的,是专门为第一方、第二方和第三方提供物流规划、咨询,以及物流信息系统、供应链管理等服务活动的物流企业。第四方物流并不实际承担具体的物流运作活动,而是为物流从业者提供整合性的物流服务,包括金融、保险、多站式物流配送的安排等。其和第三方物流的差别则在于第三方物流只单纯地提供物流服务,而第四方物流则是整合性的,可协助解决进出口关税、收款等问题。第四方物流是一个供应链的集成商,一般情况下,政府为促进地区物流产业发展领头搭建第四方物流平台提供共享及发布信息服务,是供需双方及第三方物流的领导力量。它不是物流的直接服务方,而是通过拥有的信息技术、整合能力以及其他资源提供一套完整的供应链解决方案,以此来获取利润。

2. 第四方物流的特点

(1) 第四方物流是供应链的集成者、整合者和管理者。

第四方物流有能力提供一整套完善的供应链解决方案,是集成管理咨询和第三方物流服务的集成商。

(2)第四方物流通过对供应链产生影响来增加价值。

第四方物流充分利用一批服务提供商的能力,提供全方位供应链解决方案来满足企业的复杂需求,它关注供应链的各个方面,在向客户提供持续更新和优化的技术方案的同时,又能满足客户的特殊需求。

由此可见,成为第四方物流企业须具备一定的条件,如能够制订供应链策略、设计业务流程、具备技术集成和人力资源管理的能力,如在集成供应链技术和外包能力方面处于领先地位,并具有实力雄厚的专业人才,或如能够管理多个不同的供应商并具有良好的管理和组织能力等。

目前,国内的第四方物流企业主要有埃森哲咨询、法布劳格咨询、亿博物流咨询、上海欧麟咨询、杭州通创咨询、青岛海尔咨询、大连智丰咨询、大库咨询、时代连商、上海天瑞等。

任务实施

一、任务导入与分组

向学生介绍电子商务物流的基本功能(包装、装卸搬运、运输、储存、流通加工、配送及物流信息管理),并分组模拟电商企业物流部门,每组5～6人,明确分工(如仓储管理、运输调度、信息处理等)。

二、包装环节体验

学生模拟商品出库前的包装操作,设计适合不同商品(如易碎品、服装、电子产品等)的包装方案,选择包装材料并计算包装成本,体验包装在保护商品、提升效率中的作用。

三、装卸搬运环节体验

模拟仓库内的装卸搬运流程,设计合理的搬运路线及工具使用(如叉车、手推车等),优化装卸效率,并讨论如何减少商品损坏及人力成本。

四、运输环节体验

学生设计运输方案,选择运输工具(如货车、快递车辆等)及路线,模拟从仓库到配送中心的运输过程,计算运输成本及时间,分析不同运输方式的优缺点。

五、储存环节体验

模拟仓库管理,设计商品分类存放方案,制定库存管理策略(如先进先出、安全库存等),并利用模拟系统记录库存数据,体验仓储管理在物流中的核心作用。

六、流通加工环节体验

模拟商品在流通过程中的简单加工(如贴标签、分装、组装等),设计加工流程,分析加工对商品附加值及配送效率的提升作用。

七、配送环节体验

学生设计从配送中心到消费者的配送方案,选择配送模式(如快递、同城配送等),优化配送路径及时间安排,模拟配送过程中的问题处理(如延迟、丢件等)。

八、物流信息管理环节体验

利用模拟系统记录并跟踪物流各环节数据(如库存状态、运输位置、配送进度等),生成物流信息报表,分析信息化管理对物流效率的提升作用。

九、总结与展示

每组总结物流全流程的体验结果,展示各环节的设计方案及优化建议,分享对电子商务物流功能的理解与思考,教师点评并总结。

任务二　网络购物物流配送流程

任务分析

本任务以申通快递在淘宝购物中的物流配送为例,让学生熟悉网络购物的物流流程,包括订单处理、仓储分拣、运输配送及签收反馈等环节,帮助学生理解物流配送的实际运作。

相关知识

一、网络购物

网络购物是指消费者通过互联网检索商品信息,并通过电子订购单发出购物请求,然后填上私人支票账号或信用卡的号码,厂商通过邮购的方式发货,或是通过快递公司送货上门的一种购物方式。

二、绿色物流

绿色物流是指在物流活动的全过程中,通过采用环保技术和管理手段,最大限度地降低资源消耗和环境污染,实现物流效率与生态效益的平衡。它包括使用可降解包装材料、优化运输路线以减少碳排放、推广新能源车辆、实施循环包装等措施。绿色物流旨在减少物流活动对环境的负面影响,推动可持续发展,同时满足消费者和企业的需求。

三、信息化在物流配送中的作用

信息化是网络购物物流配送的核心支撑。通过物流管理系统（如 WMS、TMS 等），企业可以实现订单自动化处理、库存实时监控、运输路径优化及配送状态跟踪。例如，消费者可通过物流单号实时查询商品位置，企业也能通过数据分析优化配送效率。信息化的应用大幅提升了物流配送的透明度和效率。

四、第三方物流在电商配送中的角色

第三方物流（如申通、顺丰等）是电商物流配送的重要合作伙伴。它们通过成熟的物流网络和专业化服务，帮助电商企业完成仓储、运输及配送等环节。例如，淘宝商家通常与第三方物流合作，利用其全国覆盖的配送网络，将商品快速送达消费者手中。这种合作模式降低了电商企业的物流成本，提升了配送效率。

> 视野拓展
> 智能物流与智慧物流的联系和区别

任务实施

以申通快递为例，熟悉网络购物的物流流程。

申通快递的物流流程

一、了解申通快递网站的相关信息

（一）登录申通快递网站

打开 IE 浏览器，在地址栏中输入 https://www.sto.cn/pc，打开申通快递网站主页，如图 5-14 所示。

图 5-14 申通快递网站主页

(二)网点查询

(1)以查询济南的申通网点为例。点击申通快递网站主页中的"查网点",如图 5-15 所示。在搜索栏里输入"济南",点击"查询"按钮即可。

图 5-15　申通快递网点查询界面

(2)另一种网点查询方法是点击申通快递网站主页导航栏的"客户支持",选择"网点查询"按钮,如图 5-16 所示。进入网点查询页面后,在搜索栏里输入"济南"。

图 5-16　申通快递网点查询搜索栏

(3)按上述两种方法即可查询到济南地区的申通网点信息,如图 5-17 所示。

二、申通快递网站的相关业务处理

(一)了解用户寄件流程

点击申通快递网站主页左下方的"用户寄件流程",或者点击申通快递网站主页导航栏的"客户服务",再点击"用户寄件流程",即可查看用户寄件流程,如图 5-18 所示。

图 5‐17　济南地区的申通网点信息

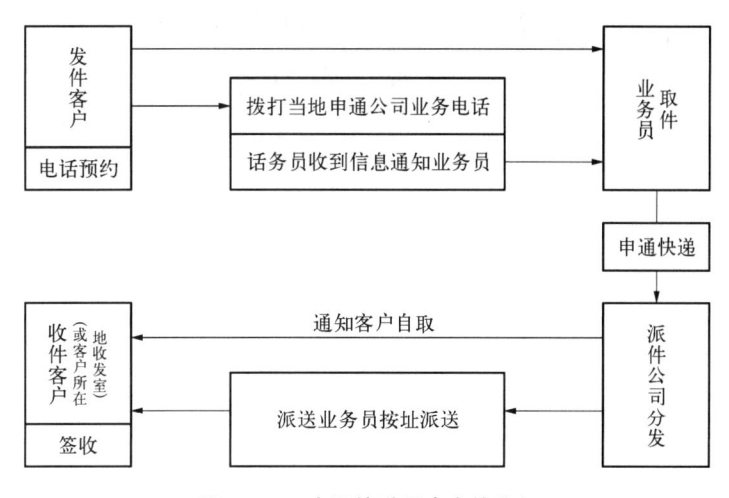

图 5‐18　申通快递用户寄件流程

(二) 快件查询

(1) 点击申通快递网站主页中的"查快递",以快件单号 770201214838786 为例,在搜索栏里输入"770201214838786",最后点击"查询"按钮,如图 5‐19 所示。

(2) 进入快件查询界面,此时可以按照实际情况添加要查询的快件单号,点击"点击查询"按钮,如图 5‐20 所示。

图 5‑19　申通快递快件查询界面

图 5‑20　输入快件单号查询快件

（3）进入快件跟踪记录界面，显示快件运输的具体信息，如图 5‑21 所示。

图 5‑21　快件运输的具体信息

第五章 电子商务物流

(三) 网上购物订单查询

在淘宝网站上购物,待卖家发货后,可以查询物流跟踪信息。点击"我的淘宝""已买到的宝贝",找到相应订单一栏,点击"查看物流"即可,如图 5-22 所示。

图 5-22 网上购物物流跟踪信息

(四) 投诉与建议

如果对申通快递公司提供的网络购物配送服务有疑问或不满,可以提出建议或进行投诉。点击申通快递网站主页导航栏的"客户支持",再点击"投诉建议",填写完整投诉与建议表单,点击"提交"按钮即可,如图 5-23 所示。

图 5-23 申通快递投诉建议搜索栏

思政园地

保护环境,绿色物流先行

近年来,全球环境保护问题越来越严峻,全球变暖、大气污染、臭氧空洞等问题出现,使得社会公众开始重视环境的保护,很多领域都开始倡导绿色环保理念,电子商务物流领域也不例外,绿色物流这一理念便应运而生。

绿色物流是指在物流过程中抑制物流对环境造成危害的同时,实现对物流环境的净化,使物流资源得到最充分利用。它包括物流作业环节和物流管理全过程的绿色净化。从物流作业环节来看,包括绿色运输、绿色包装、绿色流通加工等。从物流管理过程来看,主要从节约资源和保护环境的目标出发,改进物流体系,既要考虑正向物流环节的绿色化,又要考虑供应链上的逆向物流体系的绿色化。绿色物流的最终目标是可持续发展,实现该目标的准则是经济效益、社会效益和环境效益的统一。

目前,各大物流企业都在加快向绿色物流企业的转型,落实相关政策,加强绿色运营技术的创新,不断提高绿色物流的建设水平。例如,大量运用新能源物流车,在提高门对门服务的同时,实现绿色经营、减少碳排放。将物流环节中为保护货物而产生外包装,更改为使用可降解材料,特别是新兴技术——生物可再生、可降解的聚乳酸材料代替传统塑料。

在今后工作中,我们也有可能从事与电子商务物流相关的行业,在实际工作中,经营者一定要秉承绿色物流的概念,主动承担起保护环境的社会责任,比如,采用绿色包装可以提高包装材料的回收利用率,有效控制资源消耗,减少环境污染。

归纳与提高

物流是任何一家电商企业都无法回避的问题,通过本章的学习,可以了解物流的基本内容和网络购物物流配送流程。物流是伴随着电子商务中的商流活动产生的,企业要做好电子商务,就必须了解物流中的仓储、运输、装卸搬运等因素的特点和作用,尤其要重视配送活动与电子商务的关联与关系;要准确把握配送的含义,了解配送流程。

知识巩固

一、单项选择题

1. 物流的基本功能不包括(　　)。
   A. 储存功能　　　　B. 增值服务功能　　　　C. 运输功能　　　　D. 配送功能

2. (　　)是电子商务的重要组成部分,是信息流和资金流的基础和载体。
   A. 商流　　　　B. 互联网　　　　C. 物流　　　　D. 科技

3. 物流公司的业务流程最后一步是( )。
A. 派送　　　　B. 客户收货　　　　C. 获取好评　　　　D. 反馈

二、多项选择题
1. 在电子商务环境下,物流的新特点包括( )。
A. 信息化　　　B. 快速化　　　　C. 自动化　　　　D. 网络化
2. 以下属于电子商务物流技术的是( )。
A. 条形码技术　B. 电子数据技术　C. GPS技术　　　D. RFID技术
3. 按照活动的空间分类,物流可分为( )。
A. 地区物流　　B. 国家物流　　　C. 国际物流　　　D. 供应物流

技能训练

1. 通过申通快递网站了解寄件流程,查看两个快件单的物流配送信息,并查看地形视图的车辆GPS定位信息。
2. 请扫描二维码,观看视频,回答以下问题：
(1) 京东是如何运用智能分拣中心系统提高其物流运转效率的?
(2) 自动分拣系统可以使电商企业具备什么样的优势?

第六章 新媒体营销

学习目标

知识目标

理解并掌握新媒体营销的概念以及新媒体营销的未来发展趋势,掌握不同类型的新媒体营销的特点。

能力目标

能熟练掌握当代新媒体营销的时代背景和理论基础,在此基础上能熟练使用各种新媒体营销的方法提高营销效率。

素质及思政目标

培养学生树立科学的世界观、人生观和价值观,具有爱国主义和集体主义精神,能够熟练运用不同的营销方式进行营销,同时能够培养学生的职业认同感、树立职业自信。

思维导图

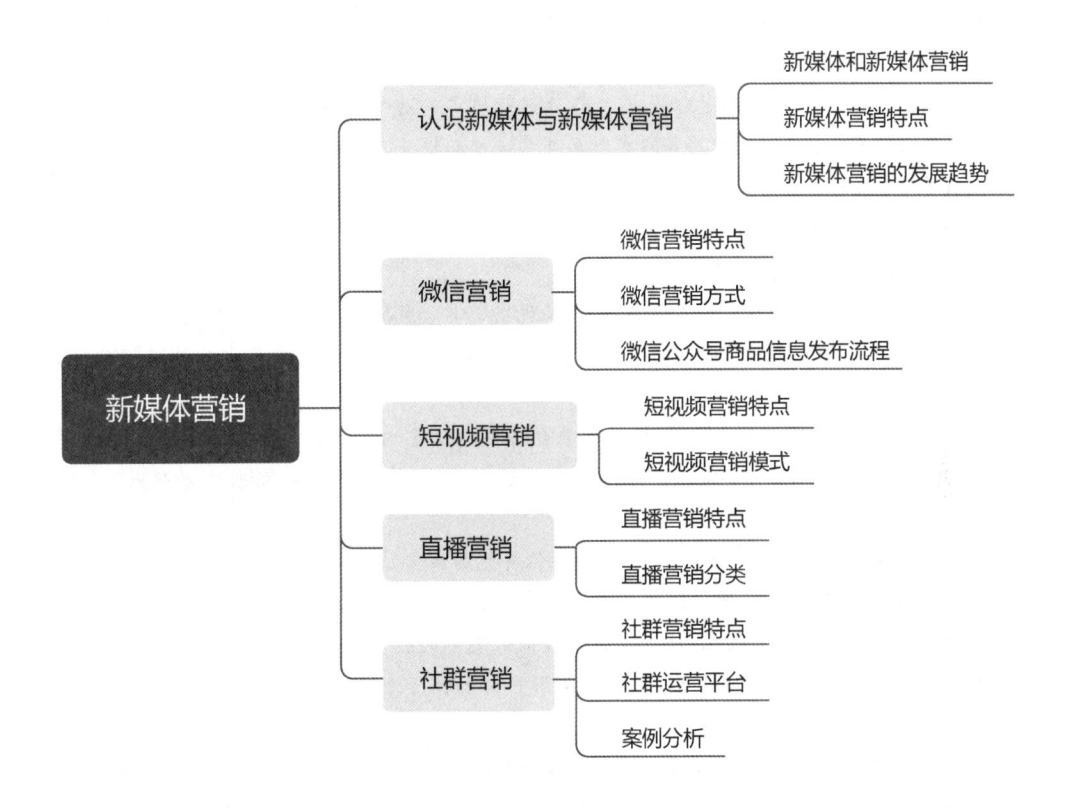

- 新媒体营销
  - 认识新媒体与新媒体营销
    - 新媒体和新媒体营销
    - 新媒体营销特点
    - 新媒体营销的发展趋势
  - 微信营销
    - 微信营销特点
    - 微信营销方式
    - 微信公众号商品信息发布流程
  - 短视频营销
    - 短视频营销特点
    - 短视频营销模式
  - 直播营销
    - 直播营销特点
    - 直播营销分类
  - 社群营销
    - 社群营销特点
    - 社群运营平台
    - 案例分析

引导案例

2024年新媒体行业发展现状、竞争格局及未来发展趋势与前景分析

一、发展现状分析

随着互联网时代的到来,新媒体营销对新一代用户群体的影响力不断上升。新媒体是继传统媒体之后,在互联网背景下出现的媒体形态,用户从过去被动接受的角色转变为可自主创作的作者与读者。根据中研普华产业研究院发布的《2024—2029年新媒体产业现状及未来发展趋势分析报告》显示,新媒体市场规模的年增长率保持在较高水平,2022年市场规模已突破1.5万亿元人民币,年增长率超过10%。这表明新媒体行业在快速发展中,并且在未来几年内仍有望保持较高的增长速度。

新媒体产品包括但不限于社交媒体、视频平台、博客、网站等。新媒体具有互动性强、信息量大、内容创新性强等特点。新媒体产品可以分为视频、音频、文字、图片、社交平台、移动应用、网络直播、虚拟现实、游戏等多种类型。这些新媒体产品和服务满足了用户在不同场景下的多样化需求,推动了行业的快速发展。

新媒体行业的快速发展也推动了用户行为的改变。智能手机和移动设备的普及使得新媒体内容的消费变得异常便捷,用户可以随时随地获取信息和娱乐内容。同时,新媒体平台也通过不断创新和优化用户体验,吸引了大量用户。

二、新媒体行业竞争格局分析

新媒体行业的竞争格局日益激烈。目前主要的竞争平台包括微信公众号、微博、抖音、快手等。这些平台通过不断创新、优化内容、提升用户体验来吸引用户,形成了各具特色的竞争优势。

不同新媒体平台在竞争中纷纷采取差异化策略,以形成独特的竞争优势。一方面,新媒体平台注重内容创新和品质提升,通过高质量的原创内容和多元化的内容形式吸引用户。另一方面,新媒体平台还注重技术创新和用户体验优化,通过智能化推荐、个性化服务等功能提高用户体验和满意度。此外,新媒体平台还通过跨界合作和品牌建设等方式拓展业务范围和提升品牌影响力。例如,新媒体平台与电商、旅游、教育等行业进行合作,为用户提供更加便捷和丰富的服务体验。同时,新媒体平台还通过品牌建设和社会责任担当等方式提升品牌形象和社会影响力。

三、新媒体行业未来发展趋势与前景分析

未来,新媒体行业将更加注重技术创新,如增强现实(AR)、虚拟现实(VR)、混合现实(MR)等前沿技术的应用,将为用户带来更加沉浸式的体验。这些技术不仅将改变内容的呈现方式,也将推动新媒体平台的进一步升级和转型。

随着用户对内容品质要求的提高,新媒体平台将更加注重内容的质量和创新。高质量的内容将成为新媒体平台的核心竞争力,平台将加大对原创内容的扶持力度,鼓励创作者产出更多优质内容。

社交化是新媒体发展的重要方向。未来,新媒体将更加注重社交功能的开发,提升用户的参与度和互动性。通过构建用户社区,增强用户之间的互动和交流,提高用户的参与度和黏性。社区化运营不仅可以提高用户的参与度和黏性,还可以为平台带来更多的流量和曝光机会。新媒体平台将通过社区化运营,加强与用户之间的互动和交流,了解用户需求和行为习惯,为用户提供更加个性化的内容和服务。

新媒体行业将与其他行业进行更多的跨界融合和创新发展。例如,新媒体平台与电商、旅游、教育等行业的合作将为用户带来更加便捷和丰富的服务体验。跨界融合不仅可以拓展新媒体平台的服务范围,还可以为平台带来更多的商业机会。

随着用户对数据隐私的重视程度不断提高,新媒体平台将加强隐私保护措施。平台将加强数据加密和隐私政策的建设,确保用户信息的安全和隐私。同时,新媒体平台还将积极应对信息安全挑战,加强网络安全防护和应急响应能力,保障用户信息的安全和稳定。

案例来源:冯少杰. 2024年新媒体行业发展现状、竞争格局及未来发展趋势与前景分析[EB/OL]. [2025-01-06]. https://www.chinairn.com/hyzx/20250116/164938972.shtml.

任务一　认识新媒体与新媒体营销

任务分析

了解新媒体的概念、发展历程,新媒体营销的特点以及新媒体营销的发展趋势。通过本章任务实施部分,了解不同新媒体营销平台的特点,并尝试为不同平台下的运营账号编写营销方案。

相关知识

一、新媒体和新媒体营销

新媒体利用数字技术、网络技术、移动技术,通过互联网、无线通信网、卫星等渠道以及电脑、手机、数字电视机等终端,向用户提供信息和娱乐服务的传播形态和媒体形态。结合当下互联网技术的发展,本书对新媒体的定义为:新媒体是在移动互联网终端上拥有较多用户的各类 App。

新媒体营销是在新媒体发展的基础上,通过新媒体这种渠道开展的营销活动。例如:一家餐饮利用美团 App,开展团购或者外卖活动;一家酒店通过携程或者去哪儿旅行 App 进行客房预售等活动等都属于新媒体营销。

二、新媒体营销的特点

(一)交互性

新媒体与传统媒体相比具有超强的交互性。在新媒体环境下,信息的传输是双向的,甚至是多向的。每个用户都具有信息交流的控制权,公众可以选择接收信息,也可以选择关闭客户端或屏蔽信息来源不再接收信息,用户不再是单纯被动地接收信息,公众既可以是信息的接收者也可以变为信息的发送者;既可以是信息的制作者,也可以是信息的传播者。

(二)成本低廉

成本低廉可以表现在三个方面:一是经济成本低廉,即减少资金投入,固定成本低廉。二是技术成本低廉,新媒体营销是科学技术发展到一定程度的产物,其技术含量当然会很高,但与高端技术相比,新媒体营销的技术成本不算很高。三是时间成本低廉,营销信息的传播无须经过相关行政部门的审批,简化了传播的程序。

(三)应用广泛

随着新技术和新思维的层出不穷,新媒体营销的传播渠道非常之多,新的应用领域也日新月异。例如博客、网络视频、网络社区、IPTV、移动电视、手机等。

(四)模式健全

随着新媒体营销应用领域的不断开拓,新媒体营销模式异军突起,在当前呈现六种较为健全的运行模式,分别是微博营销、SNS 营销、LBS 位置营销、网站营销、搜索营销、视频营销。

(五)前景广阔

随着不断演化的混媒时代的到来,产生了众多基于新媒体应用的营销机遇。把握潮流方向,理解并且顺应新媒体格局的变化,促使企业营销理念升级。

三、新媒体营销的发展趋势

(一)海量信息及内容碎片化

新媒体的出现不仅扩大了传播主体,而且带来了海量的传播信息。内容碎片化也可称为"微内容",指的是内容并非以完整的形式呈现,而是以零碎的方式堆砌,缺乏有效的整合。信息呈现碎片化的特点,进而产生信息缺乏深度、逻辑性等问题,影响着新媒体时代受众阅读习惯的养成。

（二）内容为王,重视用户体验

这是一个病毒式传播时代、碎片化时代、非职业选手时代、多元消息时代。新媒体营销者只有提供大量原创优质的内容才能有流量。不再像传统营销以产品为中心,而是要以用户为中心,发现受众真正的特征和需求,提供用户需求的内容和良好的体验。

（三）用户画像实现精准营销

企业想要有效地实现传播目的,在传播方式上必须是多维度、立体化、组合化的,才可能真正实现精准。企业必须深入分析不同媒体用户的重叠性和差异性,发挥不同媒体的组合放大效应,充分利用"传统媒体＋户外媒体""新媒体＋新媒体"的模式进行整合,加强新媒体的使用力度。

（四）价值扩张,打造个性化标签

营销新媒体也要自媒体化,有自己独特的价值,输出价值观,输出平台,输出影响力,媒体也会出现拟人化。有这种个性化的标签,媒体才能走得更远,而不能像传统那样把几家媒体合并,通过行政手段做到更大。

知识拓展

试析新媒体背景下市场营销方式的转变

将新媒体融入营销方式中,是社会科技进步的必然趋势。随着技术进步以及经济的发展,新媒体营销方式的应用给企业带来了机遇,也带来了挑战。

创新营销模式,不仅能为企业节约成本,带来经济效益,还能成功树立企业形象,提升产品品牌效应,创造更大的收益。如今,新媒体营销方式逐渐发展成为一种新的营销模式,深刻了解新媒体,能够更加高效地将其应用在营销方式的创新过程中,创造更多的价值。

一、建立并完善新媒体营销体系和危机应对机制

建立并不断完善新媒体营销体系和危机应对机制,是确保新媒体营销方式充分发挥作用的基础。新媒体的开展大部分是基于网络环境的,企业要加强整体网络信息技术系统的建设,从网站运营、管理、维护到后期的服务与危机应对,都要制定出相应的具体细则来,比如及时对企业网站信息进行更新,及时反馈客户信息,不断加强新媒体营销管理。危机应对机制的建立,能够帮助企业在变幻不定的网络环境中保持良好状态的基础保障。在加强运营体系建设的同时,也要积极培养新的人才,创建人才队伍,不断提升营销队伍的人员素质,为营销策略的创新注入更多的新鲜血液。也应该加强对普通员工的培训,不管是基础培训还是素质培训,都要以积极果断的态度去对待,以此不断提高企业新媒体营销工作的效能。

（视野拓展：新媒体营销内容定位策略）

二、树立新的营销理念,创新企业文化

想要做好营销,就需要时刻谨记一切为了顾客这一原则,应该体现出消费者的主体地位。新媒体营销方式的应用,意味着消费者可以通过媒体选择自己喜欢的方式来获取信息,实现与企业的随时互动;在不断互动过程中,企业可以了解到消费者的需求与喜好,建立起与消费者平等的对话模式,尽全力为消费者提供服务,这都是以消费者为主体的体现。企业一定要树立这样的营销理念,且保持不变,只有充分为顾客考虑,才能获得更加长远的利益。以正确的营销理念做保障,才能为企业营造积极向上的环境氛围,实现企业文化的创新与传承。企业文化是企业的核心与精髓,是保证企业得到长远发展的精神力量,将新媒体技术应用起来,才能紧跟时代发展步伐,不被社会淘汰,在这里我们对于我们的市场以及消费群体的研究也要有新的调研模式,除了传统的定性调查和定量调查方式,也应该很好地结合网络的特点,利用网络的吸引力和消费者之间的互动关系,让消费者从被动接受调查变为主动接受调查,使调查过程变得有趣,这样我们不仅得到了我们需要的数据,也很大程度上让消费者加深了对我们品牌的印象。

三、营销方式要软硬兼施,合理合法

新媒体营销方式主要有两种:一种是硬宣传,另一种是软宣传。在最初,新媒体刚刚与营销方式结合的时候,主要采用的是硬性宣传模式,比较直接,长期下去反而会损害企业形象。如今,大部分开始使用软宣传,与硬性宣传不同的是,软宣传的方式比较含蓄,取代了直接灌输,将商业意向、产品特色等相关信息渗透进互动方式或者宣传文章中,增强其趣味性,可以有效增强消费者的接受度。比如将相关图像信息配合诙谐幽默的软文内容,让消费者在阅读过程中,既享受了欢乐的过程,也获取了产品信息,是一种一举两得的营销方式。软硬相结合的营销方式能够在潜移默化中起到信息的传播作用,又获得更高的收益。但是,需要注意的是,这种软宣传需要把好度,不能违法违规,也不能将违法违规的内容加入文案写作中,更不能蹭三观不正的网络热点的热度,这样反而损害企业形象,不利于企业的长期发展。

综上所述,新媒体背景下市场营销方式的转变,有利于企业增强市场竞争力,是企业实现长期发展的重要途径。为了提升新媒体营销方式的创新力度,首先要建立和完善新媒体营销体系和危机应对机制;其次,树立新的营销理念,创新企业文化;最后,营销方式要软硬兼施,合理合法。

资料来源:梁钰菲.试析新媒体背景下市场营销方式的转变[J].今传媒,2019,27(08):82-83.

任务实施

本次任务是了解不同新媒体营销平台的营销特点。

(1) 在一个较为熟悉的新媒体终端上,选择一个企业或个人的账号作为推荐,可以是一个成熟账号也可以是一个不成熟的账号,通过分析其发布的营销内容,分享推荐的理由。并为该账号下的某一商品写一个营销方案,内容可以从商品的功能、特点等方面来

写,形式不限,并填写表6-1。

表6-1　　　　　　　　　　新媒体账号及营销方案详析表

分析项目	具体内容
账号名称	
账号简介	
推荐理由	
营销方案	
总结反思	

(2) 学生互相交流成果,探讨运营方案。

任务二　微信营销

任务分析

掌握微信营销的特点,了解微信的不同营销方式。同时,以自媒体微信公众号为例,讲解如何注册、使用微信公众号进行营销内容的发布。

相关知识

微信营销是利用微信App开展的各种营销行为,是网络经济时代企业或个人营销模式的一种,是伴随着微信的火热而兴起的一种网络营销方式。

一、微信营销特点

(一) 庞大的用户基础

微信拥有着庞大的用户基础,这是微信营销最重要的优势之一。最新数据显示,微信的月活跃用户已经超过了10亿,这使得微信成为全球最大的社交媒体平台之一。如此庞大的用户基础，为企业和商家提供了无限的潜在客户群体，也为微信营销带来了巨大的可能性。

（二）高度精准的定位能力

微信具备强大的用户数据分析和挖掘能力，能够基于用户的个人信息、地理位置、兴趣爱好等数据，将用户进行精准分类和定位。这使得企业和商家可以在目标客户群体中实现精准营销，提高营销效果的同时，也降低了营销成本。

（三）多样化的营销手段

微信营销具有多样化的营销手段，包括微信公众号、微信朋友圈、小程序等多种形式。这些营销手段可以满足不同企业和商家的需求，例如通过微信公众号进行品牌宣传、通过微信朋友圈进行社交营销、通过小程序进行线上销售，等等。同时，微信也提供了一系列广告投放工具，如朋友圈广告、公众号广告等，为企业和商家提供了更多的营销选择。

（四）强大的社交影响力

微信作为一个社交媒体平台，具有强大的社交影响力。用户之间的信息传递和分享可以迅速扩大企业和商家的品牌知名度和影响力。同时，微信也支持企业或商家建立自己的粉丝群体，通过与粉丝的互动交流，提高用户黏性和忠诚度。

二、微信营销方式

微信营销的形式灵活多样，常见的形式有微信公众号、微商城、朋友圈、微信群等。

微信公众平台，简称公众号，是微信提供的信息发布平台，可以向关注该公众号的微信用户推送图文信息，利用公众账号平台进行自媒体活动，简单来说就是进行一对多的媒体性行为活动，如商家通过申请公众微信服务号通过二次开发展示商家微官网、微会员、微推送、微支付、微活动、微报名、微分享、微名片等，已经形成了一种主流的线上线下微信互动营销方式。微信公众号可以分为四种类型，分别是服务号、订阅号、小程序和企业微信，如图6-1所示。

图6-1 微信公众号四种类型

电子商务综合实训

微商城,又称微信商城,是第三方开发者基于微信而研发的一款社会化电子商务系统,同时又是一款传统互联网、移动互联网、微信商城、易信商城、App商城、支付宝商城、微博商城七网一体化的企业购物系统。消费者只要通过微信商城平台,就可以实现商品查询、选购、体验、互动、订购与支付的线上线下一体化服务模式,下图为"鸿星尔克"云商城。

微信朋友圈和微信群则是最普遍的一种营销方式,商家可以通过建微信群,拓展好友数量,在微信群和朋友圈发布商品信息,吸引微信好友进行购买,如图6-2所示。

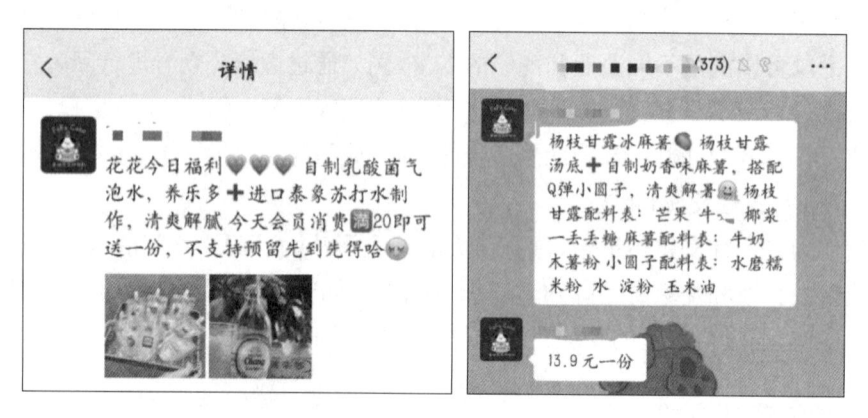

图6-2 微信群、朋友圈发布商品信息

任务实施

本次任务学会用微信进行营销活动。下面以自媒体微信公众号为例,讲解如何通过自媒体微信公众号进行商品信息的发布,从而进行营销活动。自媒体是由个人或机构创建的、以服务某类网民群体为宗旨的公民媒体,其通过优质内容吸引用户的关注,然后进行营销行为从而获得利益。

微信公众号商品信息发布流程

第一步,进入微信公众平台,点立即注册,如图6-3所示。

图6-3 微信公众平台

第二步,选择注册的是订阅号还是服务号,订阅号每天可推送一次图文信息,服务号每月可推送四次,一般用户会选择注册订阅号,如图 6-4 所示。

图 6-4 订阅号注册界面

第三步,填写基本信息,完成注册,如图 6-5 所示。

图 6-5 订阅号注册基本信息

· 135 ·

第四步,自媒体公众号的基础设置。

用户注册成功后,可以登录访问微信公众平台,并且进行公众号的设置,如图6-6所示,可以设置公众号头像、自动回复内容、查看订阅用户列表等。

图6-6 公众号功能设置

公众号整体情况如图6-7所示。

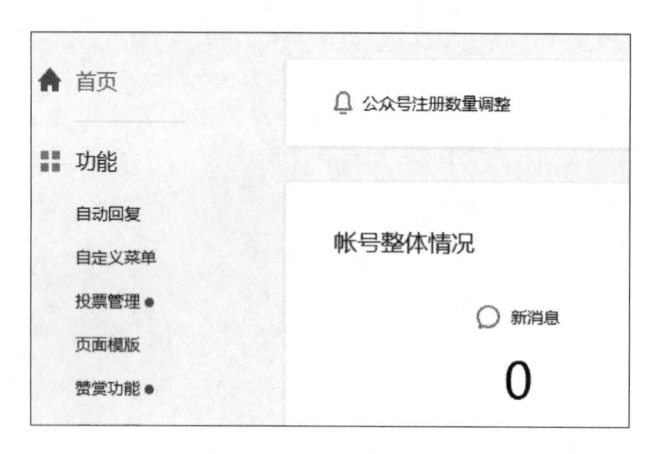

图6-7 公众号整体情况

第五步,微信公众号的运营。

在微信公众号的管理界面,点击"素材管理",即可以创建一篇文章,如图6-8所示。

同时,还可以通过手机进行登录,管理自己的公众号,如图6-9所示。

第六步,进行营销方案的设计,通过公众号来发布商品信息,进行营销活动。

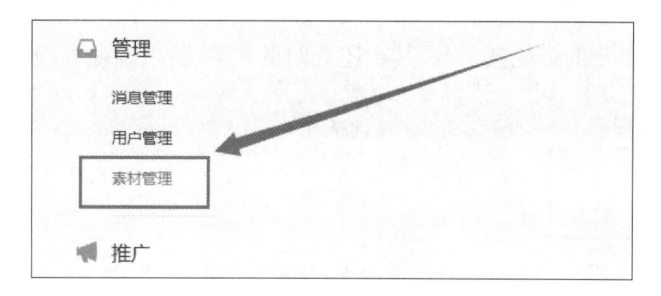

图 6-8　公众号教材管理

图 6-9　公众号手机端管理界面

任务三　短视频营销

任务分析

掌握短视频营销的特点和优势，了解不同的短视频营销模式。同时，以抖音 App 为例，讲解如何注册、使用抖音 App 进行营销内容的发布。

相关知识

短视频是指在各种新媒体平台上播放的、适合在移动状态和短时休闲状态下观看的、高频推送的视频内容，几秒到几分钟不等。作为一种新兴视听业态，短视频已经成为经济社会、舆论宣传、信息传播、文化建设和广受人民群众欢迎的新媒介。从活跃用户数来看,抖音和快手是最受网民喜欢的短视频平台,其次还有西瓜视频、腾讯微视等,如图6-10所示。

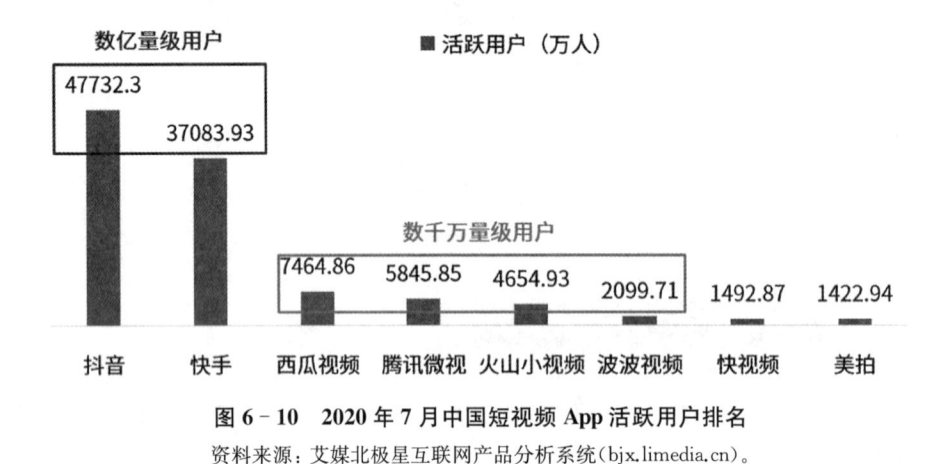

图6-10 2020年7月中国短视频App活跃用户排名

资料来源:艾媒北极星互联网产品分析系统(bjx.limedia.cn)。

短视频营销是企业或者个人在社交媒体平台上通过发布短视频及其相关活动而进行的品牌营销、产品销售、企业公关等活动。企业或个人可以通过短视频贴片广告、短视频植入广告、发起短视频创意众筹、短视频内容营销等方式来达到商业目的。随着短视频的兴起和火爆,人们找到了视频营销的切入点,因为门槛低,传播速度快,入手简单,投入人力物力更少,短视频成为众多商家青睐的营销工具。

一、短视频营销特点

(一) 具有较强的视觉冲击力

短视频的视觉效果能够更好地吸引用户的注意力,提高用户的黏着度和消费意愿。

(二) 时间短效果好

短视频通常时间在几十秒甚至更短,这符合现代人的浏览习惯,能够在短时间内吸引用户,有效传达信息。

(三) 社交分享便捷

短视频容易在社交平台上分享,传播速度快,增加了用户的曝光率,扩大了营销的影响范围。

(四) 可接触性强

用户可以随时随地通过手机观看短视频,增加了用户对产品的接触机会和消费决策的便捷性。

二、短视频营销模式

(一) 病毒式短视频营销

病毒式短视频营销是基于病毒式营销形成的短视频营销形式,实际上是以用户对品牌营销信息良好的体验为基础形成的口碑营销,从而形成"二次传播",实现营销信息的迅速传播,如 2014 年的"ALS 冰桶挑战"。

(二)植入式广告营销

该营销又被称为隐性广告,是指把产品及其服务具有代表性的视听品牌符号融入影视或舞台作品中的一种广告方式,给观众留下相当的印象,以达到营销目的,具有隐蔽性强,传播方便,短视频长度较短,到达率高等特点。如 2016 年的"第一网红"Papi 酱最常用的方式就是贴片广告和植入式广告。

(三)贴片式广告营销

用户点击短视频的时候往往并不能直接观看,而要先看一段广告。多数情况下,只有看完广告才能看视频。

(四)信息流广告营销

出现在社交媒体用户好友动态中的广告即信息流广告,如图 6-11 所示。

图 6-11 信息流广告

任务实施

本节任务是学会注册并使用某一短视频营账号,并通过分组,按照小组进行某一产品营销活动的策划和实施。

(1)每位同学注册一个短视频平台账号,并完善相关信息资料,对自己的短视频账号进行包装,总结在注册过程中遇到的问题,相互交流,下图 6-12 展示例子为抖音 App 账号注册页面。

(2)6~8 位同学为一组,以"双十一"为主题,任选某一类或者某一个产品,通过短视频形式进行营销活动,内容可以包括产品外观的展示、产品功能、产品的特色等等。视频发布后,小组通过平台视频点击量与用户反馈等指标,总结视频效果,完成表 6-2。

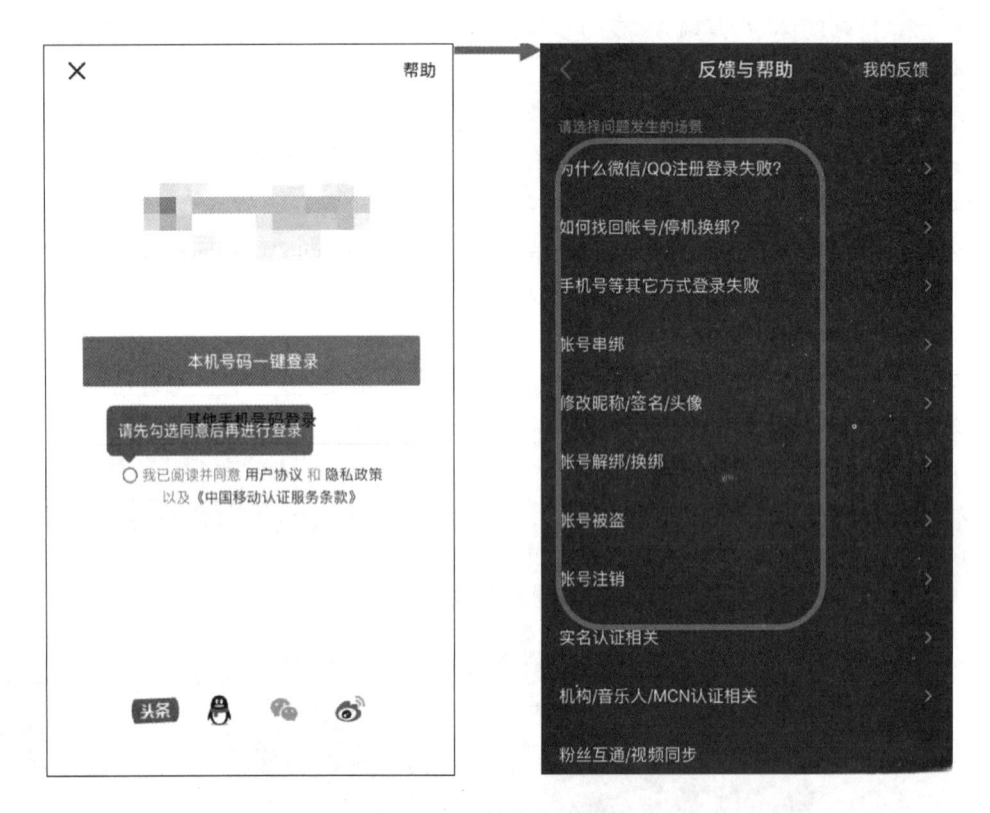

图 6-12　抖音账号创建

表 6-2　　　　　　　　　　　双十一产品短视频营销成效表

小组名称	
小组成员	
产品名称	
目标客户群体	
视频点击量	
经验反馈	

任务四　直播营销

任务分析

了解不同直播平台,掌握直播营销的特点和直播平台的主要分类。同时,以抖音 App 为例,了解直播营销的流程,明确如何通过抖音 App 进行直播营销活动。

相关知识

自 2000 年后,随着网络时代到来,电视直播逐渐被网络直播取代,成为"直播"的代名词。传统电商最大的痛点是消费者对产品体验的缺失,这也是影响消费者最终决策的重要因素。这些年随着消费升级,消费者更追求产品的品质和真实的购物体验。而直播营销就可以解决传统电商的这一痛点,让消费者可以直观且全面地了解产品内容及服务信息。这让电商商家看到了新的曙光,并将直播视为新的带货利器。

根据直播的内容可以把直播平台分为五大类:一是娱乐类,主要包括娱乐直播和生活直播两类;二是游戏类,游戏行业一直是巨头们青睐的对象,特别是电竞在全球的发展带来大量的资本涌入;三是购物类,购物类直播主要通过各类网络达人在"电商+直播"平台上和粉丝进行互动社交,达到出售商品的目的;四是专业领域类,主要针对的用户人群是有信息知识获取需求的用户;五是体育类,这类平台除了体育明星直播外,体育赛事也是娱乐活动的主要内容之一,受到大众的欢迎和认可。主要直播平台有抖音、腾讯视频、淘宝、快手、火山、鲟鱼直播、蘑菇街、哔哩哔哩、斗鱼、虎牙等,见图 6-13。

图 6-13　主要直播平台

直播营销是指在现场随着事件的发生、发展进程同时制作和播出节目的营销方式,该营销活动以直播平台为载体,达到企业获得品牌的提升或是销量的增长的目的。直播作为一种新兴的娱乐风潮,它本身就具有很大的粉丝量,能够快速地抓住消费者的眼球,占领消费者流量,极大程度地满足消费者群体的猎奇心理。

一、直播营销的特点

(一)即时互动强

直播营销最显著的优势在于可即时互动的环境,能够即时地收集用户反馈,以便获得最有效率的营销成果。网络直播突破了传统传播方式的时间局限,它可以将品牌/产品信息在第一时间传递给观众。通过网络直播观看直播内容的受众不仅可以与主播,还可以与其他受众通过弹幕或评论进行互动交流。

在受众与主播的交流中,观众可以及时对主播提出疑问,主播也可以及时解答观众的问题,受众之间还可以交流观看网络直播内容的体会。与传统图文广告相比,红人直播带货不仅具备强互动性和实时反馈性,还缩短了用户的决策时间,提升了转化率。凭借网红极强的形象化能力,观众基于视频能更全面地了解产品与服务,所看即所得。同时,随着生活节奏的加快,用户对文字和图片不再有耐心,比货意识逐渐减弱,此时直播模式的优势更加凸显。

(二)参与门槛低

相较于传统电视直播,网络直播胜在设备简单、操作简易。电视直播需要的相关设备复杂,操作难度大,而网络直播所需的器材简单,操作难度低。在信号精度与画面质量上,与传统模式相比,主播使用一些高端设备,甚至能获得更好的直播体验。普通用户只需通过相应的网络直播平台审核,便能开通属于自己的直播房间,大大降低了直播门槛。

2020年2月11日,淘宝直播宣布:所有线下商家都能零门槛、免费开播,甚至没有淘宝店的商家也能先开淘宝直播。这仿佛打开了一道闸门,门外的人纷纷涌了进来。当月,新开播商家数量比2020年1月飙升719%,超过100种职业的用户在1个月内转战淘宝直播间。

(三)内容多样化

直播营销的内容丰富多样,有唱歌、跳舞、游戏、运动、美食、健身、知识传授等。才艺展示类的直播是通过主播在镜头前的自我展示,与观众进行实时互动,满足受众的审美需求。游戏版块是观众聚集最多的版块,这也和观看网络直播的年龄群体大部分都是年轻人有关。观看游戏直播的观众通常是为了学习,以提高自己的游戏技术。户外旅游节目则能让不能旅游的观众观赏到各地的美景与美食。

二、直播营销的分类

可以按照营销内容对直播营销分为以下几类:

(一)"直播+电商"

"直播+电商"最好的例子就是淘宝。最新版本的淘宝页面特别设置了"视频直播"栏目。淘宝主可以在淘宝上进行视频直播,对消费者展示自家商品的过人之处,抓住消费者的眼球,让消费者能够进入这个直播间。消费者进入直播间之后,可以发现直播视频下方附带主播正在直播的商品,点击"加入购物车"即可立即购买感兴趣的商品。

(二)"直播+发布会"

2016年4月14日,美宝莲纽约举行新款唇露发布会。美宝莲邀请明星为品牌站台,并且在淘宝上进行发布会全程直播。与此同时,美宝莲还邀请了50位"网红"开启化妆间直播,让用户直击化妆师为模特化妆的全过程。当天,美宝莲整体无线访客比前一天增长了50.52%。

(三)"直播+明星"

2016年第69届戛纳国际电影节,巴黎欧莱雅在美拍中进行直播,全程记录下了巩俐、李冰冰、李宇春、井柏然等明星在戛纳现场的台前幕后的表现。这场直播总共获得了311万观看数、1.639亿总点赞数、72万总评论数的好成绩。且在直播4小时之后,李宇春同款色系唇膏在欧莱雅天猫旗舰店售罄。

(四)"直播+活动"

"世界图书日",罗辑思维创始人罗振宇在优酷进行了一场读书会直播。优酷联合天猫、淘宝对线上读书进行全球直播。此次读书会的视频直播和视频回放都是付费模式,5个小时的全程直播使罗辑思维的商品在天猫旗舰店的购买量大幅提升。

(五)"直播+广告营销植入"

2016年6月10日0时到凌晨5时,为了配合联想美国TechWorld科技大会,展示联想的非凡创新,联想CEO杨元庆在映客独播进行了5小时的跨国直播。在这场直播过程中,进行了抽奖、展示等一系列的互动活动,吸引了超过200万人在线收看。同时,"直播+广告营销"的这种直播营销成功以新的形式,为联想新产品做广告,新颖的方式赢得粉丝的口碑。

视野拓展

苹果搭上"互联网"快车!果农变电商老板,走上致富路!

任务实施

本节任务是学会注册并使用某一直播平台账号,并通过分组,按照小组通过该直播平台进行一次直播活动的策划和实施。

第一步,选取某一直播平台,按照该平台要求进行账号的注册,以抖音App为例,讲解抖音App直播账号的注册以及直播流程。

(1)抖音直播需要满足一定的要求,包括账户等级达到12级及以上、账户没有违规记录、账户没有被禁言等,当满足所有要求,会收到抖音官方的抖音直播开通链接,如图6-14所示。

(2)根据提示填写具体相关信息,完善资料,如图6-15所示。

(3)当完善好相关信息后,点击抖音页面上的"+"图标,这时就会发现直播、拍照、视频的字符在同一排。此时你点击"直播",就可以开始你的直播了,如图6-16所示。

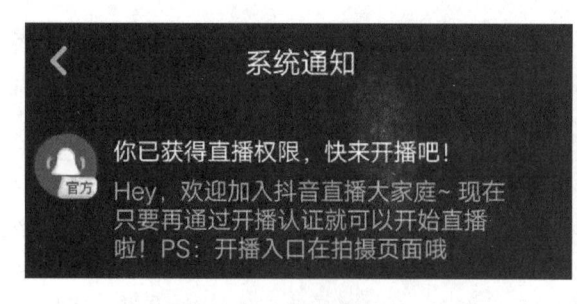

图 6-14　获得直播权限

图 6-16　开始直播

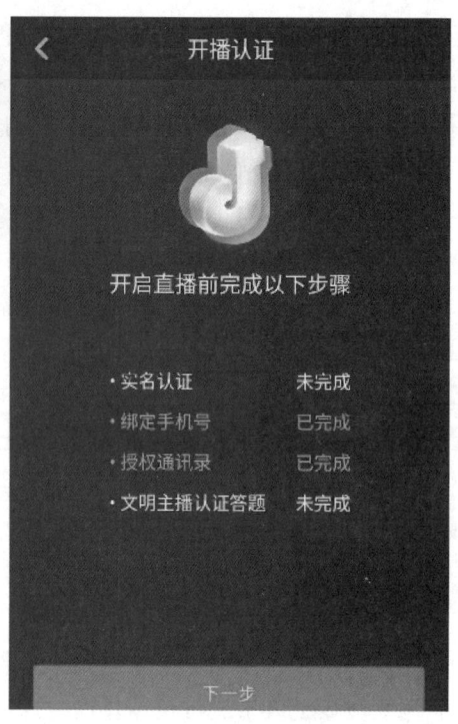

图 6-15　完善相关信息

第二步，6～8位同学为一组，为某一类或者某一个产品制作一个直播营销方案，并执行该方案进行直播，小组之间相互观看直播进行互动点评，完成表6-3。

表 6-3　　　　　　　　　产品直播营销方案及总结分析表

小组名称	
小组成员	
直播主题	
直播方案	
经验总结	

任务五　社群营销

任务分析
掌握社群营销的特点，了解不同社群平台及其特点。

相关知识
互联网环境下的社群，本质上是一群志同道合者或兴趣志向、价值观趋同的人群聚集并通过参与互动找到归属感。互联网的便利性，让社群成员的沟通和信息不受任何空间和距离的限制，这不仅方便了社群成员之间的沟通，也方便了社群的管理。

社群营销是在网络社区营销及社会化媒体营销基础上发展起来的用户连接及交流更为紧密的网络营销方式，是一种基于社交媒体平台的营销策略。社群营销的核心在于建立强关系的社群，这种关系的建立需要通过对用户需求的深入了解，提供有针对性的内容和活动，并且通过持续的互动和反馈优化，保持社区的活力和用户的忠诚度。社群营销的优势在于能够精准定位目标用户，提高品牌知名度和用户黏性，同时通过用户的口碑传播，实现低成本、高效率的营销效果。

一、社群营销的特点

（一）弱中心化

社群营销是一种扁平化网状结构，人们可以一对多、多对多地实现互动，进行传播，并不是只有一个组织人和一个富有话语权的人，而是每个人都能说，使得传播主体由单一走向多重，由集中走向分散，这是一个弱中心化的过程。

（二）多向互动性

社群营销是通过社群成员之间的互动交流，也包括信息和数据的平等互换，使每一个成员成为信息的发起者，同时又成为传播者和分享者的。正是这种多向的互动性，为企业营销创造了良好的机会。

（三）具有情感优势

社群都是基于共同的爱好、兴趣而聚集在一起的。因此，彼此间很容易建立起情感关联。社群成员能够产生点对点的交叉感染，并且还能协同产生叠加能量，从而合力创造出涌现价值，使企业从中获得利益及有价值的信息。

（四）自行运转

由于社群的特性，社群营销在一定程度上可以自我运作、创造、分享，甚至是进行各种产品和价值的生产与再生产。在这个过程中，社群成员的参与度和创造力能催生出多种有关企业产品的创新理念或完善企业产品、服务功能的建议，使得企业交易成本大幅度下降。

（五）呈现碎片化

社群的资源性和多样性特点，使得社群在定位上也呈现出多样化、信息发布方式松散的特点，这就意味着社群在产品设计、内容、服务上呈现碎片化的趋势。虽然碎片化会使社群缺乏统一性，为企业的社群营销带来很多的不确定因素，但只要企业善于挖掘、整理，就能从中挖掘出社群的价值。

二、社群运营平台

当前互联网比较主流并且适合社群运营的几大平台：QQ平台、微信平台、微博平台、百度贴吧、陌陌平台、知乎、豆瓣等，如图 6-17 所示。

图 6-17 常见社群 App

（一）微博平台——明星粉丝、兴趣爱好

新浪微博经过多年的发展，如今已经成为国内人气最高的 SNS 平台。因为微博平台的公众社交化、媒体化特点，因此几乎所有的明星、企业、媒体等都进驻微博平台；同时，微博官方还会捕捉草根用户的动态，并推送至热门榜，因此"随时随地发现新鲜事"成为微博平台的口号。

微博平台汇集了大量明星、品牌与草根粉丝，因此如果社群的活动众多，受众群辐射全国，微博显然是最佳平台。通过官方账号的活动发布、预告等，引导社群进行进一步转发互动，甚至直接发起大规模活动，这是微博平台的突出优势（见图 6-18）。

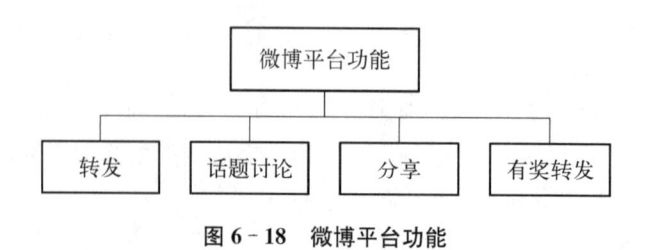

图 6-18 微博平台功能

（二）微信平台——圈子类、产品类、内容类

相比微博，微信显然更加私密化。例如微信公众平台所发布的内容，只有关注的粉丝才能直接看到。同时，相比微博的字数限制，微信公众平台可以发布较长的深度内容，因

此具备与微博不同的传播模式与效率，圈子类、产品类、内容类、餐饮类、服务类等适合于微信平台。

微信平台带来的不只是产品，更是背后所承载的感情要素。当社群用户置身于这样的场景之中，被内容所带动，就会愿意主动分享，大大激发社群活跃度，甚至直接变现，为销售带来直接的提升（见图 6‑19）。

图 6‑19 微信社群功能

（三）QQ 平台——地域类、垂直类、强兴趣类、综合类

作为中国互联网的老牌通信类软件，QQ 平台是不容忽视的社群运营平台。尽管微博、微信的出现，给 QQ 带来了不小的冲击，但 QQ 依旧凭借着巨大的用户基数、丰富的功能、跨平台操作的优势，占据通信社交类软件龙头地位。

QQ 平台的最大优势在于：既可以点对点聊天，也可以点对多聊天，签到、群论坛、公告、相册、群直播等功能一应俱全，几乎能够满足所有场景的建设。大大超越微信的场景设置。所以，尽管越来越多的通信类、社交类软件如雨后春笋般诞生，但社群的主要战场，依旧在 QQ，尤其是 QQ 群（见图 6‑20）。

图 6‑20 QQ 群在线打卡　　　　图 6‑21 百度贴吧

（四）百度平台——营销类、兴趣类、问答类

作为 BAT"三巨头"之一的百度，其旗下拥有诸多平台，同样可以实现社群运营的目的。百度贴吧是百度最具有社群基因的产品。近年来几乎所有的网络热词都在百度贴吧诞生。百度贴吧的特点在于：以兴趣为中心，不断组建出各种兴趣小组，为各种兴趣爱好者的聚

集提供了一个最便捷的方式,涵盖社群、地区、生活、教育、娱乐明星、游戏、体育、企业等方方面面。百度贴吧的风格非常简洁,让每个话题都可以被所有用户看到(见图6-21)。

任务实施

案例分析:学习社群营销成功案例,并归纳总结。

小米社群营销成功之路

小米每次产品的发布都能创新高和它的社群营销模式是分不开的,其社群营销成功的原因主要来源于小米对于粉丝聚集平台的精准认识和运营策略。小米的社群运营特别注重参与感,创新了很多与米粉的互动形式,为米粉打造归属感,通过用户的口碑进行进一步的传播和营销循环。

小米从创立之初做第一款产品MIUI系统时,就从多个论坛里筛选出100个极客级别的用户,与研发工程师团队之间互动交流,参与MIUI操作系统的研发。小米社区就是在这一理念下诞生,它在上线之后就成为小米与用户交流的平台。除了MIUI系统外,小米的新产品还会通过"酷玩帮""应用"等板块进行测评,通过众多用户的使用、评测、反馈等环节,帮助小米工程师找到更多的提升空间,不断地优化产品功能和用户体验。小米的社群营销,主要有以下3个步骤。

一、聚集精准粉丝

小米主要通过三个方式聚集粉丝:利用微博获取新用户、利用论坛维护用户活跃度、利用微信做客服。2010年,小米推出手机实名社区米聊,再通过微博/微信/论坛等社交媒体聚集粉丝。微博平台可以为小米提供更多的新用户以及产品的关注度。由于微博中,用户量大,因此在其中发布信息,可以获得很多的浏览量,其中不乏兴趣的浏览者购买产品,成为新用户。这种零投资、效果显著的宣传模式,值得大家借鉴。

利用论坛维护用户的活跃度。在论坛中,用户可以进行讨论产品功能以及使用上的定义事项,可以完美地实现商家与用户进行交流沟通。除此之外,小米的设计人员还可以从论坛中获得新思路进行更好的设计。

利用微信做客服。小米在管理中机智地选择了用户量大的平台进行免费的宣传,事实证明这种选择是正确的。在微信中,小米客服可以随时与用户进行沟通,有问题及时解决。这使得产品在宣传和销售过程中很难遇到阻碍,成为它营销成功的重要手段之一。

二、人人都是主角,增强用户参与感

在进行新产品的设计时,小米会积极发布设计信息,与用户在微博、微信等平台进行讨论,增加用户的参与感。在推出每个新产品之前,会让米粉参与制作,提出自己的建议和需求,并且直接进行改进设计。除此之外,还举办各种活动使用户拥有主人翁意识,更

加积极地参与到小米的设计中,这也为小米的宣传打下了很好的基础。这一点我们在学习后很难实施,是因为大部分微商店铺还不具有如此众多的粉丝支持,如果盲目地举办大型活动,可能效果会适得其反。用小米的具体案例说明,"橙色星期五"指的是小米的MIUI开发版每周五下午五点发布,小米的手机系统MIUI就会进行升级和更新迭代,这个不仅仅是小米产品的日常设计完善,更是每周一次用户重度参与的机会。

不同用户参与动机不同,小米综合不同的激励手段,针对性地给予激励,最大程度激励用户参与的热情。在小米社区里每个用户都有自己的等级称谓,不同等级的人拥有不同的权力,用户还可以通过论坛的活跃度、反馈问题的数量、回帖的数量等实现等级的提升。同时,还可以得到米粒、金币等的奖励,还可以去金币商城兑换实物以及抽奖。高等级的用户还有机会得到小米最新产品的试用权,有机会与小米一线的工程师做更深入和频繁的沟通,加入米粉顾问团队,甚至加入小米成为正式员工,特别优秀的员工还有机会受邀参加米粉节、新品发布会、爆米花年度盛典等小米大型活动(见图6-22)。

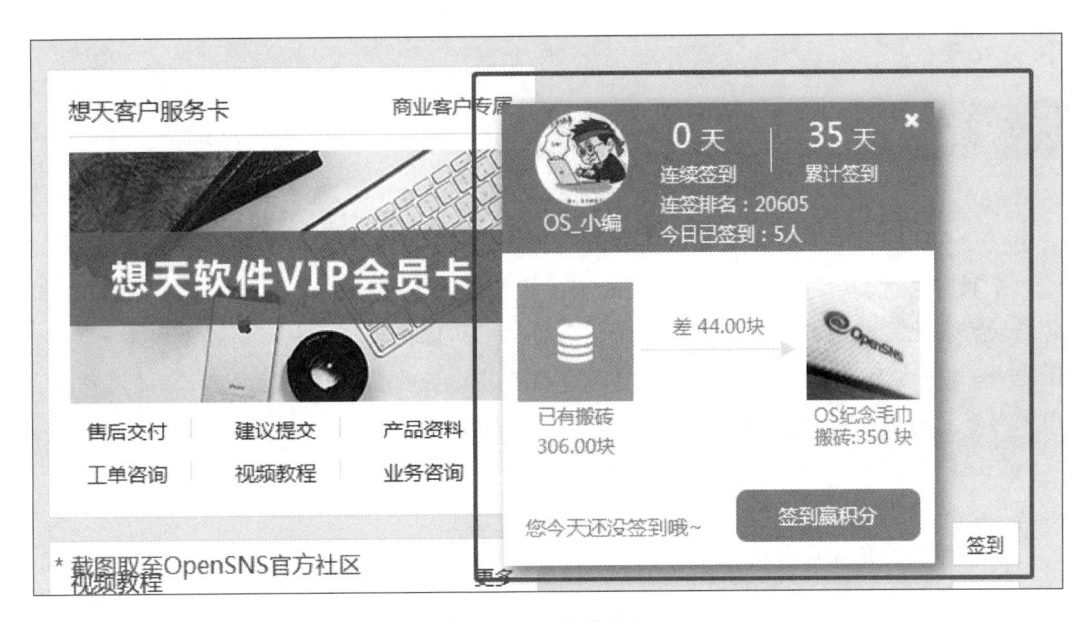

图6-22 小米社区

三、强调沟通连接,互动引起共鸣

无论是小米的管理人员还是设计人员都时刻保持与用户进行对话沟通,人人都是客服的工作状态,使得小米在亲民上拥有更多的优势。更多的人愿意支持拥护小米在很大程度上都是因为它服务及营销模式的优势。这一点是很多大型的厂家难以达到的。

推出产品后,除了线上部分外,小米还会基于官方社区组织一系列的线下活动,以促进品牌与用户、用户与用户之间联系的主要形式有:

1. 爆米花

爆米花是小米官方组织、每年几十场的大型米粉线下见面活动,每年还会举办一次爆

米花年度盛典,是小米公司表彰米粉的大型颁奖活动;

2. 同城会

全国各地的同城会由用户自发组织,这将散落在互联网上的米粉在线下汇聚在一起,建立起成为真实的好友关系;

3. 小米之家

目前,小米之家已经成为各地米粉的线下活动据点,米粉不时会在这里举办各种类型的联谊和交流活动。

线上线下的互动,能够实现双线的沟通和融合。并且每一个员工或者粉丝都是客服,能持续不断地与粉丝沟通,关注消费者的使用体验。

小米社群之所以成功,主要还是因为和用户建立起了连接关系,并通过讨论的形式,让用户拥有参与感,在讨论的同时,也更加了解了产品,从而为后续的转化铺路。

资料来源:陈莹.价值共创视角下虚拟品牌社区构建分析——以小米社区为例[J].经济研究导刊,2016,19:55-57.

思政园地

"直播带货"走出乡村振兴新路径:农民变主播 手机变农具

互联网电商、直播电商等数字化商业模式成为赋能乡村振兴的重要方式。其中,直播助农助力各地方政府推动特色农产品的销售,一方面,依托于直播电商的强大吸引力与变现能力;另一方面,直播电商可建立城市与乡村直接对话的农产品流通网络,拉近消费者、用户与农产品的距离,实现惠农与乡村振兴的双赢局面。

"直播带货"作为一种新型线上消费方式,打破了地域性限制,消费群体更加广泛,一定程度上弥补了线下消费的不足。

商务部有关负责人介绍,2020年网络购物、直播带货等新模式快速发展,实物商品网上零售增长14.8%,重点监测电商平台累计直播场次超2 400万场。农村电商快速发展,农村网络零售1.8万亿元,增长8.9%。全国政协委员、工业互联网研究院院长徐晓兰表示,近两年,电商、直播带货等新业态向农村地区延伸,为脱贫攻坚和乡村振兴赋能。电商企业要发挥引领和带动作用,发挥供应链技术和服务能力,继续支持乡村产业的发展,让乡村经济真正活起来、火起来。

"农民变主播,手机变农具,直播变农活,成为新时代的乡村模式。"在第十一、十二届全国政协委员,中华全国新闻工作者协会原党组书记、副主席翟惠生看来,"直播带货"4个字之间密不可分,直播是为了带货,带货没直播,这个货带不出去,要加大对广大农村地区特别是脱贫地区发展网络直播营销扶持力度,为全面推进乡村振兴赋能增效。同时,还要把典型宣传、热点引导、舆论监督"三大武器"运用到直播带货中。简而言之,就是用媒体优势多给直播带货树典型,促进下一步发展和吸引更多的企业合作,针对直播带货中出现的热点问题要加以引导。

归纳与提高

互联网发展日新月异,以手机为代表的移动互联网终端上的各类 App,成为新时期互联网新媒体的代表。对新媒体营销的概念,主要是指线上社交平台的新媒体营销活动,重点包括微信营销、短视频营销、直播营销、社群营销。微信具有极高的用户黏性,开展微信营销,可通过微信公众号、微商城、朋友圈、微信群进行。短视频营销的内容丰富,门槛低,传播速度快,入手简单,投入人力物力更少,可以很好地利用用户的碎片时间,能在时间和空间为品牌带来更高的营销价值。直播营销能够快速地抓住消费者的眼球,占领消费者流量,即时地收集用户反馈,以便获得最有效率的营销成果。社群营销能够精准定位目标用户,提高品牌知名度和用户黏性,同时通过用户的口碑传播,实现低成本、高效率的营销效果。企业利用新媒体平台,可以实现新闻发布、促销宣传、咨询、销售、公关、客户关系管理等多种功能,企业在开展新媒体营销时,往往会在多个平台建立账号,彼此之间相互联系,形成一个强有力的新媒体营销阵营,帮助企业更好进行营销活动。

知识巩固

一、判断题

1. 虽然新媒体营销已经取得了很大的进步,但是对于企业开展营销的作用并不大。（　　）
2. 利用微信个人号开展营销时,传播的营销信息越频繁,看到的人越多,营销效果就越好。（　　）
3. 短视频营销是企业或者个人在社交媒体平台上通过发布短视频及其相关活动而进行的品牌营销,产品销售,企业公关等活动。（　　）
4. 进行网络直播活动时,直播间的观众可以发表评论,这不利于直播营销的开展。（　　）
5. 淘宝直播起步较晚,但其对网店的引流效果较好。（　　）
6. 社群营销是基于用户需求,利用社交网络将网民聚集起来,提供产品或服务形态的一种网络营销方式。

二、单项选择题

1. 微信公众平台目前有四个类型,如果个人用户要做自媒体公众号,就需要申请注册(　　)。
   A. 服务号　　　　　B. 订阅号　　　　　C. 小程序　　　　　D. 企业微信
2. 短视频营销中,用户对品牌营销信息良好的体验为基础形成的口碑营销,从而形成"二次传播",实现营销信息的迅速传播是哪一种营销模式(　　)。
   A. 病毒式短视频营销　　　　　　　　B. 植入式广告营销
   C. 贴片式广告营销　　　　　　　　　D. 信息流广告营销
3. 以企业直播为例,常见的直播内容定位不包括(　　)。
   A. 直播＋营销　　　　　　　　　　　B. 直播＋发布会
   C. 直播＋明星　　　　　　　　　　　D. 直播＋游戏
4. 社群强调的是人与人在(　　)里的联系。
   A. 物理空间　　　　　　　　　　　　B. 现实空间
   C. 虚拟空间　　　　　　　　　　　　D. 学习空间

三、多项选择题

1. 微信营销的特点有哪些(　　)。
   A. 庞大的用户基础　　　　　　　　B. 多样化的营销手段
   C. 高度精准的定位能力　　　　　　D. 强大的社交影响力
2. 社群营销的价值主要体现在(　　)。
   A. 提供互动平台　　　　　　　　　B. 刺激产品的销售
   C. 提高用户黏性　　　　　　　　　D. 精准定位用户

四、论述题

新媒体营销方式带来了无限的商机和发展空间,而由于互联网本身具有开放性的特征,运营者的素质不能得到保证,甚至有些直播带货主播为了赚钱,进行虚假宣传。此类道德失范情况仍伴随在新媒体营销中,这种现象不仅会影响新媒体营销的发展,还在社会上造成了不好的影响。

谈谈你认为应该采取什么样的有效对策,能减少此类现象的发生。

技能训练

1. 实训目的

学会使用不同的新媒体营销平台进行营销活动,能够撰写营销方案,并且能够根据不同营销平台的特点,针对同一产品设计不同的营销方案。

2. 实训内容和步骤

(1) 选取某一产品进行营销活动的策划。

(2) 在微信营销、短视频营销、直播营销、社群营销中选取至少两种营销方式,对该产品进行营销活动。

(3) 针对该产品,在不同营销平台设计不同的营销方案。

(4) 实施营销方案,并收集、分析相关数据。

(微信营销可选择建立微信群、创建微信公众号的方式,分析微信群人数、公众号文章阅读数量等数据;短视频营销可选择注册某一短视频 App 账号,发布产品相关视频,分析视频观看、点赞数量等数据;直播营销可选择创建某一直播 App 账号,进行直播活动,分析观看直播间人数等数据;社群营销可选择创建某一社群账号,分享产品相关信息,分析回复人数、点赞人数等数据。)

3. 撰写实训报告

实训报告以书面形式或电子文档形式提交。

第七章 客户关系管理

学习目标

知识目标

掌握客户关系管理、客户满意、客户忠诚等基本概念及其作用;理解电子商务环境客户、电子商务客户关系管理的特点;了解影响电子商务客户满意及忠诚的因素。

能力目标

能够合理应用提升电子商务客户满意度的方法,具备在一定程度上提高电子商务客户满意度和忠诚的能力。

素质及思政目标

培养学生的社会责任感、服务意识、职业道德以及创新能力,使学生不仅具备专业知识与技能,还能在未来的职业生涯中,以高度的责任感和使命感,为客户提供卓越的服务,从而促进企业与客户之间的和谐关系,推动社会经济的健康发展。

思维导图

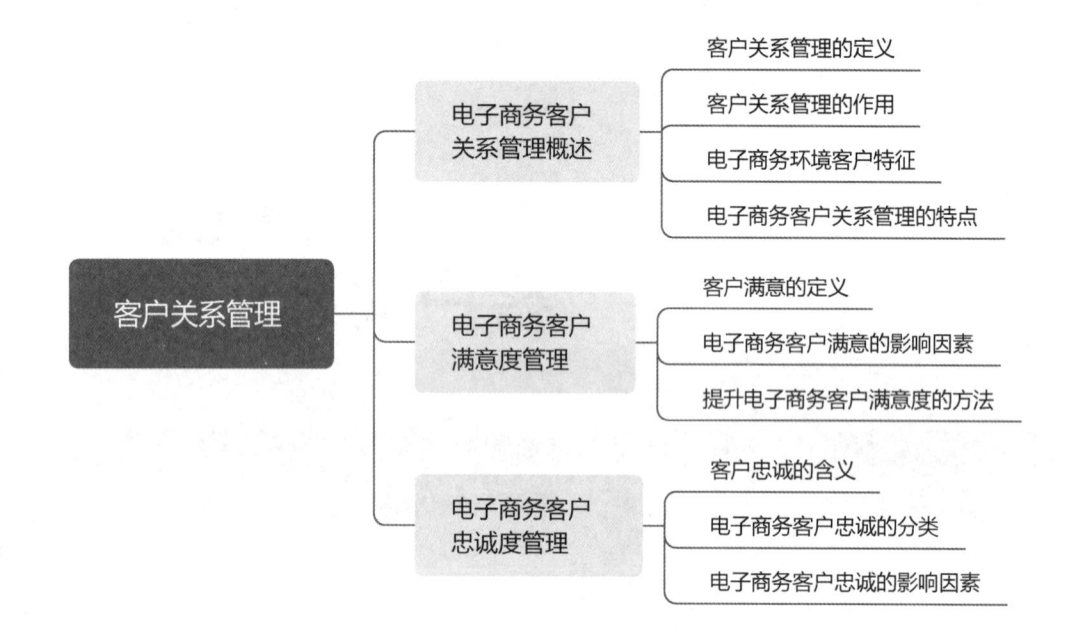

- 客户关系管理
  - 电子商务客户关系管理概述
    - 客户关系管理的定义
    - 客户关系管理的作用
    - 电子商务环境客户特征
    - 电子商务客户关系管理的特点
  - 电子商务客户满意度管理
    - 客户满意的定义
    - 电子商务客户满意的影响因素
    - 提升电子商务客户满意度的方法
  - 电子商务客户忠诚度管理
    - 客户忠诚的含义
    - 电子商务客户忠诚的分类
    - 电子商务客户忠诚的影响因素

引导案例

星巴克的客户关系管理：从咖啡到情感的深度联结

星巴克，作为全球知名的咖啡连锁品牌，其成功不仅仅源于高品质的咖啡和独特的消费环境，更在于其卓越的客户关系管理策略。星巴克通过一系列精心设计的策略和方法，成功地与顾客建立了深厚的情感联系，从而赢得了广泛的忠诚度和市场份额。

一、以顾客为中心的经营理念

星巴克始终将顾客置于其经营策略的核心位置。公司树立了以顾客为中心的经营理念，强调尊重顾客、理解顾客需求并提供优质服务。这种理念不仅体现在产品和服务上，更渗透到企业的每一个细节中。从咖啡的选择、烘焙到饮品的制作，再到门店的环境设计和员工的服务态度，星巴克都力求为顾客提供最佳体验。

二、深入了解顾客需求

为了更好地满足顾客需求，星巴克通过多种渠道收集和分析顾客数据。通过调查问卷、社交媒体互动、会员系统等方式，星巴克能够深入了解顾客的喜好、消费习惯和需求变化。这些数据为星巴克提供了宝贵的市场洞察，使其能够及时调整产品和服务策略，以更好地适应顾客需求。

三、定制化服务与个性化体验

星巴克注重为顾客提供定制化服务和个性化体验。无论是特定口味的咖啡、预约点单还是专属优惠活动，星巴克都力求满足顾客的个性化需求。此外，星巴克还通过其移动应用和会员系统为顾客提供便捷的购物体验和丰富的会员权益。通过智能推荐技术,星巴克能够根据顾客的消费习惯和喜好提供个性化的饮品推荐和优惠信息,从而提升顾客满意度和忠诚度。

四、员工培训与激励

星巴克深知员工在提供优质服务中的关键作用。因此,公司注重员工的培训和激励。星巴克为员工提供全面的培训课程,包括咖啡知识、销售技巧、客户服务等方面。同时,星巴克还通过股票期权等激励措施将员工的利益与公司的业绩紧密相连,从而激发员工的工作热情和创造力。这种员工激励机制不仅提高了员工的满意度和忠诚度,也间接提升了顾客满意度和忠诚度。

五、社交媒体与数字化营销

随着互联网的发展,星巴克积极利用社交媒体和数字化营销手段与顾客互动。通过微博、微信等社交媒体平台,星巴克能够实时与顾客沟通、分享咖啡文化和品牌故事。此外,星巴克还通过移动应用和线上商城等渠道提供便捷的购物体验和个性化的服务。这些数字化营销手段不仅提高了品牌知名度和曝光率,也增强了顾客与品牌之间的情感联系。

六、持续改进与创新

星巴克始终致力于持续改进和创新其客户关系管理策略。公司定期评估顾客满意度和反馈,并根据评估结果调整和改进服务策略。同时,星巴克还不断探索新的服务方式和创新点,如推出新的咖啡品种、举办咖啡文化讲座等,以吸引更多顾客并提升他们的忠诚度。

七、总结

星巴克的客户关系管理策略是其成功的重要因素之一。通过以顾客为中心的经营理念、深入了解顾客需求、定制化服务与个性化体验、员工培训与激励、社交媒体与数字化营销以及持续改进与创新等策略的实施,星巴克成功地与顾客建立了深厚的情感联系,并赢得了广泛的忠诚度和市场份额。这些成功经验为其他企业提供了有益的借鉴和启示。

资料来源:豆丁网.星巴克客户关系管理分析.[EB/OL].[2024-11-17].https://www.docin.com/p-4767781734.html.

任务一 电子商务客户关系管理概述

任务分析

掌握客户关系管理的定义、作用,理解电子商务环境客户特征、电子商务客户关系管理的特点。同时,学习金丰易居网的客户关系管理战略,思考并回答相应问题。

相关知识

一、客户关系管理的定义

客户关系管理的思想起源于美国,在1980年初产生的"接触管理(Contact Management)"专门收集客户与公司联系的所有信息。1990年前后演变成电话服务中心支持资料分析的"客户关怀",当时许多美国企业为了满足竞争日益激烈的市场的需要,开发"销售能力自动化系统",随后又着力发展"客户服务系统"。1996年后一些公司开始把上述两个系统合并起来,在此基础上增加了营销策划和现场服务,再引入计算机电话集成技术,形成销售和服务于一体的呼叫中心。特别是Gartner Group首次提出CRM的概念,加速了CRM的产生和发展,最终形成了一套管理理论体系。

二、客户关系管理的作用

客户关系管理是指将人力资源、业务流程与专业技术进行有效整合,最终与客户建立起基于学习型关系的"一对一"营销模式。企业可以按照客户的喜好使用适当的渠道及沟通方式与之进行交流,并能从根本上提高员工与客户或潜在客户进行交流的有效性。客户关系管理代表了企业为发展与客户之间的长期合作关系,为提高企业以客户为中心的运营性能而采用的一系列理论、方法、技术、能力和软件的总和。

(一)降低企业维系客户的管理成本

企业和客户保持良好、稳定的关系,客户对企业及其产品和服务就会有一个比较全面的了解和信任,而且有一定的感情基础,这样对稳定的老客户开展"一对一"的营销,营销实施措施更准确、更到位,成功率也会更高。同时,企业可以通过老客户的口碑效应,更有效地吸引新客户加盟,可以减少企业为吸引新客户所需支出的费用,由此降低新客户开发成本。

(二)降低企业与客户的交易成本

降低企业与客户的交易成本稳定的客户关系,可使企业和客户之间交易形成合作伙伴关系和信用关系,使得谈判交易的方式转化为程序化交易方式,大大降低搜寻成本、谈判成本和履约成本,从而最终降低企业与客户的整体交易成本。

(三)帮助企业制定市场应对策略

客户是企业考察市场的首要领域。在激烈的竞争环境下,企业必须重视市场变化和市场走向。通过对客户购买行为、购买心理、购物量等信息分析,可以明确客户数量的提升、客户流失情况、客户对新产品和新策略满意度等问题。这些分析结果将促使企业制定相应的应对策略,从而提高企业市场灵敏度。

(四)帮助进行人员的绩效评估

销售额是传统评估销售人员的唯一标准。在客户关系管理理念中,对销售人员评估不仅仅从销售额上反映,还须考核客户满意度、客户忠诚度、客户服务质量等。将客户满意放在第一位,是对员工有效绩效评价的正确方式,而评价的数据来源于客户信息数据。

(五)帮助增强客户服务的准确性

通过有效的客户关系管理,可以细分客户,明确客户的需求,实现个性化的"一对一"服务,使服务质量和服务效果得到最大化提升,实现客户保持。

(六）帮助提高客户满意度和忠诚度

稳定的客户关系，可以使企业掌握第一手资料，并在第一时间发现客户需求或潜在需求的变化，及时调整营销和经营策略，缩短新产品的研发周期，提高满意度和忠诚度。制定企业运营策略的唯一目标是利润最大化，客户满意度和忠诚度最大化是实现利润最大化的主要渠道。

三、电子商务环境客户特征

电子商务是互联网高速发展的产物，是网络技术应用的全新发展方向。互联网所具有的开放性、全球性、低成本、高效率的特点，也成为电子商务的内在特征，并使得电子商务不仅会改变企业本身的生产、经营、管理活动，而且将影响整个社会经济运行的结构。电子商务环境下的客户呈现出与传统商务环境所不同的特征，研究和掌握这些特征才能使企业做出正确的决策和规划。

（一）无实体店铺营销

电子商务将传统的商务流程电子化、数字化，一方面以比特流代替了实物流，大量减少了人力、物力，降低了成本；另一方面突破了时间和空间的限制，使得交易活动可以在任何时间、任何地点进行，从而大大提高了效率。互联网使得传统的空间概念发生了变化，出现了有别于实际地理空间的虚拟空间或者虚拟社会。处于世界任何角落的个人、公司或机构，可以通过互联网紧密地联系在一起，建立虚拟社区、虚拟公司、虚拟政府、虚拟商场、虚拟大学或者虚拟研究所等，以达到信息共享、资源共享、智力共享等。企业在网络市场上进行营销活动，不需要开设店面、进行装潢、摆放样品和招募大量服务人员。如卓越网、当当网等网上书店，它们并没有真实的零售网点，但通过互联网，这些网上商店的商品被销往全国各地，甚至国外。

（二）零库存定制

企业在网络市场中无须将商品陈列出来，只要在网页中出示货物图片和相关数据以供选择，并且可以在接到客户订单后，根据订单来组织生产和配送。这样，企业就不会因为存货而增加成本，还可以最大限度地满足客户的个性化需求。

（三）低成本运营

电子商务使企业能够以较低廉的成本进入全球电子化市场，使得中小企业有可能拥有和大企业一样的信息资源，提高了中小企业的竞争能力。电子商务重新定义了传统的流通模式，减少了中间环节，使得生产者和客户的直接交易成为可能，从而在一定程度上改变了整个社会经济运行的方式。

（四）销售机会增加互联网具有互动性

通过互联网，商家之间可以直接交流、谈判、签合同，客户也可以把自己的建议直接反映到企业或商家的网站，而企业或商家则要根据客户的反馈及时调查产品种类及服务品质，做到良性互动。

企业可以通过自己的网站收集访问客户的资料，建立客户数据库，有针对性地进行销售。首先,网络可以对特定客户进行一对一销售的特点,使其比较容易获得客户的个人资料;其次,可根据客户的消费偏好进行有针对性的促销,激起客户潜在的购买欲望。

(五)为客户提供更有效的服务

电子商务的无店面交易,不仅可以最大限度地降低运营成本,增加销售,而且可以通过提供多样化的延伸服务,巩固客户群体。据统计,在戴尔网(Dell.com)采购的客户中,30%的客户从没有看过戴尔的广告,80%的个人和50%的小企业以前从未购买过戴尔的产品,而且这些客户的平均购买量比戴尔传统用户的平均购买量还要大,这都取决于戴尔公司在网站上为客户提供的服务和技术支持。

(六)电子商务网站成为企业网络贸易的平台

企业网站相当于企业网上门户,是客户接触企业的一个重要平台。电子商务企业网站在企业运营和发展中起着重要作用,是企业开展网上营销、客户关系管理的窗口。网站可以通过客户网页浏览的顺序,停留的时间长短为这位客户建立个人档案,识别出具有相似浏览习惯的客户,同时,电子商务前端的客户关系管理应该和企业的内部管理系统连接起来,不管客户从哪个渠道进来,都可以跟后台的企业管理系统连接起来。

四、电子商务客户关系管理的特点

电子商务环境下的客户关系管理是在传统商务环境下的客户关系管理的基础上,以信息技术和网络技术为平台的一种新兴的客户管理理念与模式,主要特点有以下几个方面:

(一)实施以客户为中心的商业策略

互联网及时的沟通方式有效地支持客户随时、准确地访问企业信息。客户只要进入企业网站,就能了解企业的各种产品和服务信息,寻找决策依据及满足需求的可行途径。同时,营销人员借助先进的信息技术,及时、全面地把握企业的运行状况及变化趋势,以便根据客户的需要提供更为有效的信息,改善信息沟通效果。电子商务客户关系管理必须制定以客户为中心的商业目标,才能找到和客户双赢的机会。

(二)较低的客户关系管理成本

在电子商务模式下,任何组织或个人都能以低廉的费用从网上获取所需要的信息。在这样的条件下,客户关系管理系统不仅是企业的必然选择,也是广大在线客户的要求。因此,在充分沟通的基础上,相互了解对方的价值追求和利益所在,以寻找双方最佳的合作方式,无论对企业或在线客户,都有着极大的吸引力。

建立长期关系是企业利润的主要来源。电子商务网站的访问者就是企业潜在的客户群,企业可以通过客户的网上行为,如浏览了哪些商品,对比了哪些参数等,也可以通过网站对客户进行调研和访谈,了解客户的喜好、习惯、行为特征。先进的信息技术使得对客户信息的收集、资料处理、潜在内容挖掘更容易操作,这样可以迅速建立信任,及时挽回客户的忠诚。另外,对忠实的大客户可以进行差异化、个性化服务,提高客户忠诚度和保持度。

（三）利用新技术支持

在如今的信息时代，技术革命一日千里，企业可以利用新技术来帮助他们管理客户关系：建立局域网或广域网，建立大规模的数据库，使用更先进的软件技术等。客户关系管理的核心思想就是"以客户为中心"，为了达到这样一个目的，就必须准确掌握客户的需求，提供个性化的服务，提供及时的、必要的客户关怀。因此，企业需要建立一个集中统一的客户信息数据库，有效地管理客户数据。数据库保存着客户与公司进行联系的所有信息，包括客户的购买交易、电话、评价、退货、服务电话，甚至客户的不满等。也保存着公司主动接触的有关信息，包括促销优势、信件、电话、个别访问等。

（四）集成的 CRM 解决方案

在电子商务模式下，为了使企业业务的运作保持协调一致，需要建立集成的 CRM 解决方案。该方案应使后台应用系统与电子商务的运作策略相互协调，使客户能够通过电话、传真、互联网、E-mail 等渠道与公司联系并获得快速的响应。语言是人类进行交流的媒体，人们喜欢谈话。许多人选择的工具是人类的语言，而不是键盘，对此企业必须做出反应，建立基于传统电话的呼叫中心。呼叫中心是企业用来与客户进行直接交谈，发现客户的需求，劝说客户达成交易，确保客户的需求得到满足的场所。电话管理是双向的，包括公司打给客户的对外营销和客户打给公司的对内营销，它还是建立和维持对话的一个重要部分，是客户关系管理的关键因素。

任务实施

阅读以下案例，并回答思考题。

金丰易居网的客户关系管理战略

金丰易居网有限公司是中国内地 A 股上市公司，是提供住宅消费市场服务的专业电子商务平台，其业务范围包括房地产置换品牌、租赁、买卖、装潢、建材、物业管理、绿化等完整服务。目前，遍布上海 108 家置换连锁店以及 150 多家各类其他连锁店经营体系，且拥有庞大后台服务支援的完整电子商务平台。其房地产置换已在全国五大城市开展业务合作，并与 30 余座城市合作。金丰易居网提供的服务包含实体的营销中心与虚拟的网站，但因缺少强有力的平台将客户资料加以整合，使得客户管理系统在置换连锁店的庞大经营规模下，面临以下问题：客服中心没有建立；客户资源无法有效利用；关系管理系统与内部管理系统各自独立；客户的流失率高。

在竞争激烈的房地产业，实施有效的客户关系管理，对提高客户忠诚度、发掘客户潜在价值，以及降低销售和管理成本等方面具有重要意义。因此，对于要提高竞争力的房地产商，CRM 的应用是必然的发展趋势。上海金丰易居网集租赁、销售、咨询等综合房产业务于一身，在公司迈向电子商务时，决定实施有效的客户关系管理，达到以客户为中心的

"即时一对一行销"(Real-Time One to One Marketing)经营模式。美商艾克为金丰易居网建置统一联络中心(Unified Contact Center,UCC),涵盖了网上互动、电话拨入(Inbound)与电话拨出(Outbound)服务,以及结合后端 MIS 完成的一对一行销机制。案例分析客户关系管理系统实施后的成效。

即时有效的客户服务,增强客户忠诚度与企业知名度。由于金丰易居网已建立统一联络中心,可以在客户要求服务的第一时间提供服务。在目前要求速度与服务品质的 e 世代,更可以加强客户对企业的满意度,进而提升客户忠诚度。

统一服务平台可节省人力、物力,提高服务效率。由统一客户服务中心,设立统一标准问题库和统一客户服务号码,利用问题分组及话务分配,随时让客户找到适合回答问题的服务人员,得到满意的答复。客户服务人员之间也可以利用统一联络中心的电子公告板交流信息。

利用电话行销主动对外销售,挖掘客户的潜在价值增加收益。通过该系统使得客户资料在企业内部可以共享,利用该系统的 PTP(Product To Product,产品关联性)与 PTC(Product To Customer,产品与客户关联性)分析,对不同需求的客户进行分组,找到特定产品的目标客户群。

部门间可即时沟通以提高工作效率,整合企业客户关系管理及内部资源管理系统,可降低管理成本。

减少网上客户流失的问题,通过该系统企业可以提供及时且多样化的服务,例如:即时捕捉网页上客户要求服务的信息,将客户浏览网页的记录提供给服务专员。还可以使客户选择其最方便的联络渠道,例如:专员可透过 PSTN 或是网络电话,并可借由影像交谈,与客户同步浏览网页;以及与客户共用应用软件等方式,同时提供文字、语音、影像等多媒体的在线立即功能,与客户进行互动或网上交易,以减少上网放弃率。

资料来源:豆丁网.电子商务客户关系管理.[EB/OL].[2023-05-15].https://www.docin.com/p-4361919421.html.

思考题:
(1) 金丰易居网遇到了哪些问题?
(2) 金丰易居网是如何解决问题的?
(3) 客户关系管理对企业的发展有何重要性?

任务二　电子商务客户满意度管理

任务分析

理解客户满意的定义、电子商务客户满意的影响因素,掌握提升电子商务客户满意度的方法。同时,学习提升电子商务客户满意度的方法,思考并回答相应问题。

相关知识

一、客户满意的定义

美国学者 Cardozo 在 1965 年首次将客户满意(Customer Satisfaction,CS)的观点引入市场营销领域。随着市场竞争的日趋激烈,客户满意日益受到学术界和企业界的重视。20 世纪 80 年代,美国将客户满意作为现代企业经营活动中的一种重要的理念和手段,随后其他发达国家也开始重视客户满意。尽管对客户满意的研究已经持续了二三十年,但是迄今为止,并未取得一致的意见。美国营销学会手册中,对客户满意的定义是:满意=期望-结果。换句话说,客户满意是客户对产品的感知与认知相比较之后产生的一种失望或愉悦的感觉状态。

菲利普·科特勒(Philip Kotler)认为,满意是指一个人通过对一种产品的可感知的效果(或结果)与他或她的期望值相比较后,所形成的愉悦或失望的感觉状态,是一种心理活动。巴克(Barky)认为客户满意是指客户使用前的预期与使用后所感知的效果相比较的结果。霍华德(Howard)认为满意是付出成本与预期使用产品获得效益的比较结果。维尔茨(Wirtz)认为客户满意是客户对产品或服务预期的绩效与感知的绩效进行比较而产生的。卡多特(Cadotte)认为客户会将先前购买经验与购买后的实际感知做比较,用以评价满意的程度。

从学者们对客户满意的定义中,可以归纳出客户满意的 4 个特性。

(1) 心理感受,即客户满意是客户在消费企业的提供物(价值组合与方案)之后所感到的满足状态,是个体的一种心理体验。

(2) 相对性,即客户满意是相对的,没有绝对的满意。因此,企业应该不断创新,向绝对满意趋近。

(3) 个体性,即客户满意有鲜明的个体差异。

(4) 道德性,即客户满意是建立在道德、法律和社会责任的基础上的,有悖于道德、法律和社会责任的满意行为不是客户满意的本意。

二、电子商务客户满意度的影响因素

客户满意是一种心理感受,是一个复杂的心理过程,不同客户的心理过程不一样,即使是同一位客户在不同情境下购买同一产品或者服务,其满意度也不相同。在电子商务环境下,交易双方的个性、心理及行为的分析更加复杂。因此,客户满意的影响因素主要有主观因素和客观因素两大方面。

(一) 影响客户满意的主观因素

1. 客户期望

客户期望是指市场上的客户从各种渠道获得企业及产品、价格、服务等信息后,在内

心对企业及产品、服务等形成一种"标准",进而会对企业的行为形成一种期盼。期望的满足程度分别影响着客户的满意度和惊喜度。

2. 客户感受

客户感受是指由于客户的经历、背景、需求等方面的差异性,不同的客户对同一产品和服务的感受水平不一。积极或消极的感情和心情,会直接影响客户对服务过程的体验和感知,并对满意度造成正面或负面影响。另外,公正感是客户满意的核心影响因素。

(二) 影响客户满意的客观因素

1. 核心产品和服务

这是为客户提供的根本要素。技术的进步、激烈的竞争导致产品越来越同质化,竞争对手的产品和服务太相似。在许多行业,优秀的核心产品和服务职能是成功的基础,只能代表进入市场的基本条件,而非企业的核心竞争力。

2. 价格

服务定价的高低,会通过客户的期望对客户满意度产生影响。服务定价的提高,会引起客户对服务期望的提高,从而对服务质量更加挑剔,客户满意的难度提高。过高和明显不合理的服务定价,会导致客户对服务供应商产生欺骗、唯利是图的不良印象,对客户满意产生负面影响,甚至使双方之间的关系破裂。

3. 情感因素

情感因素指服务的感性因素。感觉与情感的沟通,本质上是企业给客户的感受。这是建立客户关系进行价值创造的重要组成部分。电子商务交易中,交易双方订单磋商和谈判是通过销售人员和购买方在网络平台中,不见面的情况下进行的,这时销售人员的言行直接影响客户满意度。在很多情况下,哪怕是销售人员不经意的一句话,没有及时地回复问答,或者用词不礼貌都可能导致客户产生某种反感,所以,销售人员要通过客户行为的微小、细节之处,尽可能迅速地了解客户的性格、消费行为特征和心理变化。

三、提升电子商务客户满意度的方法

提升客户满意度,必须从两个方面着手:一是把握客户期望,二是提高客户的感知价值。

(一) 把握客户期望

如果客户期望过高,一旦企业提供给客户的产品或服务的感知价值没有达到客户价值,客户就会感到失望,导致客户的不满;但是,如果客户期望过低,可能客户没有兴趣来购买产品或服务。所以,客户期望过高或过低都不行,企业必须把握好客户期望。

1. 不过度承诺

在一定的感知水平下,如果企业的承诺过度,客户的期望就会被抬高,从而会造成客户感知与客户期望的差距,降低客户的满意水平。可见,企业要根据自身的实力进行适当承诺,只承诺能够做到的事,而不能过度承诺,更不能欺诈客户。承诺如果得以实现,将在客户中建立可靠的信誉。正如 IBM 所说:"所做的超过所说的且做得很好,是构成稳固事业的基础。"

2. 留有余地宣传

如果企业在宣传时恰到好处并且留有余地,使客户的预期保持在一个合理的状态,那么客户感知就很可能轻松地超过客户期望,客户就会感到"物超所值"而"喜出望外",自然对企业十分满意。

美津浓公司销售的运动服里,有纸条写着:"此运动服是用最优染料、最优技术制造,遗憾的是做不到完全不褪色,还是会稍微褪色的。"这种诚实的态度既赢得了客户的信赖,又使客户容易达到满意——因为期望值不高。假如运动服的褪色不明显,客户还会很满意。因此,这家公司每年的销售额都达 4 亿日元。

3. 引导客户期望

企业要提高客户满意度,必须采用相应的措施来引导,甚至修正客户对企业的期望,让客户的期望值在一个对企业有利的恰当的水平,这样既可以吸引客户,又不至于让客户因为期望落空而失望,产生不满。

对客户坦诚相告。针对公司认知的客户需求和公司能够提供的服务状况,客观地描述自己的产品和未来的发展前景。客户对你了解的最初目的,是建立对你产品的信任。控制客户对产品的感受。这种感受可能来自他的想象,更主要来自企业的广告宣传,政府以及一些社会传媒的信息。这种信息源的多样性,导致了客户感受的不确定性。期望值会随着感受的变化而变化。这时,企业要抓住这个时机,适当地为客户调整期望值,达到双方认可的水平,最后达到"双赢"。比如"呼机、手机、商务通一个也不能少"的广告就成功地将消费者的期望值控制在自己产品的范围内。

(二) 提高客户感知价值

1. 提升产品价值

(1) 不断创新。

任何产品和服务都有生命周期,随着市场的成熟,原有的产品和服务带给客户的利益空间越来越小,因此,企业要顺应客户的需求趋势,不断地根据客户的意见和建议,站在客户的立场上去研究和设计产品,这样就能够不断提高客户的感知价值,从而提高客户的满意度。

(2) 为客户提供定制的产品或者服务。

根据每个客户的不同需求来制造产品或者服务,其优越性是通过提供特色的产品或超值的服务来满足客户需求,提高客户的感知价值,从而提高客户的满意度。

(3) 产品质量是基础。

产品质量是提高客户感知和客户满意度的基础,高质量的产品本身就是出色的推销员和维系客户的有效手段。企业如果不能保证产品的质量,或者产品的质量随时间的推移有所下降,那么,即使客户曾经满意,也会逐渐不满意。客户对品牌的满意,在一定意义上也可以说是对其质量的满意。

(4) 塑造品牌。

品牌可以提升产品的价值,可以帮助客户节省时间成本、精神成本和体力成本,可以提高客户的感知价值,进而可以提高客户的满意水平。任何一个有损品牌形象的失误,哪怕是微小的失误,都有可能严重削弱客户的满意度,因此,企业要坚持树立良好的品牌形象。

2. 提升服务价值

随着购买水平的提高,客户对服务的要求也越来越高,服务的质量对购买决策的影响越来越大,能否给客户提供优质的服务已经成为提高客户的感知价值和客户满意度的重要因素。这就要求企业站在客户的角度,想客户所想,在服务内容、服务质量、服务水平等方面提高档次,从而提升客户的感知价值,进而提高客户的满意度。售前、售中、售后的服务也是提升客户感知价值的重要环节。如售前及时向客户提供充分的关于产品性能、质量、价格、使用方法和效果的信息;售中提供准确的介绍和咨询服务;售后重视信息反馈和追踪调查,及时处理和答复客户意见,对有问题的产品主动退换,对故障迅速采取排除措施或者维修服务。

3. 提升人员价值

提升人员价值包括提高企业最高决策者、管理者以及全体员工的经营思想、工作效益与作风、业务能力、应变能力以及服务态度等。优秀的人员在客户中享有很高的声望,对于提高企业的知名度和美誉度,提高客户的感知价值及客户的满意度都具有重要意义。企业可以通过培训和加强管理制度的建设来提高员工的业务水平,提高员工为客户服务的娴熟程度和准确性,从而提高客户的感知水平,进而提高客户的满意度。提高员工满意度也是提升人员价值,进而提升客户感知价值和客户满意度的手段。因为员工满意度的增加会促进员工提供给客户的产品或者服务的质量提高。

4. 提升形象价值

企业是产品与服务的提供者,其规模、品牌、公众舆论等内在或外部的表现都会影响客户对他的判断。企业形象好,会形成对企业有利的社会舆论,为企业的经营发展创造一个良好的氛围,也提升了客户对企业的感知价值,从而提高对企业的满意度,因此,企业应高度重视自身形象的塑造。

5. 降低货币成本

仅有产品的高质量仍然不够,合理地制定产品价格也是提高客户感知价值和满意度的重要手段。因此,企业定价应以确保客户满意为出发点,依据市场形势、竞争程度和客户的接受能力来考虑,尽可能做到按客户的"预期价格"定价,并且千方百计地降低客户的货币成本,坚决摒弃追求暴利的短期行为,这样才能提升客户的感知价值,提高客户的满意度。

6. 降低时间成本

在保证产品与服务质量的前提下,尽可能减少客户的时间支出,从而降低客户购买的总成本,提高客户的感知价值和满意度。

7. 降低精神成本

降低客户的精神成本最常见的做法是退出承诺与保证。安全性、可靠性越重要的购买或者消费,承诺就越重要。

8. 降低体力成本

如果企业能够通过多种销售渠道接近潜在客户,并且提供相关的服务,那么就可以减少客户为购买产品或服务所花费的体力成本,从而提高客户的感知价值和满意度。

任务实施

阅读以下案例,并回答思考题。

京东网上商城家电以旧换新消费者足不出户获补贴

2022年7月,京东网上商城正式开展家电以旧换新销售和回收等业务,今后,消费者将可通过京东网上商城足不出户地享受家电以旧换新补贴。家电以旧换新政策一经推出便有消费者积极参与,但相对烦琐的补贴流程令消费者多有抱怨。从购买商品、申请补贴到领取补贴,消费者需要反复出入卖场数次,领取补贴的周期更是少则一周,多则半月。而通过京东网上商城申请家电以旧换新则可实现足不出户,仅通过一次"见面"便可完成一切手续。据了解,消费者在京东网上商城申请以旧换新的流程非常简便,仅需在 www.360buy.com 网站下单订购电视、冰箱、空调、洗衣机、计算机等以旧换新商品,并在线录入旧产品的相关信息,京东配送人员便会将所订商品送货上门,同时对旧商品进行回收。待消费者录入的相关信息在北京市家电以旧换新管理系统通过验证后,电器折旧款及国家10%的补贴款将由京东网上商城先行垫付,直接返入消费者的银行账户或京东账户中。案例分析以京东网上商城为代表的电子商务企业中标家电以旧换新,将极大地简化传统以旧换新烦琐且耗时的换购流程,消费者足不出户便可获得国家补贴。同时,借助以旧换新的业务,购物方式便捷、价格实惠、服务完善的 B2C 网购优势将得以更加集中地体现出来,吸引更多传统消费者参与网购。

资料来源:京东网.京东网上商城家电以旧换新消费者足不出户获补贴.[EB/OL].[2022-07-01]. https://www.jd.com/?cu=true&utm_source=haosou-search&utm_medium=cpc&utm_campaign=t_262767352_haosousearch&utm_term=41208079035_0_7f77b57abd104fa284a3f414dcb90bb1.

思考题:

(1) 京东网上商城的家电以旧换新策略为什么得到大家欢迎?

(2) 京东网上商城的家电以旧换新策略成功的原因是什么?

(3) 京东网上商城的成功,对其他企业有什么启示?

任务三　电子商务客户忠诚度管理

任务分析

理解客户忠诚的含义,电子商务客户忠诚的分类,电子商务客户忠诚的影响因素,掌握电子商务客户满意的影响因素。同时,学习提升电子商务客户满意度的方法,思考并回答相应问题。

相关知识

一、客户忠诚的含义

客户忠诚理论是在 20 世纪 70 年代的企业形象设计理论和 80 年代的客户满意理论的基础上发展而来的。主要内容为:企业应以满足客户的需求和期望为目标,有效地消除和预防客户的抱怨和投诉,不断提高客户满意度,促使客户的忠诚,在企业与客户之间建立起一种相互信任、相互依赖的价值链。客户的忠诚是企业通过多年向客户提供优质的产品和服务培养出来的。忠诚的客户对企业品牌情有独钟,即使其他同类企业出现了价格更为低廉的产品,客户也不会轻易选择其他品牌的产品。通常客户忠诚可以分为 4 层。

1. 无忠诚感

对企业漠不关心,仅凭偶然性因素,根据产品外形、价格、服务、宣传等原因而购买。

2. 满意感

熟悉企业的产品和服务,并对其留有良好的印象,有消费需求时,比较习惯性地选择去购买。

3. 偏好感

了解企业品牌,从心理上对企业的产品和服务高度认可,在同类产品中特别偏好企业品牌的产品,与企业之间建立了一定的感情联系,可以说有一定的忠诚度。

4. 忠诚感

对企业品牌有强烈的偏好和情感寄托。对企业的产品和服务特别喜爱,有强烈的情感寄托,对企业品牌忠贞不渝。

二、电子商务客户忠诚的分类

客户忠诚是一种心理活动,电子商务环境下的客户具有复杂和易变的特性,所以,电子商务企业需要充分了解客户忠诚的类型,采用相应策略建立客户忠诚。

全球著名的战略咨询公司麦肯锡对客户忠诚提出了多维度细分的方法,即根据消费者对于产品和服务的需求,对于品牌的态度和满意度,按照客户忠诚度由高到低,将客户忠诚细分为6种类型。

1. 感情型忠诚客户

感情型忠诚客户喜欢公司品牌,认为符合自己的品位、风格,很少再去推敲消费决策。

2. 惯性型忠诚客户

惯性型忠诚客户消费习惯固定,较少推敲消费决策。

3. 理智型忠诚客户

理智型忠诚客户经常重新对品牌进行选择,反复推敲消费决策。

4. 生活方式改变型客户

生活方式改变型客户自身需求的改变,改变了消费方向。

5. 理智型客户

理智型客户通过理性的标准选择新的品牌,经常反复比较消费。

6. 不满意型客户

不满意型客户因曾经的不满意购买经历而对品牌进行重新考虑。

三、电子商务客户忠诚的影响因素

当今的社会,市场竞争越来越激烈,谁获得了消费者,谁就占据了市场。而影响消费者的选择,建立起客户对企业的忠诚度,有着诸多方面的影响因素。目前对电子商务客户忠诚的影响因素和衡量指标没有确切的统一定论,综合现有研究结果发现,电子商务客户忠诚的影响因素主要有以下几个方面:

1. 客户期望

在电子商务环境下,客户通过网络平台,详细了解关于企业的一切信息,对感兴趣的产品和服务提前拥有了一个期望;有的客户需求进一步提高,要求产品和服务专业化、个性化、便利、快速响应等。所以,电子商务环境下还考核:其他媒体和客户的推荐或口碑、网站详细的质量和数量相关产品信息、网站交互性(搜寻信息时间和便利性)、产品和服务的专业化、产品和服务的个性化、产品和服务的快速响应,以满足网络时代的客户个性化和快速响应的需求。

2. 客户信任

营销信任理论认为,信任是忠诚的直接基础,要成功地建立高水平的长期客户关系必须建立客户信任,因此信任也是客户忠诚的一个决定因素。客户信任指客户对可信的交易伙伴的一种依赖意愿,包括可信性和友善性两个维度:满足需求的实力、诚实性和公平性等。在电子商务环境下,网站的安全可靠性包括:支付安全、隐私保护和安全政策、信用制度和法律环境等,这是通过网络交流、沟通和互动的基础。

3. 客户满意

满意是人的一种感觉状态的水平,来源于对一件产品和服务所感知的绩效或产出与人们的期望所进行的比较。客户满意主要是客户对现有供应商的总的售后评价:对销售人员的满意,对售后、技术支持、培训等各方数据人员的满意和情感因素(心情愉悦等),在电子商务环境下,还应额外考核各项在线服务(咨询、帮助、申请、注册、搜寻、更改等),以满足网络时代的客户快速、便利的需求。客户满意度是一种感觉状态水平,源于客户对产品和服务可感知的绩效与期望进行的比较。当实际绩效高于期望值,客户满意度就高;当实际绩效不如期望值,客户就会不满意。比如:客户听说了某品牌商品非常好,于是前往购买该公司的产品,但购回后却发现使用效果比想象中的差,客户自然而然会觉得不满意。因此,企业能否满足客户的个性化需求,为客户提供优质的服务,是企业能否保持竞争力的主要因素,客户满意度也成为企业经营管理过程中最为关注的问题。

4. 客户认知价值

客户认知价值是客户对供应商提供的相对价值的主观评价,主要包括:产品的功能特点、产品价格、产品质量、产品品牌、客户服务和其他无形成本(折算费用、使用费用、时间成本、精神成本、体力成本等)。在电子商务环境下,虽然客户感受到了网络带来的众多便利,但是也感受到了传统商务中所没有的大的风险,所以,还应额外考核客户的感知风险:产品风险(客户不能亲身感受产品质量,不能亲身检查产品质量与区分产品种类)、安全风险(网络交易行为所带来的,在开放的网络中交换数据,很有可能遭到损害或被泄露隐私)。

5. 转移成本

转移成本指客户结束与现供应商的关系和建立新的替代关系所涉及的相关成本,它是由客户与原企业保持关系的过程中投资于产品、服务和关系中的时间、精力、知识、感情和物质资本的结果。

任务实施

阅读以下案例,并回答思考题。

一个培养忠诚客户的时装 SHOW

在一个人口百万的大都市里,每年的高中毕业生相当多,一家化妆品公司的老板对此灵机一动,想出了一个好点子。从此,他们的生意蒸蒸日上,成功地掌握了事业的命脉。这座城市高中刚毕业的女学生,一毕业就开始学习改变和装扮自己,化妆品公司的老板看到了其中的商机,于是每一年都为女学生们举办一次服装表演会,并聘请知名度较高的明星或模特儿现身说法,教她们一些装饰的技巧。在邀请她们欣赏、学习的同时,公司也利用这一机会宣传自己的产品,表演会后还不失时机地向每一位女生赠送精美的礼物。在她们所得的纪念品中,附有一张申请表。上面写着:"如果您愿意成为本公司产品的使用者,请填好申请表,亲自交回本公司的服务台,就可以享受到公司的许多优待。其中包括各种表演会和联谊会,以及购买产品时的优惠价等。"大部分女学生都会响应这个活动,纷纷填表交回,该公司就把这些申请表加以登记装订,以便事后联系或提供服务。事实上,她们在交回申请表时,或多或少都会买些化妆品回去。如此一来,对该公司而言,真是一举多得。不仅吸收了新客户,也实现了把客户忠诚化的理想。据说每年参加的人数,约占全市女性应届毕业生的90%以上。案例分析通过本案例可以看出这家公司的老板正是一位高明的"攻心为上"术的使用者。他牢牢抓住了那些即将毕业的女学生们的心理：脱掉学生制服之后，通过装扮和修饰自己，能创造一个不同于以往的形象，能更漂亮、更出众，但却不会装扮又不知该向哪儿咨询。公司老板的服装展示会和美容教学进一步激发这些少女的爱美的欲望，并使她们摆脱了"弄巧成拙"的忧虑，让她们在学习的同时，也熟悉并接受本公司的产品，进而培养了客户忠诚度。

资料来源：道客巴巴.忠诚客户靠培养.[EB/OL].[2015-03-14].http://www.doc88.com/p-2972422182955.html.

思考题：
(1) 案例中服装公司的客户策略是什么？
(2) 案例中服装公司的客户策略为什么会成功？
(3) 案例中服装公司的客户策略对其他企业有什么启示？

思政园地

在当今竞争激烈的市场环境中，企业不仅需要凭借优质的产品和服务赢得市场，更需构建一套科学、高效的客户关系管理体系(CRM)，以深化客户理解、增强客户黏性、促进客户忠诚。企业应当如何在客户关系管理中耕耘呢？

第一，要树立"以客为尊"的价值观。将"全心全意为客户服务"作为企业文化的核心价值观，通过思想政治教育强化员工的服务意识，让每一位员工都能深刻理解"客户至上"的深刻内涵，将客户需求放在首位，用实际行动践行这一理念。

第二，培养诚信为本的经营理念。诚信教育是不可或缺的一环。通过组织专题学习、讨论会等形式，加强员工对诚信经营重要性的认识，确保在与客户交往过程中，始终坚守诚信原则，不夸大其词，不隐瞒真相，赢得客户的信任与尊重。建立健全企业诚信管理体系，将诚信经营纳入绩效考核范畴，对违反诚信原则的行为给予严肃处理，营造风清气正的企业氛围。

第三，强化团队协作与沟通能力。加强团队协作，客户关系管理是一个系统工程，需要企业内部各部门的紧密协作。通过思想政治教育，增强员工的团队意识和协作精神，促进跨部门沟通与信息共享，共同为客户提供更加全面、专业的服务。提高沟通技巧，企业可以定期举办沟通技巧培训班，提升员工在与客户沟通中的表达能力、倾听能力和问题解决能力，确保信息传递的准确性和有效性，减少误解与冲突。

第四，注重客户反馈与持续改进。建立有效的客户反馈机制，鼓励客户提出宝贵意见和建议。将客户反馈作为改进服务质量、优化产品性能的重要依据，让客户感受到被重视和尊重。在思想政治教育中融入持续改进的理念，引导员工树立"没有最好，只有更好"的追求目标，不断在客户关系管理中寻找差距、弥补不足，推动企业向更高水平发展。

第五，践行社会责任，实现共赢发展。强调企业在追求经济效益的同时，应积极履行社会责任，关注社会公益事业，参与环境保护、扶贫帮困等活动，树立良好的企业形象和社会声誉。倡导与客户建立长期稳定的合作关系，实现互利共赢。通过提供超越客户期望的价值和服务，增强客户的忠诚度和满意度，共同推动行业进步和社会发展。

归纳与提高

电子商务环境下的客户关系管理是在传统商务环境下的客户关系管理的基础上，以信息技术和网络技术为平台的一种新兴的客户管理理念与模式，主要特点包括：实施以客户为中心的商业策略，较低的客户关系管理成本，利用新技术支持，集成的CRM解决方案。

客户满意是客户对产品的感知与认知相比较之后产生的一种失望或愉悦的感觉状态。客户满意的影响因素主要有主观因素和客观因素两大方面。影响客户满意的主观因素包括客户期望和客户感受；影响客户满意的客观因素包括核心产品和服务、价格、情感因素。提升客户满意度须从两个方面着手：一是把握客户期望，二是提高客户的感知价值。

客户的忠诚是企业通过多年向客户提供优质的产品和服务培养出来的。忠诚的客户对企业品牌情有独钟，即使其他同类企业出现了价格更为低廉的产品，客户也不会轻易选择其他品牌的产品。通常客户忠诚可以分为4层，分别是无忠诚感、满意感、偏好感、忠诚感。全球著名的战略咨询公司麦肯锡对客户忠诚提出了多维度细分的方法，即根据消费者对于产品和服务的需求，对于品牌的态度和满意度，按照客户忠诚度由高到低，将客户忠诚细分为6种类型，分别是感情型忠诚客户、惯性型忠诚客户、理智型忠诚客户、生活方式改变型客户、理智型客户、不满意型客户。电子商务客户忠诚的影响因素主要包括客户期望、客户信任、客户满意、客户认知价值、转移成本等几方面。

知识巩固

一、判断题

1. 客户关系管理是指将人力资源、业务流程与专业技术进行有效整合，最终与客户建立起基于学习型关系基础上的一对多营销模式。（   ）

2. 通过有效的客户关系管理，可以细分客户，明确客户的需求，实现个性化的"一对一"服务，使服务质量和服务效果得到最大化提升，实现客户保持。（   ）

3. 电子商务使企业能够以较高的成本进入全球电子化市场，使得中小企业有可能拥有和大企业一样的信息资源，提高了中小企业的竞争能力。（   ）

4. 客户感受是指由于客户的经历、背景、需求等方面的差异性，不同的客户对同一产品和服务的感受水平不一。（   ）

5. 在电子商务环境下，虽然客户感受到了网络带来的众多便利，但是也感受到了传统商务中所没有的大的风险。（   ）

二、单项选择题

1. 制定企业运营策略的唯一目标是（   ）。
   A. 利润最大化　　　　B. 客户最满意　　　　C. 客户忠诚度最高　　　　D. 交易流最高

2. (　　)是企业用来与客户进行直接交谈,发现客户的需求,劝说客户达成交易,确保客户的需求得到满足的场所。

A. 互联网　　　　　B. E-mail　　　　　C. 传真　　　　　D. 呼叫中心

3. 客户忠诚可以分为4层,分别是(　　)。

A. 有忠诚感、满意感、偏好感、忠诚感

B. 有忠诚感、满意感、不满意感、忠诚感

C. 无忠诚感、满意感、不满意感、非常不满意感

D. 无忠诚感、满意感、偏好感、忠诚感

三、论述题

谈谈你对客户满意的理解。

技能训练

1. 实训目的

能够合理应用提升电子商务客户满意度的方法。具备在一定程度上提高电子商务客户满意度和忠诚度的能力。

2. 实训背景

假设你是一家中型电子商务公司的客户关系管理(CRM)部门负责人,近期公司发现客户流失率有所上升,同时新客户转化率低于预期。为了改善这一状况,公司决定加强客户体验管理,提升客户满意度与忠诚度。你的任务是设计并实施一套综合策略,旨在接下来的一季度内显著提升客户满意度和忠诚度指标。

3. 实训内容和步骤

(1) 市场调研与分析。

设计并发放一份在线问卷,收集至少50名现有客户和近期流失客户对于公司产品、服务、网站体验等方面的反馈。分析问卷数据,识别影响客户满意度和忠诚度的关键因素。

(2) 策略制定。

基于市场调研结果,制定至少三项具体策略,每项策略需明确目标、实施步骤、预期成果及所需资源。示例策略方向:优化网站用户界面、推出个性化推荐系统、实施客户忠诚度计划等。

4. 撰写实训报告

撰写一份市场调研报告,包括数据分析结果、关键发现以及策略的制定,需要详细阐述每项策略的内容、目标、实施步骤等。

第八章 网店财务管理

学习目标

知识目标

学生需了解财务管理的基本概念、原理及在网店运营中的应用。

能力目标

能够运用财务分析方法,对网店经营状况进行评估,为决策提供有力支持。

素质及思政目标

在财务管理过程中保持高度的诚信和职业道德,实事求是,不弄虚作假。在网店财务管理中,培养学生精益求精的工匠精神,追求卓越,不断提升服务质量。

思维导图

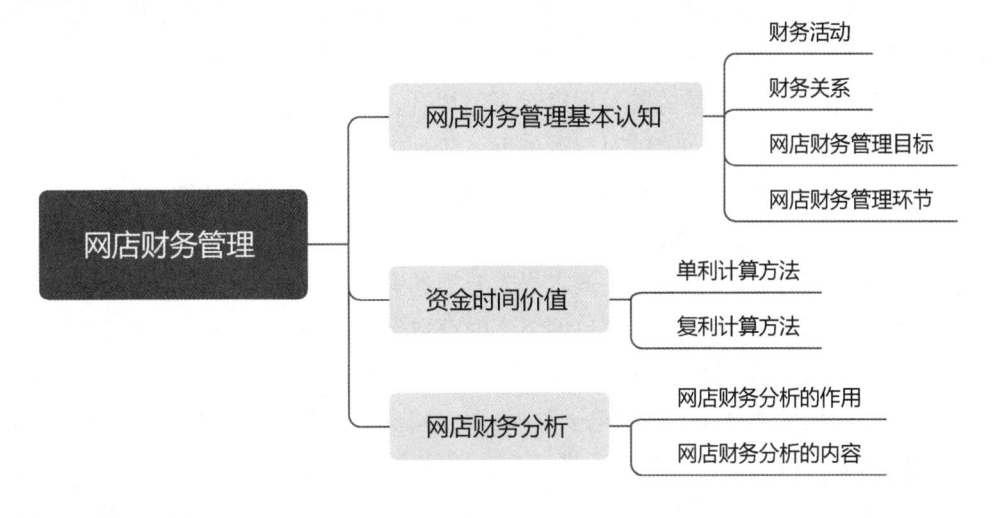

- 网店财务管理
  - 网店财务管理基本认知
    - 财务活动
    - 财务关系
    - 网店财务管理目标
    - 网店财务管理环节
  - 资金时间价值
    - 单利计算方法
    - 复利计算方法
  - 网店财务分析
    - 网店财务分析的作用
    - 网店财务分析的内容

引导案例

网店的时间价值革命

在数字化浪潮的推动下,网店企业正经历着一场由"时间就是金钱"理念引领的深刻变革。曾几何时,消费者需要花费大量时间在实体店或银行排队等待,完成各种费用的缴纳和日常消费。而今,随着网络技术的飞速发展和银行、电商平台等机构的资源整合,这一切都变得简单快捷,为网店企业提供了前所未有的发展机遇。

网店企业深刻认识到,在快节奏的现代生活中,时间是最宝贵的资源。消费者越来越倾向于选择那些能够节省时间、提供便捷服务的商家。因此,网店企业纷纷将提升服务效率、优化购物体验作为核心竞争力,通过技术创新和流程优化,不断缩短消费者从浏览商品到完成购买的时间,实现时间价值的最大化。

借鉴银行等金融机构的成功经验,网店企业也开始整合各类资源,为消费者提供一站式服务。从商品选择、支付结算到物流配送,每一个环节都力求高效、便捷。同时,网店企业还积极推出各种便民服务措施,如自助查询、在线客服、快速退换货等,进一步减少消费者的等待时间和操作难度,提升购物满意度。

案例思考:在网店企业的运营中,如何有效利用资金时间价值来优化财务策略,促进企业的可持续发展?

任务一　网店财务管理基本认知

任务分析

理解网店财务管理的概念,掌握网店财务管理的目标,熟悉网店财务管理工作程序和主要环节。

相关知识

近年来,我国经济持续繁荣,社会不断进步,网络技术的普及也推动了电子商务贸易平台的蓬勃兴起和快速发展。无论是企业与企业之间的交易,还是企业与个人消费者之间的商贸往来,网络经济贸易的普及程度都日益提升。然而,这种新型的经济贸易模式与传统经济贸易存在显著差异,这就对企业的财务管理提出了更高的要求。因此,现代企业需要不断创新和完善财务管理模式,以适应网络经济贸易的快速发展和变化。

网店财务管理是指针对网店经营过程中的财务活动进行的一系列管理工作。其目的在于保护网店财产的安全,为财务决策者提供有力的财务支持。在电子商务环境下,网店财务管理充分运用了互联网技术,通过网络实时获取经营数据,进而生成全面反映企业整体经营活动的报表信息。随着电子商务时代的到来,企业的线上线下运营模式已经发生了翻天覆地的变化。通过线上传输电子数据,大大减少了交易的中间环节,使企业能够更直接地与消费者对接。这不仅有助于降低企业的资金投入和产品储备需求,减轻企业的资金压力和库存压力,为企业的进一步发展提供了更加宽松的环境和条件。要想了解网店财务管理,就要了解网店的财务活动和财务关系。

一、财务活动

(一)筹资活动

网店经营活动通过从各种渠道筹集资金来获取资金的支持。网店筹集资金主要分为两类:一是权益性资金,二是债务性的资金。网店筹集资金表现为资金的流入。网店偿还利息、借款等筹资费用表现为资金的流出。这种因网店筹资产生的资金收支,就是企业筹资引起的财务活动。

网店财务人员一方面要确定筹资的总规模,满足企业经营与投资需要;另一方面还要合理确定筹资结构,降低筹资成本和风险。

(二)投资活动

网店筹集到资金后,把资金用于生产经营过程,以谋取最大的经济效益。网店的投资分为两种。一种是对内投资,购置自身经营所需的固定资产、无形资产等;另一种是对外投资,投资购买其他企业的股票、债券与其他企业联营等。这种因网店投资产生的资金收支,就是企业投资引起的财务活动。

网店应把有限的资金尽可能放在能带给企业最大报酬的项目上。因此,网店财务人员在分析投资方案时,不仅要分析投资方案的资金流入与资金流出,而且要分析获取相应报酬等待的时间。另外投资也是有风险的。这就需要网店财务人员来确定合理的投资结构,以提高投资效益、降低投资风险。

(三)资金营运活动

网店在生产经营过程中会发生一系列的资金收支。首先,网店要采购材料或商品,以便从事生产和销售活动,同时,还要支付工资和其他营业费用;其次,当网店将产品或商品售出后,便可取得收入,收回资金;最后,如果企业现有资金不能满足企业经营的需要,还要采取短期借款方式来筹集所需资金。上述各方面都会产生资金的收支,属于资金营运活动。

在网店资金运营的过程中,流动资产与流动负债的管理显得尤为重要。这两者管理的核心在于加快资金的周转速度。流动资金的周转速度与生产经营周期是相辅相成的,资金在一定时期内的周转速度越快,就意味着可以利用相同数量的资金生产出更多的产品,从而带来更多的销售收入和更高的利润回报。因此,网店财务人员需要深思熟虑,探索如何更有效地加速资金周转,进而提升资金的利用效率和效益。

（四）分配活动

网店在经营过程中会产生利润,也可能会因对外投资分得利润,取得了货币收入。网店取得的收入,首先要依法纳税;其次要用来弥补亏损,提取盈余公积;最后要向投资者分配股利。这种因利润分配而产生的资金收支便属于由利润分配引起的财务活动。

网店财务人员必须处理好分配中的各种关系,根据公司情况确定最佳的利润分配政策。

筹资活动、投资活动、资金营运活动、分配活动构成了完整的企业财务活动,也构成了财务管理的基本内容。

二、财务关系

网店在上述财务活动中,与各方发生的经济上的联系,就是财务关系,主要包括:

（一）网店与投资者、受资者的财务关系

网店从投资者获得资金,向其他单位投资,就会形成投资方与受资方的关系。受资方应向投资方分配投资收益。这种关系在性质上就是所有权关系,反映了经营权和所有权的关系。

（二）网店与债权人、债务人的财务关系

网店在购销活动中会与有关单位发生货款收支结算关系,也会由于资金周转的需要与有关单位发生借贷关系。这种关系在性质上属于债权债务关系,合同关系。双方同样要保证各自权利和义务按合同规定落实到位。

（三）网店与税务机关之间的财务关系

这里主要描述的是网店与国家税务机关之间因遵守税法规定而形成的经济关系。任何企业都必须严格遵守国家税法的规定,按时足额缴纳各类税款,这不仅确保了国家财政收入的稳定,也满足了社会各方的需求。及时、足额纳税不仅是企业对国家的贡献,也是社会成员应尽的义务。因此,企业与税务机关之间的关系,实质上是一种基于税法的权利与义务关系,体现了依法纳税和依法征税的准则。

（四）网店内部的财务关系

网店在取得收入后,要向员工支付工资、津贴和奖金等,这种财务关系体现了个人和集体在劳动成果上的分配关系。网店需要合理制定薪酬制度,确保员工的劳动付出得到公平合理的回报。同时,网店还需要关注员工的福利待遇,提高员工的工作积极性和满意度。

（五）网店与顾客的财务关系

网店由于向顾客提供了服务产品而享有获得收入的权利,由于结算方式不同,会形成现收收入和赊收收入。交易过程中的支付与收款是网店与顾客财务关系的核心。顾客在网店选购商品后,需要通过在线支付平台完成支付,网店则负责确认收款并发货。这一过程中,网店需要确保支付系统的安全性与稳定性,为顾客提供便捷的支付体验,同时确保自身的收款权益得到保障。其次,售后服务和退换货也是网店与顾客财务关系中不可忽视的一环。如果顾客对购买的商品不满意或存在质量问题,网店需要提供相应的售后服务,包括退换货、维修等。在退换货过程中,网店需要与顾客明确退换货的财务处理方式,如退款金额、退款方式等,确保双方的权益得到保障。

三、网店财务管理目标

网店财务管理目标,即网店财务活动所追求的核心目的,为网店财务管理指明了方向。此目标应紧密贴合网店的经营管理需求,力求在最小的劳动消耗下实现最大的经济效益。明确财务管理目标是开展财务工作的基石。作为企业管理的重要一环,财务管理的整体目标与企业的总体目标应保持高度一致。本质上,企业的目标是通过生产经营活动累积更多财富,持续增强企业价值。然而,由于不同国家的企业所处的财务管理环境存在差异,即使在同一个国家,企业的治理结构和发展战略也有所不同,因此,财务管理的目标在体现上述核心目标的同时,其具体表现形式也会有所不同。这主要体现为利润最大化目标和股东财富最大化目标这两种形式。

（一）利润最大化

网店财务管理的核心目标是实现利润最大化。支持这一观点的学者普遍认为,利润是企业新创造的财富的象征,利润越高,代表企业的财富增长越显著,从而越符合企业的终极目标。利润最大化目标的显著优势在于,它推动企业注重经济核算,强化管理,革新技术,提升劳动生产率,并降低产品成本。这些措施均有助于企业资源的优化配置,进而提升整体经济效益。

然而,利润最大化的观点也存在一定的局限性。首先,它未能考虑所获利润与投入资本额之间的比例关系。其次,没有充分考量资金的时间价值因素对利润的影响。再者,风险价值因素也未能得到充分考虑。最后,过分追求利润最大化可能会导致企业倾向于做出短期财务决策,从而可能不利于企业的长远发展。

（二）股东财富最大化

股东财富最大化意味着通过财务层面的合理运营,使股东的财富达到最大化。在股份公司中,股东财富主要取决于其持有的股票数量和股票的市场价格。当股票数量固定时,股票价格达到顶峰,股东财富也随之达到最大化。因此,股东财富最大化也可以理解为股票价格最大化。

从理论角度看,股东财富的未来表现形式是获取更多的净现金流量。对于上市公司而言,股东财富可以通过股票价值来体现。股票价值不仅取决于公司未来获取现金流量的能力,还与现金流入的时间和风险因素息息相关。相较于利润最大化目标,股东财富最大化目标展现出以下优势:首先,它充分考虑了现金流量的时间价值和风险因素,因为现金流量的获得时机和风险水平都会对股票价格产生显著影响。其次,这一目标有助于企业在一定程度上克服追求利润的短期行为,因为股票价格在很大程度上取决于公司未来获取现金流量的能力。最后,股东财富最大化目标揭示了资本与回报之间的关系,因为股票价格反映了每股股份的市场定价,即单位投入资本的市场价值。

四、网店财务管理环节

网店财务管理环节是指财务管理的工作步骤和一般程序,包括财务预测、财务决策、财务预算、财务控制、财务分析五个基本环节。这些环节相互配合,紧密联系,形成周而复始的财务管理循环过程,构成完整的财务管理工作体系。

(一)财务预测

财务预测是一项以历史财务数据为基础,结合当前实际环境与条件,对企业未来财务状况和业绩进行科学预判和估算的工作。其核心任务是评估各种生产经营方案的经济效益,为管理层制定决策提供坚实的数据支撑;预测财务收支的变动趋势,以明确企业的经营目标;确定各项定额与标准,为计划的编制和指标分解提供指导。财务预测的过程涵盖明确预测目标、广泛搜集相关资料、构建精准的预测模型,并最终确定预测结果等多个关键环节。

(二)财务决策

财务决策是财务人员根据企业财务目标的总体指引,运用专业方法对各种可能的方案进行深入比较和细致分析,最终选出最为理想的方案的过程。在充满竞争的市场经济环境中,财务管理的核心就在于制定明智的财务决策。财务预测是财务决策的重要辅助,它的准确性直接影响到决策的质量,进而决定了企业的兴衰命运。财务决策的基本步骤包括明确决策目标、制定多个备选方案,并经过深思熟虑后选择出最佳方案。

(三)财务预算

财务预算是指借助先进的科技手段和量化分析方法,对企业未来财务活动的细节和指标进行详尽规划的过程。这一规划建立在财务决策所确定的方案和财务预测所提供的信息之上,是财务预测和财务决策的具体体现,同时也是控制财务活动的重要依据。财务预算的编制过程通常涵盖以下几个关键步骤:首先,深入分析当前的财务环境,明确预算的各项指标;其次,协调企业的财务能力,确保各项资源得到合理分配和综合平衡;最后,选择合适的预算方法,编制出符合企业实际情况的财务预算。

(四)财务控制

所谓"财务控制"就是以财务预算指标和各项定额为依据,对资金的收入、支出、占用、耗费等进行计算和审核,找出差异,采取措施,以保证预算指标实现的一系列活动。

做好财务控制,第一要制定控制标准,制定出成本费用定额和资金定额,实行定额管理,结合各项定额将财务预算指标分解落实到各部门、班组以至个人;第二要执行标准,按照标准控制投放量;第三要寻找差异,将标准与实际发生额进行对比,找出差异,对不符合标准的支出予以限制;第四要消除差异,对不利的因素采取措施予以消除;第五要实在奖惩,区分不同的责任中心,对预算完成优秀的部门或个人予以奖励,对在可控范围内没有完成预算标准的部门或个人予以处罚。

(五)财务分析

财务分析是一项系统性的工作,它基于核算资料,通过运用特定的分析手段,深入剖析企业财务活动的流程及其最终成果。这一过程不仅有助于我们了解各项财务计划的执行情况,还能全面评价企业的财务状况。更重要的是,通过财务分析,我们可以探索和掌握企业财务活动的内在规律,从而优化财务预测、决策、预算和控制等各个环节,进一步提升企业的管理水平,增强经济效益。财务分析包括以下步骤:占有资料,掌握信息;指标对比,揭露矛盾;分析原因,明确责任;提出措施,改进工作。

任务实施

【资料】

"情景设计"内容,认识网店财务管理岗位设置。

【要求】

(1) 请你为 X 网店设置财务管理机构及岗位,并拟定岗位职责。

(2) 网店有哪些主要的财务关系人?

任务二　资金时间价值

任务分析

掌握资金时间价值的含义和衡量方法。能够结合具体的投资、融资等金融活动,分析资金时间价值对决策的影响,为决策提供科学的依据。

相关知识

资金时间价值指一定量的货币资金在不同的时点上的价值量的差额。资金作为从事经营活动的物质条件的货币表现,会由于时间的推移在周转使用中发生价值上的变化,这一差额价值就是资金的时间价值。

在现实经济生活中,等量资金在不同时期具有不同的价值。年初的 1 万元,经过资金运营活动后,到年终其价值要高于 1 万元。这是因为资金使用者把资金投入生产经营以后,生产新的产品,创造新的价值,会带来利润,实现增值。资金周转使用的时间越长,所获得的利润越多,实现的增值额就越大。资金时间价值的实质,是资金周转使用后的增值额。

在通常情况下,资金的时间价值被认为是没有风险和没有通货膨胀条件下的社会平均资金利润率,这是利润平均化规律作用的结果。由于资金时间价值的计算方法与利息的计算方法相同,因而人们常常将资金时间价值与利息混为一谈。实际上,利率不仅包括时间价值,而且也包括风险价值和通货膨胀的因素。只有购买国库券或政府债券才没有风险,如果通货膨胀率很低的话,政府债券利率可视同资金时间价值。

资金的时间价值意味着,只有当资金与其对应的时间相结合时,我们才能准确地衡量其真正的价值。两笔数额相同的资金,如果它们所处的时间点不同,那么它们的价值也会有所差异。为了更便捷地进行分析和比较,我们通常需要将发生在不同时间点的金额转化为同一时间点的金额。这个转换过程,即把将来某一时刻的金额换算为与现在等值的金额,被称为"折现"。经过折现后,得到的现在时点的资金价值就叫作"现值"。与现值等价的未来某时点的资金的价值称为"终值"。

资金时间价值从计算方法上分为单利计算和复利计算;从计算目的上分为现值计算和终值计算;从计算的资金类型上分为一次性资金投放与产出和年金投放与产出。由于单利计算比较简单,这里只概括介绍,而重点是将终值与现值计算以及一次性资金与年金分别组合起来进行阐述。

一、单利计算方法

这是一种只按本金计算利息,每期利息并不加入本金中增算利息的计算方法。

设 S 表示终值,即本利和;PV 表示现值,即本金;I 表示利息;i 表示利率;n 表示计息期数。则:

$$单利 = 本金 \times 利率 \times 计息期数$$

即:
$$I = PV \cdot i \cdot n$$

$$终值 = 本金 + 利息$$

即:
$$S = PV + I = PV(1 + i \cdot n)$$

二、复利计算方法

复利计算方法是指每经过一个计息期,将该期所派生的利息加入下一个计息期的本再计算利息,逐期滚动计算,俗称"利滚利"。这里所说的计息期,是指相邻两次计息的间隔,如年、月、日等。除非特别说明,计息期一般为一年。

(一) 复利终值的计算

1. 一次性投入资金的复利终值

复利终值也是本利和,由于复利是以上一年度的本利和作为下一年度的本金,因此计算终值可以用以下公式:

第一年本利和　　$S_1 = PV(1+i)$

第二年本利和　　$S_2 = PV(1+i)(1+i) = PV(1+i)^2$

第三年本利和　　$S_3 = PV(1+i)^2(1+i) = PV(1+i)^3$

第 n 年本利和　　$S_n = PV(1+i)^{n-1}(1+i) = PV(1+i)^n$

所以按复利计算终值的公式为:

$$S_n = PV(1+i)^n$$

上式是指复利次数为一年一次。公式中的$(1+i)^n$为1元的复利终值系数,实际计算时可查1元复利终值表。

【例8-1】某网店将闲置货币资金20万元存入银行,利率为8%,计算一年复利一次,3年后的终值是多少?

一年复利一次,则:

$$S_3 = PV(1+i)^n = 20 \times (1+8\%)^3 = 20 \times 1.26 = 25.2(万元)$$

2. 年金的复利终值

年金指在一个特定的时期内,每隔一段相同的时间,收入或支出相等金额的款项。现实经济生活中,折旧、租金、利息、保险金、养老金等通常都采取年金的形式。

年金按其收支的时间不同可分为普通年金、预付年金、递延年金和永续年金。常见的是普通年金和预付年金。普通年金也叫后付年金,指每期期末支出或收入的年金;预付年金也叫先付年金,指每期期初收入或支出的年金。由于在投资效果评价中,现金流入量的计算都在期末累计,所以下面重点介绍普通年金的计算。

年金终值是一定时期内每期期末收付款项的复利终值之和,它恰是定额零存整取的本利和。

假定每年年末定期存入银行1 000元,年利率为8%,经过3年,年金终值为:

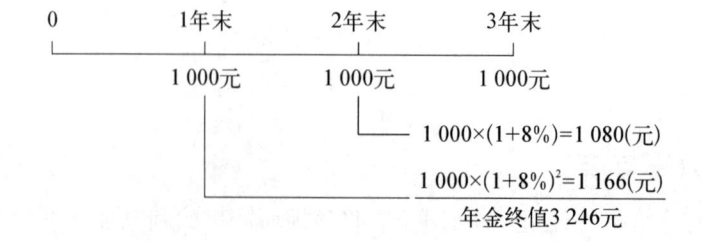

```
0           1年末        2年末        3年末
|_____|_____|_____|
            1 000元     1 000元      1 000元
                        |_____1 000×(1+8%)=1 080(元)
                                    1 000×(1+8%)²=1 166(元)
                                    年金终值3 246元
```

设 S_A 表示年金终值；R 表示每期的年金；i 表示利率；n 表示年金的计息期数。则：

$$S_A = R + R(1+i) + R(1+i)^2 + \cdots + R(1+i)^{n-1}$$
$$= R[1 + (1+i) + (1+i)^2 + \cdots + (1+i)^{n-1}]$$
$$= R\frac{(1+i)^n - 1}{i}$$

公式中，$\frac{(1+i)^n - 1}{i}$ 为年金终值系数，计算时可查年金终值系数表。

$$S_A = 1\,000 \times \frac{(1+8\%)^3 - 1}{8\%} = 1\,000 \times 3.246 = 3\,246(元)$$

由年金终值公式可推导出求年金的公式为：

$$R = \frac{S_A}{\frac{(1+i)^n - 1}{i}} = \frac{年金终值}{年金终值系数}$$

（二）复利现值的计算

1. 一次性投入资金的复利现值

复利现值与终值的计算正好相反，它是以后年份收到或付出资金的现在价值。用来计算现值的利率称为"折现率"，由于影响时间价值的两个基本因素是时间和利率，因而折现期的延长及折现率的提高都是对未来货币额变现的减少因素。复利现值的计算公式可由终值公式推导出来。

由 $S_n = PV(1+i)^n$，得：

$$PV = S_n \frac{1}{(1+i)^n} = S_n(1+i)^{-n}$$

公式中，$\frac{1}{(1+i)^n}$ 为复利现值系数，计算时可查复利现值表。查表方法同复利终值表查表方法相同。

【例 8-2】某网店想在 10 年后得到一笔 5 万元的资金，按年利率 8% 计算，则现在需一次存入银行多少钱？

$$PV = S_n \frac{1}{(1+i)^n} = 5 \times \frac{1}{(1+8\%)^{10}} = 5 \times 0.463 = 2.315(万元)$$

该饭店若想在 10 年后得到一笔 5 万元的资金，现在需一次存入银行 2.315 万元。

2. 年金的复利现值

年金现值与年金终值的计算正好相反，它是每期等额款项收付的复利现值之和。假设年利率为 8%，计算每年 1 000 元的 3 年期普通年金现值为：

$$PV_A = R(1+i)^{-1} + R(1+i)^{-2} + \cdots + R(1+i)^{-n}$$
$$= R\left[\frac{1}{1+i} + \frac{1}{(1+i)^2} + \cdots + \frac{1}{(1+i)^n}\right]$$
$$= R\frac{1 - (1+i)^{-n}}{i}$$

```
            0        1年末      2年末      3年末
            ├─────────┼─────────┼─────────┤
                    1 000元   1 000元    1 000元
```

926元 ← $1\,000 \times \dfrac{1}{1+8\%}$

857元 ← $1\,000 \times \dfrac{1}{(1+8\%)^2}$

794元 ← $1\,000 \times \dfrac{1}{(1+8\%)^3}$

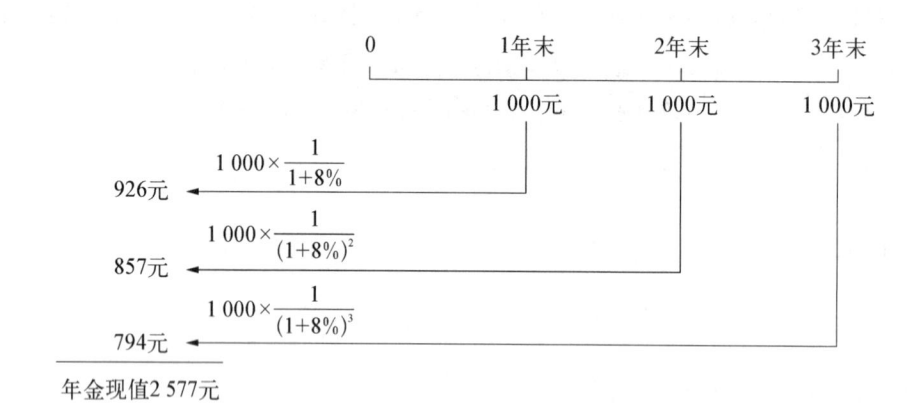

年金现值2 577元

公式中的 $\dfrac{1-(1+i)^{-n}}{i}$ 是年金现值系数,可查年金现值系数表获得。

$$PV_A = 1\,000 \times \dfrac{1-(1+8\%)^{-3}}{8\%} = 1\,000 \times 2.577 = 2\,577(元)$$

同样道理,由年金现值公式可推导出年金的计算公式为:

$$R = \dfrac{PV_A}{\dfrac{1-(1+i)^{-n}}{i}} = \dfrac{年金现值}{年金现值系数}$$

学习资金时间价值不仅仅要理解概念和计算,更重要的是学会运用它帮助网店作出正确的经营决策,如在筹资、投资、收入和支付中采用何种方式和途径更有利于网店获取利润。

任务实施

【资料】

X网店由于经营需要计划采用融资租赁方式租入厂房,租赁期10年。X网店希望每年年末支付租金,而出租方要求每年年初支付租金。经过多次协商,最终就以下内容达成一致意见:在市场利率为8%的条件下,若年初支付,则每年支付2 000元;若年末支付,则每年支付22 000元。

【要求】

分析为什么X网店融资租入厂房时要与出租方协商年初与年末支付租金的问题。

任务三　网店财务分析

任务分析

了解网店财务分析的作用和内容。能够正确运用比率分析法对企业偿债能力、营运能力、盈利能力和发展能力进行分析。

相关知识

一、网店财务分析的作用

财务分析是以企业的财务报告等会计资料为依据，对企业的财务状况、经营绩效及现金流状况进行深入剖析和评估的一种技术方法。财务分析在财务管理中占据着举足轻重的地位，它是对财务报告所承载的会计信息进行更深层次的处理和提炼，旨在为股东、债权人及企业管理层等会计信息使用者提供有力的依据，帮助他们进行准确的财务预测和明智的财务决策。通过财务分析，可以更好地理解企业的经济状况，为企业的未来发展提供有力的支持和指导。在实务中，财务分析可以发挥以下重要作用：

（1）通过财务分析，可以全面评价企业在一定时期内的各种财务能力，包括偿债能力、营运能力、盈利能力和发展能力，从而分析企业经营活动中存在的问题，总结财务管理工作的经验教训，促进企业改进经营活动、提高管理水平。

（2）通过财务分析，可以为企业外部投资者、债权人和其他有关部门及人员提供更加系统、完整的会计信息，便于他们更加深入地了解企业的财务状况、经营成果和现金流量情况，为其投资决策、信贷决策和其他经济决策提供依据。

（3）通过财务分析，可以检查企业内部各职能部门和单位完成经营计划的情况考核各部门和单位的经营业绩，有利于企业建立和完善业绩评价体系，协调各种财务关系，保证企业财务目标的顺利实现。

二、网店财务分析的内容

（一）偿债能力

偿债能力是指企业以其资产和经营活动所产生的现金流入，按期偿还债务本息的能力。它是企业财务状况和经营能力的重要标志，直接关系到企业持续经营与健康发展。简单来说，偿债能力就是企业偿还债务的能力。偿债能力可以进一步分为短期偿债能力和长期偿债能力。短期偿债能力主要关注企业是否有足够的流动资产来偿还短期内到期的债务，如应付账款、短期借款等。这通常通过流动比率、速动比率和现金比率等财务指标来衡量。长期偿债能力则侧重于企业长期负债的偿还能力，如长期借款、应付债券等。这主要关注企业的资本结构、盈利能力以及未来现金流的预测。资产负债率、利息保障倍数等指标常被用来评估企业的长期偿债能力。对偿债能力进行分析有利于债权人进行正确的借贷决策；有利于投资者进行正确的投资决策；有利于企业经营者进行正确的经营决策；有利于正确评价企业的财务状况。企业偿债能力的衡量指标主要有流动比率、速动比率、现金比率、资产负债率等。

1. 流动比率

流动比率表示每1元流动负债有多少流动资产作为偿还的保证，可以反映公司流动资产对流动负债的保障程度。

$$流动比率 = \frac{流动资产合计}{流动负债合计}$$

2. 速动比率

速动比率表示每1元流动负债有多少速动资产作为偿还的保证，可以进一步反映流动资产负债的保障程度。

$$速动比率 = \frac{流动资产合计 - 存货净额}{流动负债合计}$$

3. 现金比率

现金比率表示每1元流动负债有多少现金及现金等价物作为偿还的保证，反映公司可用现金及变现方式清偿流动负债的能力。

$$现金比率 = \frac{现金 + 现金等价物}{流动负债合计}$$

4. 资产负债率

资产负债率是全部负债总额除以全部资产总额得出的百分比，也就是负债总额与资产总额的比例关系，也称之为债务比率。

$$资产负债率 = \frac{负债总额}{资产总额}$$

（二）盈利能力

盈利能力是指企业获取利润的能力，也称为企业的资金或资本增值能力，通常表现为一定时期内企业收益数额的多少及其水平的高低。盈利能力反映了企业经营业绩的好坏，是衡量企业是否健康发展的重要标准之一。盈利是企业的重要经营目标，是企业生存和发展的物质基础，它不仅关系企业所有者的投资报酬，也是企业偿还债务的一个重要保障。因此，企业的债权人、所有者以及管理者都十分关心企业的盈利能力。盈利能力分析是企业财务分析的重要组成部分，也是评价企业经营管理水平的重要依据。企业的各项经营活动都会影响盈利，如营业活动、对外投资活动、营业外收支活动等都会引起企业利润的变化。但是，在对企业盈利能力进行分析时，一般只分析企业正常经营活动的盈利能力，不涉及非正常的经营活动。这是因为一些非正常的、特殊的经营活动虽然也会给企业带来收益，但它不是经常的、持续的，不能将其作为企业一种持续性的盈利能力加以评价。

1. 净资产收益率

净资产收益率是企业一定时期净利润与平均净资产的比率,反映了企业自有资金的投资收益水平。其计算公式为:

$$净资产收益率 = \frac{净利润}{平均净资产} \times 100\%$$

$$平均净资产 = \frac{所有者权益年初数 + 所有者权益年末数}{2}$$

一般认为,净资产收益率越高,企业自有资本获取收益的能力越强,运营效益越好,对企业投资人、债权人利益的保证程度越高。

2. 销售(营业)利润率

销售利润率是企业利润与销售额之间的比率。它是以销售收入为基础分析企业的获利能力,反映销售收入收益水平的指标,即每元销售收入所获得的利润。

$$销售利润率 = \frac{利润总额}{营业收入} \times 100\%$$

3. 成本费用利润率

成本费用利润率是企业一定期间的利润总额与成本、费用总额的比率。成本费用利润率的计算公式为:

$$成本费用利润率 = \frac{利润总额}{成本费用总额} \times 100\%$$

成本费用利润率指标表明每付出一元成本费用可获得多少利润,体现了经营耗费所带来的经营成果。该项指标越高,利润就越大,反映企业的经济效益越好。

4. 总资产报酬率

总资产报酬率是指企业息税前利润与平均总资产之间的比率。计算公式为:

$$总资产报酬率 = \frac{利润总额 + 利息支出}{平均资产总额} \times 100\%$$

$$总资产报酬率 = \frac{净利润 + 利息支出 + 所得税}{平均资产总额} \times 100\%$$

资产报酬率越高,说明资产利用率越高,表明企业收入在增长;资产报酬率越低,说明企业利用效率低,这时候需要提高销售利润率,增加资金周转,提高企业的经营管理水平。

总资产周转率数值越高,周转速度越快,资产的经营效率越好,总资产报酬率也就越大。反之,总资产周转率越小,企业资产经营效率越差,总资产报酬率也就越小。一般而言,两者呈同增同减关系。

(三) 营运能力

营运能力反映了企业对资产的利用和管理能力。企业的生产经营过程就是利用资产取得收益的过程。资产是企业生产经营活动的经济资源,对资产的利用和管理能力直接影响企业的收益,体现了企业的经营能力。企业营运能力的财务分析比率有:存货周转率、应收账款周转率、流动资产周转率、总资产周转率等,这些比率揭示了企业资金运营周转的情况,反映了企业对经济资源管理、运用的效率高低。企业资金周转越快,流动性越高,企业的偿债能力越强,资产获取利润的速度就越快。

1. 存货周转率

存货周转率是一定时期内企业销货成本与存货平均余额间的比率。它是反映企业销售能力和流动资产流动性的一个指标,也是衡量企业生产经营各个环节中存货运营效率的一个综合性指标。

在存货平均水平一定的条件下,存货周转率越高越好。即存货周转率越高表明企业的销货成本数额增多,产品销售的数量增长,企业的销售能力加强。反之,则销售能力不强。企业要扩大产品销售数量,增强销售能力,就必须在原材料购进、生产过程中的投入、产品的销售、现金的收回等方面做到协调和衔接。因此,存货周转率不仅可以反映企业的销售能力,而且能用以衡量企业生产经营中各有关方面运用和管理存货的工作水平。

计算公式如下:

① 以销货成本为基础,主要考察公司资产的流动性:

$$成本基础的存货周转率 = \frac{营业成本}{存货平均余额}$$

② 以营业收入为基础,主要考察公司的获利能力:

$$收入基础的存货周转率 = \frac{营业收入}{存货平均余额}$$

2. 应收账款周转率

应收账款周转率是指在一定时期内应收账款转化为现金的平均次数。应收账款周转率又称为"收账比率",它是企业在一定时期内赊销净额与应收账款平均余额的比率,也是用于衡量企业应收账款流动程度的指标。

计算公式为:

$$应收账款周转率 = \frac{赊销收入净额}{应收账款平均余额} \times 100\%$$

$$应收账款平均余额 = \frac{期初应收账款余额 + 期末应收账款余额}{2}$$

$$赊销收入净额 = 当期销售净收入 - 当期现销收入$$

3. 流动资产周转率

流动资产周转率是指企业一定时期内主营业务收入净额同平均流动资产总额的比率,流动资产周转率是评价企业资产利用率的一个重要指标。

流动资产周转率计算公式为:

$$流动资产周转率(次) = \frac{主营业务收入净额}{平均流动资产总额}$$

$$平均流动资产总额 = \frac{流动资产年初数 + 流动资产年末数}{2}$$

4. 总资产周转率

总资产周转率是衡量资产投资规模与销售水平之间配比情况的指标,体现了企业经营期间全部资产从投入到产出的流转速度,反映了企业全部资产的管理质量和利用效率。

总资产周转率计算公式:

$$总资产周转率(次) = \frac{营业收入净额}{平均资产总额}$$

$$总资产周转率 = \frac{销售收入}{总资产}$$

(四)成长能力

无论是企业的管理者还是投资者、债权人,都十分关注企业的成长能力,因为这关系他们的切身利益。通过对企业成长能力进行分析,可以判断企业的成长潜力,预测企业的经营前景,从而为企业管理者和投资者进行经营决策和投资决策提供重要依据,避免决策失误带来的重大经济损失。成长能力,是指企业在从事经营活动过程中所表现出的增长能力,如规模的扩大、盈利的持续增长、市场竞争力的增强等。反映企业成长能力的主要财务比率有主营业务增长率、净利润增长率、总资产增长率等。

1. 主营业务增长率

通常具有成长性的公司多数都是主营业务突出、经营比较单一的公司。因此,利用主营业务收入增长率这一指标可以较好地考察公司的成长性。主营业务收入增长率高,表明公司产品的市场需求大,业务扩张能力强。如果一家公司能连续几年保持30%以上的主营业务收入增长率,基本上可以认为这家公司具备成长性。

计算公式为:

$$主营业务增长率 = \frac{本期的主营业务收入 - 上期的主营业务收入}{上期主营业务收入}$$

2. 净利润增长率

净利润是公司经营业绩的最终结果。净利润的增长是公司成长性的基本特征,净利润增幅较大,表明公司的经营业绩突出,市场竞争能力强。反之,净利润增幅小甚至出现负增长也就谈不上具有成长性。

计算公式为:

$$净利润增长率 = \frac{本年净利润 - 上年净利润}{上期净利润}$$

3. 总资产增长率

总资产增长率是企业年末总资产的增长额同年初资产总额之比。本年总资产增长额为本年总资产的年末数减去年初数的差额,它是分析企业当年资本积累能力和发展能力的主要指标。总资产增长率,又名总资产扩张率,是企业本年总资产增长额同年初资产总额的比率,用于反映企业本期资产规模的增长情况。

计算公式为:

$$总资产增长率 = \frac{本年总资产增长额}{年初资产总额} \times 100\%$$

任务实施

【资料】

X 网店 2023 年有关资料,如表 8-1 所示。

表 8-1　　　　　　　　　　X 网店部分财务数据

项　　目	年初数	年末数	本年数或平均数
存货(万元)	7 200	9 600	
流动负债(万元)	6 000	8 000	
总资产(万元)	15 000	17 000	
流动比率		1.5	
速动比率	0.8		
权益乘数			1.5
流动资产周转率(次)			4
净利润(万元)			2 880

【要求】

1. 计算 X 网店 2023 年流动资产的年初余额、年末余额和平均余额(假定流动资产由速动资产与存货组成)。

2. 计算 X 网店 2023 年的总资产周转率。

思政园地

警惕陷阱，理性借贷

一、案例背景

近年来，随着互联网金融的快速发展，校园贷作为一种新兴的借贷方式，逐渐在大学生群体中流行起来。然而，由于缺乏足够的金融知识和风险意识，许多大学生陷入了不良校园贷的陷阱，导致债务缠身，甚至影响到学业和前途。因此，本案例旨在通过讲述一个真实的大学生校园贷经历，引导学生们警惕校园贷的风险，树立正确的借贷观念。

二、案例内容

小王是一名大三的学生，由于家庭经济条件一般，他平时生活比较节俭。然而，随着周围同学纷纷购买新款手机、电脑等电子产品，小王也开始心动。为了满足自己的虚荣心，他决定通过校园贷来购买一部新款手机。

小王在网上找到了一家校园贷平台，并按照平台的要求填写了个人信息和借款需求。由于他没有稳定的收入来源和足够的信用记录，平台要求他提供担保人。小王找到了自己的好友小李作为担保人，并成功借到了 3 000 元。

然而，小王并没有意识到校园贷的高额利息和隐性费用。当他收到手机后，开始面临每月高额的还款压力。由于无法按时还款，他不得不向其他平台借款来填补漏洞。最终，小王的债务越滚越大，不仅影响了他的学业，还导致他与家人和朋友之间的关系紧张。

三、案例分析

缺乏金融知识：小王对校园贷的风险和利息计算方式一无所知，盲目借款导致陷入债务困境。

虚荣心作祟：小王为了满足虚荣心而借款购买电子产品，这种行为是不理智的，也反映了他对金钱和物质的认识存在偏差。

担保人风险：小王将好友小李作为担保人，这不仅增加了小李的经济风险，也可能影响两人之间的友谊。

四、思政启示

1. 加强金融知识教育

高校应加强对大学生的金融知识教育，帮助他们了解各种借贷方式的利弊和风险，增强风险意识。

2. 树立正确的价值观

引导大学生树立正确的价值观和消费观，避免盲目攀比和虚荣消费。

3. 警惕不良借贷

提醒大学生警惕不良校园贷平台，避免陷入高利贷等陷阱。

视野拓展
校园贷

归纳与提高

财务管理基本认知是网店运营的基础。它要求经营者具备基本的财务知识和技能,如制定营收目标、控制成本、管理利润率和现金流等。通过深入了解行业趋势、市场定位及竞争对手情况,网店经营者能够制定科学合理的财务计划,以应对市场变化,实现盈利目标。资金时间价值是财务管理中的重要概念。它强调资金在不同时间点的价值差异,通过复利计算等方式,帮助经营者理解资金运作的规律和效益。在网店运营中,合理利用资金时间价值,可以优化资金配置,提高资金使用效率,降低资金成本。财务分析是提升网店财务管理水平的关键。通过对财务数据的深入分析,经营者可以全面了解网店的盈利状况、成本结构及资金运作情况,从而发现潜在的问题和机会,为经营决策提供有力支持。财务分析不仅关注历史数据,还注重未来预测,帮助经营者制定科学合理的经营策略和财务规划。

知识巩固

一、单项选择题

1. 企业的资金运动表现为( )。
   A. 资金的循环   B. 资金的周转
   C. 资金的循环与周转   D. 资金的来源与使用

2. 所谓财务活动是指企业资金的筹集、投放、使用、收回及分配等一系列行为,其中,资金的( )可统称为投资。
   A. 投放、使用和收回   B. 筹集、投放和使用
   C. 使用、收回和分配   D. 投放、使用和分配

3. 财务关系是企业在组织财务活动过程中与有关各方所发生的( )。
   A. 经济往来关系   B. 经济协作关系
   C. 经济责任关系   D. 经济利益关系

4. 股东最大化或企业价值最大化目标强调的是企业的( )。
   A. 实际利润额   B. 实际投资利润率
   C. 预期获利能力   D. 实际投入资金

5. 财务管理的核心工作环节为( ),其成功与否直接关系到企业的兴衰成败。
   A. 财务预测   B. 财务决策   C. 财务预算   D. 财务控制

6. 资金时间价值的实质是( )。
   A. 利息率   B. 资金周转使用后的增值额
   C. 利润率   D. 差额价值

7. 现在将1 000元存入银行,年利率为10%,按复利计算。4年后可以从银行取出的本利和为( )元。
   A. 1 200   B. 1 300   C. 1 464   D. 1 350

8. 企业按规定向国家缴纳税金的财务关系,在性质上属于( )。
   A. 资金结算关系   B. 资金融通关系

C. 资金分配关系　　　　　　　　D. 资金借贷关系

9. 如果企业速动比率很小,下列各项结论成立的是(　　)。

A. 企业流动资金占用过多　　　　B. 企业短期偿债能力强

C. 企业短期偿债风险很大　　　　D. 企业长期偿债风险很大

10. 下列各项中,可能导致企业资产负债率变化的经济业务是(　　)。

A. 收回应收账款　　　　　　　　B. 用现金购买债券

C. 接受所有者投资投入的固定资产　D. 以固定资产对外投资

二、论述题

谈谈网店财务管理的重要性及其关键策略。

技能训练

1. 实训目的

掌握分析网店偿债能力和盈利能力的方法,能够运用财务数据准确评估网店的财务健康状况,并基于分析结果提出合理的经营决策建议,提升学生在电商财务管理方面的实践操作能力。

2. 实训内容和步骤

(1) 选择并确定目标网店。

(2) 数据收集与整理。

(3) 进行偿债能力和盈利能力分析。

(4) 制定网店财务决策。

3. 撰写财务分析报告

根据数据分析结果,撰写网店财务分析报告,字数 3 000 字左右。

第九章
网上开店实战

学习目标

知识目标

掌握电子商务模式、岗位职能及市场调研分析方法。理解店铺规划与定位策略,熟悉电商平台操作流程。

能力目标

具备市场分析与店铺规划能力,熟练操作电商平台。能设计吸引用户的视觉营销方案,提升店铺竞争力。

素质及思政目标

培养创新思维与诚信经营意识,树立法律与可持续发展观念。强化团队合作精神与有效沟通能力。

思维导图

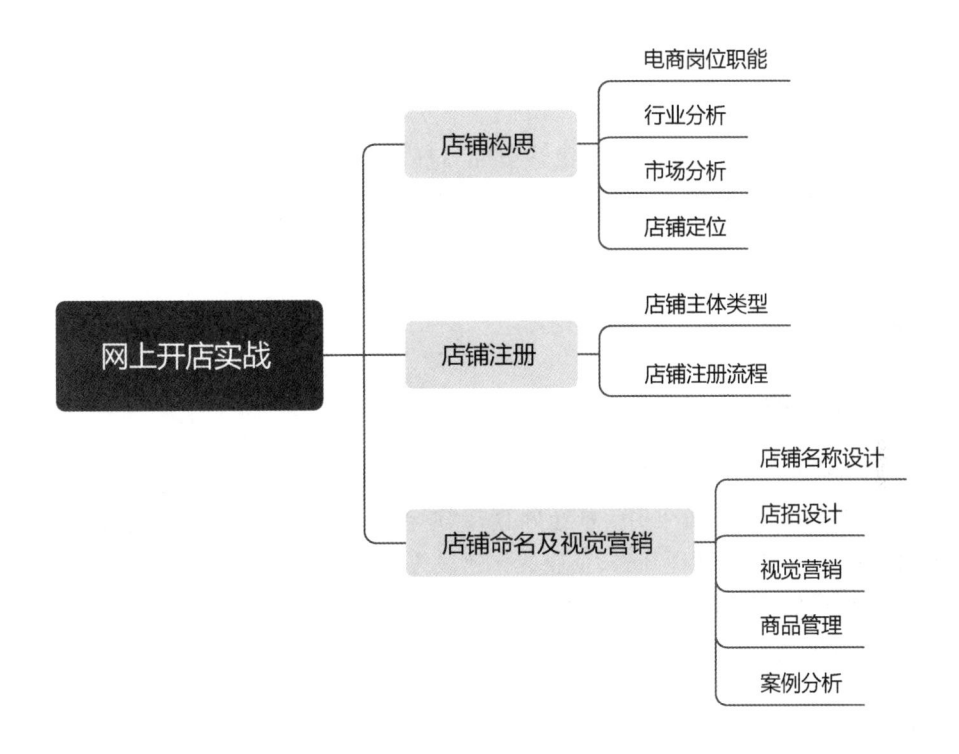

- 网上开店实战
  - 店铺构思
    - 电商岗位职能
    - 行业分析
    - 市场分析
    - 店铺定位
  - 店铺注册
    - 店铺主体类型
    - 店铺注册流程
  - 店铺命名及视觉营销
    - 店铺名称设计
    - 店招设计
    - 视觉营销
    - 商品管理
    - 案例分析

引导案例

电子商务已成为推动经济增长的重要力量。李明,一位热爱咖啡文化的年轻人,决定在京东平台上开设一家专注于高端手工咖啡器具及精品咖啡豆的网店——"咖啡与梦"。在筹备阶段,李明进行了深入的市场调研,明确了目标消费群体,精选全球优质咖啡豆和独特设计的手工咖啡器具,制定了"高品质＋合理价格"的策略,并建立了完善的售前咨询和售后服务体系。

在店铺运营中,李明严格遵守京东平台的规则,优化商品详情页,提供详尽的产品信息和清晰的实物图片。同时,他注重视觉营销,邀请专业团队拍摄高品质照片,设计富有艺术感的店铺页面,并定期发布咖啡文化相关的内容,增强店铺的文化氛围。

经过努力,"咖啡与梦"逐渐在京东平台上崭露头角,销售额和知名度不断提升。李明的成功在于他精准的市场定位、高品质的商品选择、合理的定价策略以及独特的品牌形象。在电子商务领域,只有不断学习和创新,才能在激烈的市场竞争中脱颖而出。

任务一　店铺构思

📖 任务分析

要求学生构思店铺的整体规划,包括店铺名称、标志设计、商品选择、定价策略、促销方案等,旨在培养学生的创新思维和实际操作能力,使其能够独立完成网店的策划与运营。

📖 相关知识

电商岗位职能

1. 管理协调小组(电子商务总监)

由公司管理层组成工作小组,总经办直接领导。工作内容包括:战略规划、运营实施、项目监督、员工培训、管理部署、企业文化建设等。

2. 产品编辑部(产品编辑、摄影师)

负责产品图片拍摄、处理,产品描述编辑,产品上架等。

3. 网络零售部(零售主管、销售客服若干)

承担网上零售工作;负责在线答复客户、销售商品、订单处理等。

4. 网络分销部(分销主管)

负责网络分销商的招募、管理、发货、支持等。

5. 物流仓储部(物流主管、配货员若干、打包员若干)

负责管理仓库,进货、打包发货、进销存储管理等。

6. 订单处理部(复核员、打单员)

负责打印发货清单、快递单、安排发货、监督运输等。

7. 售后服务部(售后服务若干)

负责接待售后客户,处理纠纷、退换货、评价处理、客户答疑等。

8. 客户关怀部(客户关怀)

负责老客户关系维护及二次开发;客户数据库建立、数据分析、决策支持等。

9. 营销推广部(营销专员)

负责品牌宣传推广;网络软营销、广告;网店运营、网店促销等。

10. 美工设计部(美工若干)

负责产品图片编辑、网店装修与美化,市场营销工作的美工支持等。

任务实施

一、行业分析

通过行业分析,创业者能够全面把握市场需求、消费者偏好以及竞争格局,进而明确产品或服务的定位。同时,分析还能揭示行业的潜在风险与机遇,帮助创业者制定灵活的应对策略。行业分析为创业者提供了优化资源配置、制定长远战略规划的依据,确保公司在激烈的市场竞争中站稳脚跟,实现可持续发展。

团队成员进行行业分析,选定一个准备经营的行业,所选行业为:_____

_____

选择该行业的理由:

_____

二、市场分析

1. 网店_____行业分析

例如,对网店服装行业分析如下:

近几年中国服装业有着较大的发展,服装业的发展大大推动了中国国民经济的发展。女装是服饰销售的主力,女装经营者品牌经营的理念越来越强。现在的网络购物这块服装行业的市场份额巨大,淘宝网销售服装的网店是与日俱增。所以想要从众多的店家里脱颖而出只能依靠商品的质量、优质的服务和宣传的力度。必须有自己的特色创新,人无我有,人有我优,标新立异,彰显个性,突出特色。

团队交流讨论,完成对所选行业分析:

_____

_____

2. 所选行业网络购物群体分析(根据年龄段、收入、职业、网络购物的理由等完成分析)

_____

_____

3. 竞争对手分析

_____

_____

4. 产品分析

目前市场上已知的同类型产品:_____

团队对所选产品的认知、选择该产品的理由,存在的优势、劣势等:

_____

_____

三、店铺定位

电子商务时代,定位最关键的一环是分析顾客。顾客群是谁？顾客群有哪些特点？顾客群有哪些需求？顾客群有哪些消费趋势？

通过团队成员讨论,完成以下关于店铺的各项定位：

1. 店铺定位

_____

2. 产品定位

_____

3. 装修定位

_____

4. 价格定位

_____

5. 人群定位

_____

店铺 SWOT 分析如下：

1. 店铺内部优势(S)

_____

2. 店铺内部劣势(W)

_____

3. 外部环境机会(O)

_____

4. 外部环境威胁(T)

_____

（视野拓展：第23届国际孕婴童展洞悉五大消费趋势）

任务二　店铺注册

任务分析

本次任务以淘宝网为例介绍,介绍卖家开店流程。

相关知识

店铺主体类型

1. 个人商家

适用于个人,需提供个人身份证正反面照片、个人支付宝。

2. 个体工商户商家

营业执照类型为"个体工商户",需提供营业执照照片、法人身份证正反面照片、个人或企业支付宝等资料。

3. 企业商家

营业执照类型为"公司/企业/农民专业合作社"等,需提供营业执照、法人身份证正反面照片、企业支付宝等资料。

任务实施

登录淘宝 PC 端或手机淘宝,了解店铺注册流程。

店铺注册流程——以淘宝为例

一、开店入口

进入淘宝 PC 端点击【免费开店】或手机淘宝搜索"开店",进入淘宝开店入口,如图 9-1 所示。

图 9-1 淘宝开店

二、选择开店身份

可以选择普通商家、达人商家、品牌商家。普通商家适合非达人/品牌商外的其他商家。达人商家适合抖音、快手、bilibili、微博等平台的主播/达人/明星/UP 主(个人或机构),其具有一定的粉丝量基础。品牌商家适合自有或独有品牌,其具有商标注册证,其中,知名品牌推荐开天猫店,新创品牌推荐开淘宝店,并进行品牌认证。

三、选择店铺主体类型

从个体商家、个体工商户商家以及企业商家中选择适合自己的店铺主体类型,填写店铺名(店铺名可修改),勾选协议,点击"0 元开店"。淘宝普通商家入驻流程如图 9-2 所示。

图 9-2　淘宝普通商家入驻流程

四、认证支付宝

完成支付宝认证，点击"去认证"或"去绑定"，按照提示流程完成支付宝认证，如图 9-3 所示。

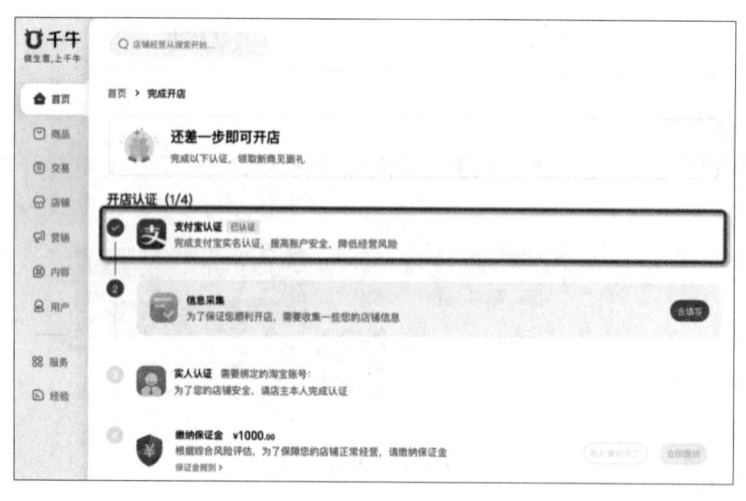

图 9-3　开店认证——支付宝认证

五、登记主体信息

个人商家：需登记个人证件、经营地址、姓名、证件号等信息。企业商家：需登记营业执照图、营业执照证件号、营业执照有效期、法人证件图、法人证件号、法人姓名、法人证件类型等信息。如图 9-4 所示。

六、实人认证

淘宝/千牛 App 扫码进入人脸识别系统。个人开店：需信息登记的证件持有人本人

图 9-4 开店认证——信息采集

刷脸认证。企业开店：法人认证，需信息登记的法人证件持有人本人刷脸认证；非法人认证，需店铺实际经营人上传身份证件图片后完成刷脸认证。

七、开店成功

完成商家创业档案。商家创业档案，可以让平台全面了解您的信息，为您推荐更好的扶持策略和新商福利。如图 9-5 所示。

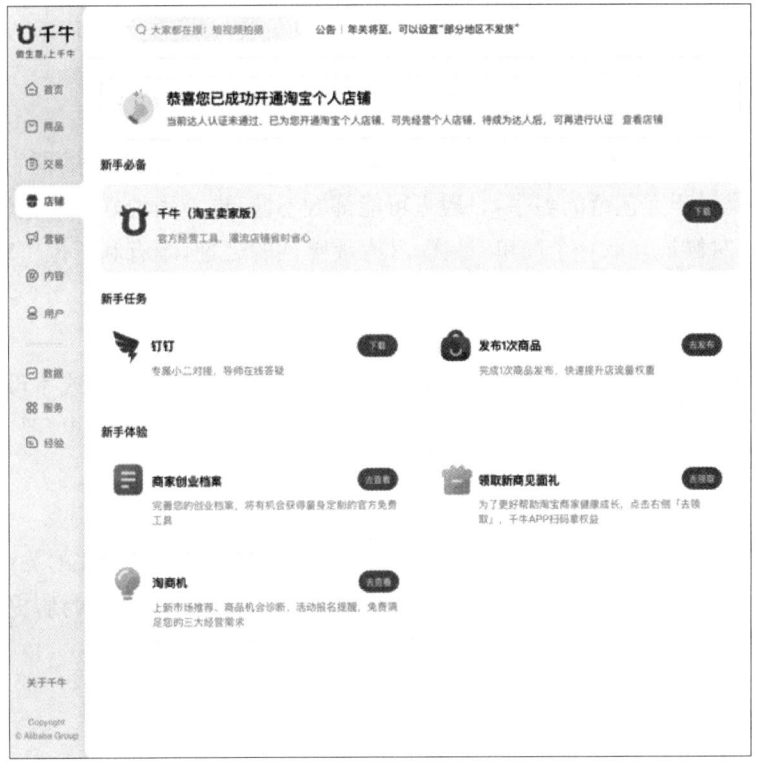

图 9-5 开店成功

八、发布商品

开店成功后5周无商品店铺将自动释放,请及时发布经营店铺。

任务三　店铺命名及视觉营销

任务分析

使学生掌握店铺命名的基本原则和技巧。通过实际操作,培养学生的视觉营销能力,包括店铺 LOGO 设计、店铺装修、商品图片处理、详情页制作等。学生将学习如何运用色彩、排版、图片等元素,打造具有吸引力和专业感的店铺形象,提升用户体验和购买转化率。

相关知识

一、店铺名称设计

1. 有利于店铺发展

在给网店起名的时候还需要考虑到网店后期的发展,最好能够突出地方的特色及引起消费者的注意。

2. 名称通俗易懂

不同卖家的个性及风格都不一样,有的偏重于文艺范,就想把自己的网店名称取得文艺范一点,但是过于文艺范的名字,一般人可能都看不懂,更不用说好不好记忆了,因此在给网店起名的时候最好取一个简单,易懂,又有趣味性的名称,既有利于推广宣传,还能够帮助网店打响名声,这样的事情何乐而不为。

3. 简单易于记忆

在给店铺起名的时候最好不要采用数字或字母的名称,因为数字或字母名称不利于用户记忆,所以店铺名称最好以简单易于记忆为主。但是也不能太简单,要有含义,有趣味性才行,这样用户才会记住你的网店。

4. 包含服务产品或经营范围的关键词

在给网店起名的时候可以巧妙地融入与店铺产品或经营范围相关的关键词,让消费者一看到你的网店名称就知道你是做什么的,还能够被更多的用户搜索到,提升网店的曝光率。

二、店招设计

店招就是店名的招牌。是指有关单位和个人在公共、自有或他人所有建筑物、构筑物、设施及地面上设置的,用于非商业性宣传或表明单位名称、标识的霓虹灯、标语、招牌、标牌、电子显示牌、灯箱、画廊、实物造型等户外设施。随着网络交易平台的发展,店招也延伸到网店中。即虚拟店铺的招牌。一般都有统一的大小要求,以淘宝网来说,店招为950×150。格式为 jpg、gif。

1. 店招设计原则

店招要直观明确地告诉客户自己店铺是卖什么的,表现形式最好是实物照片。店招要直观明确地告诉客户自己店铺的卖点(特点、优势、差异化)。

图9-6　Babytry 店招设计

2. 好的店招共性

好的店招共性如图9-7所示。

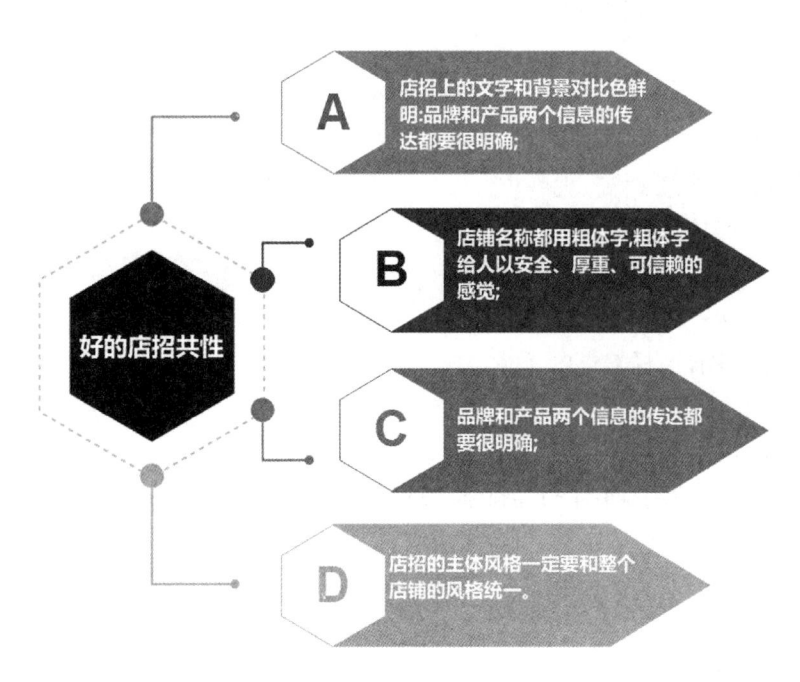

图9-7　好的店招共性

三、视觉营销

视觉营销(VMD)由来已久,最初我们谈到视觉营销想到的都是陈列、装饰、卖场,是一些具象的东西。随着时代的发展,电子商务已经成为主流的商业模式,视觉营销这一传统行业的惯用手段也逐渐融入了网络世界,变得抽象化、多元化,并越来越被重视。传统行业中的视觉营销,重点在于陈列师对环境氛围的布置、主题的强调。而网络中的视觉营销"成分复杂",集交互设计、用户体验、信息构架为一体!买家在购物的时候都有一个同样的流程:产品进入视线——信息传递到大脑——产生购买欲望——形成购买。

（一）店铺装修设计

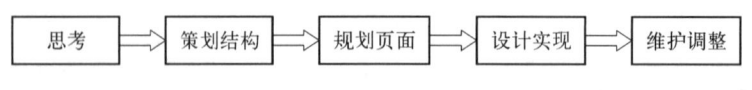

1. 店铺装修设计流程

店铺装修设计流程如图9-8所示。

思考 ⇒ 策划结构 ⇒ 规划页面 ⇒ 设计实现 ⇒ 维护调整

图9-8　店铺装修设计流程

2. 思考

（1）需求挖掘

买家是谁?

买家喜欢什么?

买家想要什么样的产品?

买家希望什么样的购物体验?

（2）风格定位

根据经营的产品和价格进行风格定位,例如:

服装服饰:时尚简约、潮流混搭、成熟品质;

美容护肤:品质感、时尚、大牌;

家电数码:产品品质感、金属感、高科技;

食品家居:温馨、环保、健康、生活。

（3）信息传达

你能满足买家什么样需求?

你需要突出什么样的卖点?

3. 页面规划的关键

（1）从买家心理入手,整体布局科学合理,具备强烈的视觉冲击。

（2）店面总体规划整体连贯、符合大众欣赏习惯和价值取向。

（3）页面设计必须具备完整的告知功能,且具有极强的诱惑说服功能。

（4）要求店面的设计风格,更懂得迎合买家心理。

（5）借鉴的资料必须是合法,否则需要承担全部责任。结合学生经营产品根据以上要求完成页面规划。

（二）商品拍摄

1. 拍摄环境

（1）小商品拍摄环境。

小件商品适合在单纯的环境空间里进行拍摄,由于这类商品本身体积较小,因此在拍摄时不必占用很大的空间和面积,微型摄影棚就能有效地解决小件商品的拍摄环境问题,免去了布景的麻烦,还能拍摄出漂亮的、主体突出的商品照片。如果没有准备摄影棚的话,尽量使用白色或者纯色的背景来替代,如白纸和颜色单纯、清洁的桌面等。

(2) 大件商品拍摄环境。

拍摄大件商品可以选在一个空旷的场地,室内室外都可以,在室内拍摄时要尽量选择整洁和单色的背景,照片中不宜出现其他不相关的物体和内容,除非是为了衬托商品而使用的参照物或配饰。如图9-9所示的是室内拍摄大件商品的环境布置,室内拍摄对拍摄场地面积、背景布置、灯光环境等都有一定的要求,准备这样的拍摄条件才能拍出具有专业感的照片。外景拍摄主要是选择风景优美的环境来作为背景,采用自然光加反光板补光的方式进行拍摄,这样的照片风格感更加明显,比较容易形成独有的个性特色和营造泛商业化的购物氛围。

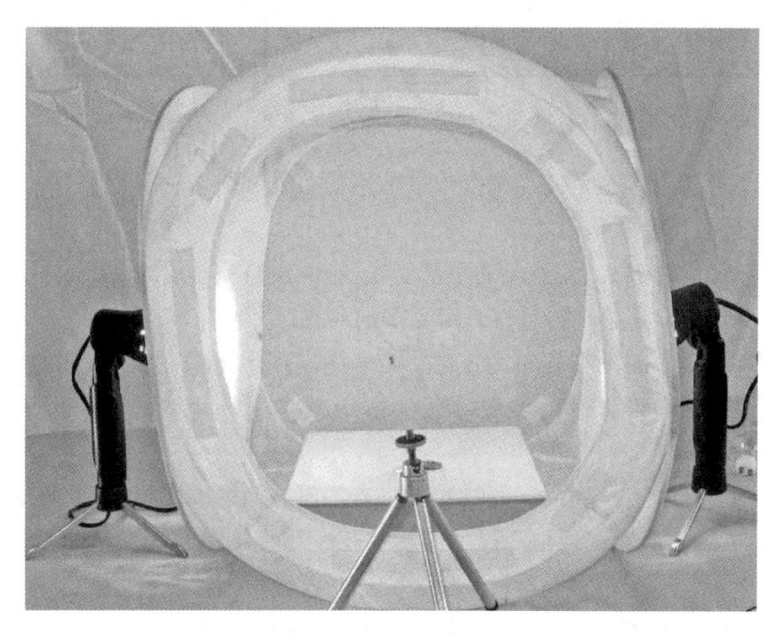

图9-9 室内拍摄环境

(3) 服装类商品拍摄环境。

选择风景优美的外景作为拍摄地点,这些商品图片形成了专属于店铺的一种前卫时尚和潮流风格,这样让人耳目一新的商品图片可以有效地对顾客产生心理暗示与影响作用。

2. 布光方式

拍摄静止的物体是一种造型行为,布光是让塑造的形象更具有表现力的关键,但我们在拍摄照片时必须面对无数不可预知的外在环境因素,如灯光、布置、清晰范围、拍摄时刻等,而在室内环境里拍摄商品照片则可以完全排除这些影响,在这个特殊的领域,我们可以完全控制周围的状况,在拍摄中运用不同的布光来表现出商品的软硬、粗细、轻重、薄厚甚至冷热的视觉感受,使消费者直观地看到商品的不同形态,由此去联想他们在享受商品时可能获得的感受。常见布光方式如下(见图 9-10):

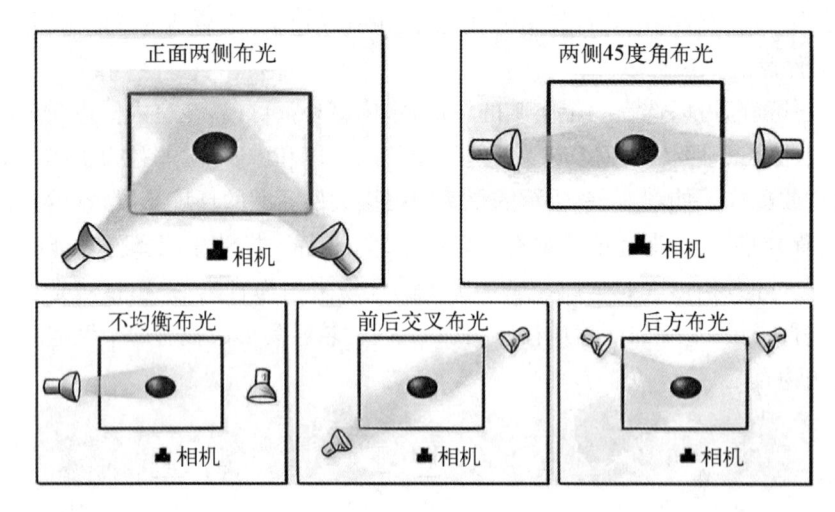

图 9-10 常见的布光方式

(1) 正面两侧布光:这是商品拍摄中最常用的布光方式,正面投射出来光线全面而均衡,商品表现全面、不会有暗角。

(2) 两侧 45 度角布光:使商品的顶部受光,正面没有完全受光,适合拍摄外形扁平的小商品,不适合拍摄立体感较强且有一定高度的商品。

(3) 单侧 45 度角的不均衡布光:商品的一侧出现严重的阴影,底部的投影也很深,商品表面的很多细节无法得以呈现,同时,由于减少了环境光线,反而增加了拍摄的难度。

(4) 前后交叉布光:从商品后侧打光可以表现出表面的层次感,如果两侧的光线还有明暗的差别,那么,就能既表现出商品的层次又保全了所有的细节,比单纯关掉一侧灯光的效果更好。

(5) 后方布光:从背后打光,商品的正面因没有光线而产生大片阴影,无法看出商品全貌,因此,除拍摄需要表现如琉璃、镂空雕刻等具有通透性的商品外,最好不要采用这种布光方式。

3. 取景构图

"取景"和"构图"在很大程度上对照片的美观起着决定性的作用,"取景"就是选择把哪些景物摄入镜头的过程,而"构图"就是把摄入镜头的景和物进行合理的组合,使其变得更加符合我们的视觉习惯,也使画面显得更为美观。大多数情况下,"取景"和"构图"是同时完成的,但是,如果后期还要对照片进行裁剪、取舍等处理和加工的话,那么,待后期制作结束后才算完成构图这一拍摄环节。

(1) 取景。

只要经常使用相机拍摄照片,我们很快就能熟练操作相机的基本功能,但是"取景"和

"构图"需要对审美有一定的认识和心得,如果在这方面还没经过系统化的学习,那么,按照以下介绍的取景和构图的基本规律去做,一样也能拍出视觉效果不错的照片。

① 取:选取形象与主题。摄影是视觉艺术,靠画面效果来说话,因此一幅照片拍摄成功与否,首先取决于选取的主体对象和表现的方式,这样拍出来的照片才有感染力。

② 组:合理组合、搭配拍摄时的背景和小装饰。一幅好照片,只能有一个中心,其他景物都是为了说明、烘托这个中心的,因此,取景时,要突出和强调这个中心,做到有主有次,主次分明。

③ 舍:取景要学会去繁就简。成功在于简洁,简洁就是美,商品照片最忌讳的就是杂乱无章,这样的照片毫无美感,商品也失去了应有的价值。

④ 布:适宜布局,主体和配饰在画面比例上分布得当。通过布局安排,使照片的画面表现得章法井然,主体突出。

(2) 构图。

基于基本的构图原理,我们可以不拘泥于陈规,也可以去破格和创新,但是,在想打破陈规之前,必须先要了解陈规,才有可能在此基础上真正做到突破和创新,下面我们来介绍五种常见的构图方式:

① 三角形构图。

三角形构图(见图 9-11)是应用数学中的几何知识,这个看字面意思就很好理解,就是在场景中,把产品和道具摆成一个三角形。我们生活中的许多工具都是三角形,比如摄影用到的三脚架,同样,我们也可以将三角形操作到产品摄影中,并使用三角形构图方法进行构图,使拍摄的主题与道具之间更加和谐和图形美。

图 9-11 三角形构图　　　　　　**图 9-12 对角线构图**

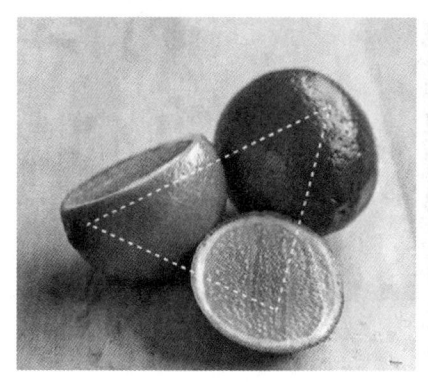

② 对角线构图。

对角线构图(见图 9-12)非常容易理解和操作,它是产品摄影中常用的构图方法。我们主要连接取景范围的对角线,并将产品放在对角线上,或交叉对角线上,然后拍摄,这样拍出来的产品主图就有明显的对角线痕迹。

③ 三分构图。

三分构图(见图 9-13)是将一幅图片分成九等份,也就是说,将其分成九个正方形,并将项目放置在顶点或水平线上,也就是我们常说的六宫格或者九宫格。这要求摄影师准确错误地画出六个或者九个正方形,并将产品放置在适当的位置,然后按下快门。

图 9-13 三分构图

④ 框架构图。

框架构图(见图 9-14)很容易理解,这和我们通常的安排是一样的,也就是说,把所有的东西框起来,整理好,放在这一个框架内。产品摄影的框架构图法还意味着将被摄对象按顺序排列,最后形成一个长方形,看起来非常整洁。这幅构图非常适合患有强迫症的摄影师,看起来非常舒适。

产品摄影要求摄影师有涉及场景和构图的能力,因为产品是静物,只能依靠摄影师的感觉和审美来调整。如果事先确定好场景图,拍摄时就会省去很多麻烦。产品摄影对于电子商务来说是不可避免的,如果你没有摄影团队,你可以找一家专业的产品摄影服务公司合作,有时候外包比自己做更有效。

图 9-14 框架构图

四、商品管理

在淘宝平台上，淘宝宝贝分类管理是卖家进行店铺管理的重要环节。通过淘宝宝贝分类管理，卖家可以对店铺内的商品进行分类，以便更好地展示、管理和推销商品。那么，淘宝宝贝分类管理在哪里呢？

首先，登录淘宝卖家中心，这是所有卖家管理店铺的入口。在卖家中心的左侧导航栏中，可以看到一系列的菜单选项。

其次，在这些菜单选项中，找到并点击"店铺管理"。在店铺管理页面中，可以看到许多与店铺相关的管理功能，其中就包括淘宝宝贝分类管理。

最后，点击"宝贝分类管理"，即可进入淘宝宝贝分类管理页面。在这里，卖家可以对店铺内的商品进行分类、添加分类、设置分类排序等操作。

通过淘宝宝贝分类管理，卖家可以根据商品的特点、属性、用途等因素，将商品分门别类地归纳到不同的分类中。这样不仅可以提高商品的展示效果，方便买家浏览和选购商品；同时也有助于提升店铺的管理效率，便于卖家进行库存管理和促销活动。

在进行淘宝宝贝分类管理时，卖家需要注意以下几点：

分类合理：分类要符合商品的特点和属性，能够清晰地反映出商品之间的关系。避免出现分类过于笼统或过于琐碎的情况。

分类命名：分类的名称要简短、易懂、有吸引力。能够让买家一目了然地了解该分类的内容和特点。

分类排序：对于同一级别的分类，可以按照一定的顺序进行排序，如按商品名称、按价格、按销量等。以便更好地展示商品和方便买家浏览。

定期更新：随着商品的更新和市场需求的变化，卖家需要定期对淘宝宝贝分类进行更新和调整，以保证分类的合理性和有效性。

详情页一致：在商品详情页中，卖家也需要对商品进行归类和标签化，以便更好地向买家推荐相关商品。因此，淘宝宝贝分类管理与商品详情页的内容需要保持一致。

总之，淘宝宝贝分类管理是淘宝卖家进行店铺管理的重要环节。通过合理地设置商品分类，可以提高店铺的展示效果、方便买家选购、提升店铺的管理效率。希望本文对大家有所帮助，如有疑问可咨询淘宝客服或相关专业人士。

任务实施

案例分析：阅读以下案例，团队成员讨论完成对店铺名称的设计并进一步装修该店铺。

淘宝如何装修店铺

淘宝店铺装修是一个重要的环节，它直接影响到顾客的购物体验和对店铺的印象。在淘宝平台，店铺装修包含了整体风格设计、页面布局、色彩搭配、图片选择等多个方面。下面，让我们一步步了解如何装修您的淘宝店铺。

1. 确定店铺风格

在进行店铺装修之前，首先要明确店铺的风格定位。您可以根据店铺所经营的商品类型和目标客户群体来选择适合的风格，例如时尚简约、田园清新、复古怀旧等。风格的确定将有助于后续的页面设计和元素选择。

2. 设计店铺LOGO

店铺的LOGO是品牌形象的重要组成部分。一个简洁、有创意的LOGO能够让顾客很快记住您的店铺，并与您的商品产生联想。因此，花费一定的时间和精力来设计一个独特的LOGO是非常值得的。

3. 自定义店铺装修模板

淘宝提供了一些店铺装修模板供选择，但为了让店铺更具个性化，建议自定义模板。您可以寻找专业的淘宝店铺装修服务，或是学习一些简单的网页设计知识来制作属于自己店铺的独特模板。

4. 视觉元素设计

视觉元素包括背景图片、广告横幅、商品展示图片等。在选择这些元素时，要注意与店铺风格相一致，保持统一的色彩和风格，避免过于杂乱和花哨，以免影响用户体验。

5. 商品分类与展示

店铺装修不仅仅是外观的设计，还需要合理地展示商品。通过分类清晰、导航方便，帮助顾客迅速找到自己需要的商品，提高购物效率和满意度。

6. 完善店铺信息

在店铺装修的同时，也要完善店铺信息，包括店铺公告、联系方式、售后服务政策等。这些信息的完善将增加顾客对店铺的信任，提高店铺的信誉度。

下面，为您提供一份简要的淘宝店铺装修步骤流程，帮助您更好地实施店铺装修：

（1）确定店铺风格定位和目标客户群体；

（2）设计店铺LOGO，体现品牌特色；

（3）自定义店铺装修模板，或寻找专业服务进行定制；

（4）设计店铺的视觉元素，保持统一风格；

（5）合理分类商品，优化商品展示；

（6）完善店铺的信息和客户服务。

思政园地

诚信经营与社会责任

在电子商务领域，诚信不仅是商业道德的基本要求，也是企业可持续发展的基石。在网上开店的过程中，每一位创业者都应当时刻铭记诚信经营的重要性，坚守商业道德底线，为消费者提供高质量的产品和优质的服务。

同时，作为社会的一员，电商创业者还应积极承担社会责任。这包括但不限于遵守国家法律法规，维护公平竞争的市场环境；关注环保问题，推广绿色包装和节能减排措施；参与公益慈善活动，回馈社会，传递正能量。

通过本章的学习与实践，我们不仅要掌握网上开店的专业知识和技能，更要树立诚信经营的理念，强化社会责任感。只有这样，我们才能在激烈的市场竞争中脱颖而出，实现个人价值的同时，也为社会的进步和发展贡献自己的力量。

讨论与思考：

（1）诚信经营的重要性：请结合网上开店的实践案例，分析诚信经营对于店铺长期发展的意义。

（2）电商企业的社会责任：讨论电商企业在环保、公益等方面的社会责任，并思考如何在自己的网店运营中积极履行这些责任。

（3）个人价值观与企业文化的融合：如何将个人的诚信观念和价值观融入企业文化中，形成独特的品牌魅力？

归纳与提高

通过网上开店流程学习，学生不仅掌握了从市场调研、店铺构思到实际运营的全方位技能，还深入理解了电商岗位职能及团队协作的重要性。成功开店的关键在于精准的市场定位、独特的视觉营销、高效的运营管理及诚信的服务态度。未来，学生需进一步提升数据分析能力，紧跟市场趋势，同时强化创新思维，勇于尝试新技术、新模式，以在激烈的电商竞争中保持领先地位。通过不断学习与实践，每位电商人都能成长为行业内的佼佼者。

知识巩固

一、单项选择题

1. 在网上开店过程中，以下（　　）岗位主要负责产品图片拍摄、处理及产品描述编辑。

　　A. 网络零售部　　　B. 产品编辑部　　　C. 物流仓储部　　　D. 营销推广部

2. 在进行店铺构思时，以下（　　）不是必须考虑的因素。

　　A. 店铺名称　　　　B. 商品选择　　　　C. 员工招聘　　　　D. 定价策略

3. 淘宝网上开店流程中，完成（　　）步骤后店铺将正式开放。

　　A. 填写店铺名称并勾选协议　　　　B. 认证支付宝并完成实名认证

　　C. 发布第一件商品　　　　　　　　D. 完成商家创业档案

4. 下列（　　）方式适合拍摄立体感较强的大件商品。

　　A. 正面两侧布光　　　　　　　　　B. 两侧45度角布光

　　C. 单侧45度角不均衡布光　　　　　D. 后方布光

二、论述题

1. 论述网上开店前进行行业分析的重要性，并说明应包括哪些主要内容？

2. 阐述视觉营销在网店运营中的作用,并给出提升网店视觉吸引力的具体策略。

技能训练

1. 实训目的

通过本技能训练,掌握网上开店的全流程操作技能,包括市场调研、店铺构思、店铺注册、店铺命名与视觉营销、商品管理等方面的具体操作。同时,通过实训,培养学生的创新思维、团队协作能力和解决实际问题的能力,为将来从事电子商务工作打下坚实的基础。

2. 实训内容和步骤

(1) 实训一:市场调研与店铺构思。

实训内容:选定一个拟经营的行业,并进行行业分析。对所选行业进行市场调研,包括行业现状、市场需求、竞争对手分析等。根据调研结果,构思店铺的整体规划,包括店铺名称、标志设计、商品选择、定价策略、促销方案等。

实训步骤:分为若干小组,每组选定一个拟经营的行业。通过网络、行业报告等渠道收集相关资料,进行行业与市场分析。小组成员围绕选定行业展开讨论,共同构思店铺的整体规划。

(2) 实训二:店铺注册与基本设置。

实训内容:以淘宝网为例,进行店铺注册流程操作,包括开店入口选择、开店身份及主体类型选择、支付宝认证、主体信息登记、实名认证等步骤。同时,完成店铺基本设置,如店铺名称、店铺简介、联系方式等。

实训步骤:学生自行阅读相关资料,了解淘宝网开店的具体流程。在淘宝网上进行模拟开店操作,按照流程逐步完成店铺注册和基本设置。

(3) 实训三:店铺命名与视觉营销。

实训内容:学习店铺命名的基本原则和技巧,进行店铺名称设计。同时,掌握视觉营销的基本方法,进行店铺 LOGO 设计、店铺装修及商品图片处理等操作。

实训步骤:小组讨论并确定店铺名称,遵循有利于店铺发展、通俗易懂、简单易于记忆及包含关键词等原则。学习视觉营销的理论知识,了解其在网店运营中的重要性。利用相关设计软件或在线工具进行店铺装修和 LOGO 设计。学习商品拍摄与图片处理技术,对选定的商品进行拍摄和美化处理。

第十章
电子商务项目实例

学习目标

知识目标

掌握外贸电子商务、旅游电子商务、制造业电子商务的特点及发展趋势；了解物流对电子商务的影响、挑战，以及电子商务对物流的影响。

能力目标

具备分析外贸电子商务、旅游电子商务、制造业电子商务等典型企业特点及优劣势的能力。

素质及思政目标

引导学生深入思考电商行业的伦理道德、法律法规等问题，培养学生的法治意识和道德观念。

思维导图

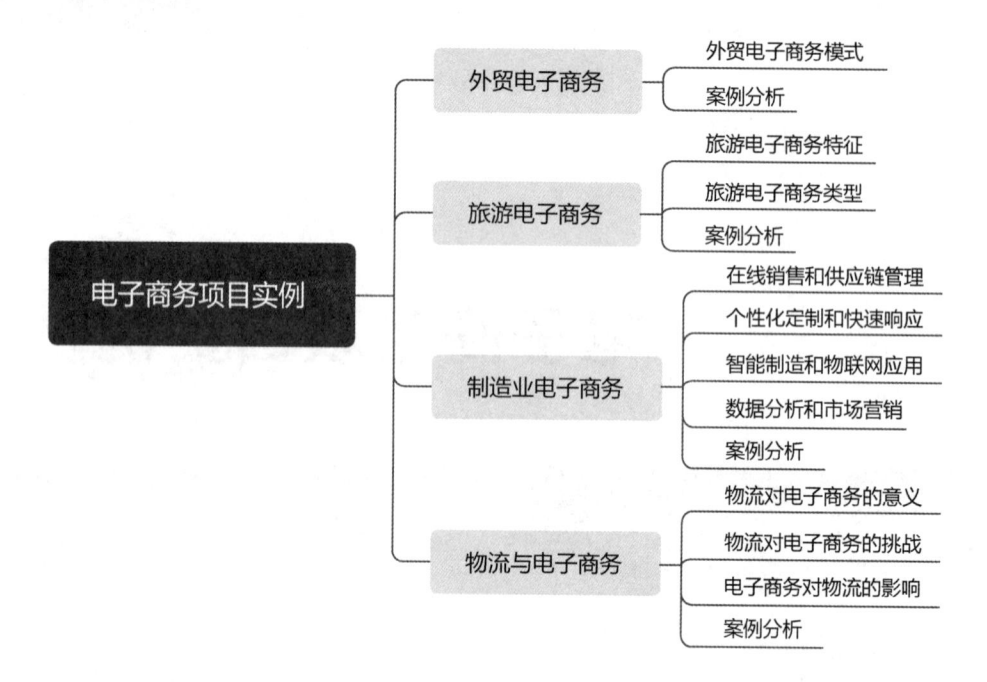

- 电子商务项目实例
  - 外贸电子商务
    - 外贸电子商务模式
    - 案例分析
  - 旅游电子商务
    - 旅游电子商务特征
    - 旅游电子商务类型
    - 案例分析
  - 制造业电子商务
    - 在线销售和供应链管理
    - 个性化定制和快速响应
    - 智能制造和物联网应用
    - 数据分析和市场营销
    - 案例分析
  - 物流与电子商务
    - 物流对电子商务的意义
    - 物流对电子商务的挑战
    - 电子商务对物流的影响
    - 案例分析

引导案例

当下中国电子商务的发展环境与现状分析

随着互联网技术的不断发展和普及，"互联网+"理念已深入各大行业和领域，电子商务在此背景下应运而生，并逐渐发展成为国民经济的重要组成部分。电子商务不仅横跨三大产业，还渗透到了人民生活的各个角落，极大地改变了人们的消费习惯和生活方式。

一、发展历程

中国电子商务的发展，从1991年至1999年的萌芽初生阶段起步，历经2000年至2009年的初期竞争，随后在2010年至2014年间实现了高速成长。2015年至2017年，中国电子商务步入了稳定发展的成熟阶段。近年来，特别是2018年以来，电商行业继续迎来新的变革，拼多多等新型电商平台的迅速崛起，不仅打破了原有的市场格局，也推动了行业的多元化发展。同时，短视频平台凭借其强大的流量和用户黏性，逐步融入电商领域，为电商行业注入了新的生机与活力。直至2024年，中国电子商务行业依然保持着蓬勃发展的态势，不断创新与突破，引领着数字经济的潮流。

二、市场规模与增长

据相关数据显示，中国电子商务市场规模在近年来持续扩大。2023年，中国电子商务市场规模已达50.57万亿元，显示出强劲的增长势头。这一增长不仅得益于国内市场的庞大需求，还得益于全球化进程的加速推进和跨境电商的快速发展。

三、竞争格局

中国电子商务行业的竞争格局日益激烈。以阿里巴巴、京东为代表的电商巨头在全球或特定区域内占据了主导地位,拥有庞大的用户基础和市场份额。同时,新兴电商平台如拼多多、唯品会等也在市场中崭露头角,通过特色化、差异化的产品和服务,试图在细分市场中获得突破。此外,跨境电商、社交电商等新型商业模式不断涌现,为消费者提供了更多元化的购物选择。

四、技术创新与应用

技术创新是电子商务行业发展的核心驱动力。人工智能、大数据分析、云计算等技术在电子商务领域得到广泛应用,提升了平台的智能化水平和运营效率。虚拟现实(VR)、增强现实(AR)等技术也开始在电子商务领域尝试应用,为消费者提供更加真实的购物体验。此外,支付工具如支付宝、微信支付等成为电子商务的主要支付方式,为交易提供了安全便捷的支付环境。

五、政策支持与发展规划

中国政府高度重视电子商务行业的发展,出台了一系列政策措施支持电商企业的创新和发展。例如,《"十四五"电子商务发展规划》提出,到2025年,我国电子商务要实现高质量发展,电子商务交易额要达到46万亿元,网络零售持续引领消费增长,高品质的数字化生活方式基本形成。这一规划为电子商务行业的发展指明了方向,也为企业提供了更多的发展机遇。

任务一　外贸电子商务

任务分析

外贸电子商务是电子商务在外贸领域的应用。外贸企业不仅仅满足于传统的营销模式,而希望用更多的方法来挖掘客户,开展业务,随着电子商务的兴起,电子商务打破传统的时空限制,使交易透明化、简单化,能够节省人力、物力能优点越来越受到外贸公司的青睐,借助电子商务,也更多地满足了外贸企业的业务拓展需求,因此不少传统外贸公司开始重视市场的变化,逐渐开始走上外贸电子商务之路。现请以阿里巴巴和中国制造网为例,分析外贸电子商务的特点及发展趋势。

相关知识

外贸电子商务模式

外贸公司通过电子商务拉动业务,主要会采用两种手段,一是依靠第三方电子商务平台,二是搭建属于自己的独立的外贸网站。随着电子商务的渗透影响,越来越多的企业也开始考虑搭建独立的外贸电子商务网站。

外贸B2B模式即利用B2B的方式开展国际贸易的,典型的B2B平台有:阿里巴巴、中国制造网、环球资源、ECVV,这种模式比较成熟,也是企业在外贸电子商务采用的较多的方式之一,这种模式的特点是投入费用相对较高,询盘数量较多,采购商比较集中。

任务实施

案例分析:阅读以下两个案例(阿里巴巴和中国制造网),做出自己对案例的点评。

阿 里 巴 巴

一、阿里巴巴简介

阿里巴巴是全球企业间(B2B)电子商务的著名品牌,是全球国际贸易领域内最大、最活跃的网上交易市场和商人社区,已融合了 B2B、C2C、搜索引擎和门户。公司总部位于中国东部的杭州,在中国内地拥有 16 个销售和服务中心,在中国香港和美国设有分公司。2012 年 7 月 23 日,阿里巴巴宣布调整淘宝、一淘、天猫、聚划算、阿里国际业务、阿里小企业业务和阿里云为七大事业群,组成集团 CBBS 大市场。

阿里巴巴,通过旗下三个交易市场协助世界各地数以百万计的买家和供应商从事网上生意。三个网上交易市场包括:集中服务全球进出口商的国际交易市场、集中国内贸易的中国交易市场,以及透过一家联营公司经营,促进日本外销及内销的日本交易市场。此外,阿里巴巴也在国际交易市场上设有一个全球批发交易平台,为规模较小,需要小批量货物快速付运的买家提供服务。所有交易市场形成一个拥有来自 240 多个国家和地区超过 6 100 万名注册用户的网上社区。

阿里巴巴在大中华地区、印度、日本、韩国、欧洲和美国共设有 70 多个办事处。它两次入选哈佛大学商学 MBA 案例,在美国学术界掀起研究热潮;连续五年被美国权威财经杂志《福布斯》选为全球最佳 B2B 站点之一;被国内外媒体、硅谷和国外风险投资家誉为与 Yahoo、Amazon、eBay、AOL 比肩的五大互联网商务流派代表之一。自阿里巴巴成立之后,全球十几种语言 400 家著名新闻传媒对阿里巴巴的跟踪报道从未间断,被传媒界誉为"真正的世界级品牌"。

阿里巴巴国际网站是领先的网上 B2B 交易市场。截至 2024 年 1 月 12 日,阿里巴巴国际站的用户群体达到了 1.5 亿,海外活跃采购商数量也达到了 1 000 万。这些用户遍布全球 200 多个国家和地区,覆盖了广泛的行业和领域。他们通过阿里巴巴国际站进行跨境贸易,寻找合适的供应商、采购商品或开展销售活动。这使得阿里巴巴国际站成为全球贸易的重要枢纽,为买家和卖家提供了丰富的商业机会。总的来说,阿里巴巴国际站的用户群体数量庞大且不断增长,这得益于其强大的品牌影响力、优秀的技术支持和先进的物流体系。未来,随着全球贸易的进一步发展和数字化趋势的加强,阿里巴巴国际站的用户群体有望进一步扩大。

二、阿里巴巴的电子商务应用系统

(一) 行业背景

在全球范围内,电子商务正在蓬勃发展。一方面,不断发展的信息技术为电子商务的发展提供了良好的基础设施;另一方面,对于企业和消费者来说,电子商务正变得越来越真实。"非典"时期,以跨越时空,不正面接触为特点的电子商务赢得了商机。企业和商家纷纷借助信息技术和网络平台,改变服务和交易方式,网上购物、网上交易的数量激增,推动电子商务迅速升温。经过近年来的发展，企业对电子商务有了更进一步的认识，采用互联网付费服务的意识逐渐增强，这对互联网企业来说无疑是一个福音——一个付费服务的经营环境正在逐步形成。

电子商务还有很多环节需要不断探索与完善。例如，如何提高商务洽谈双方的信任度和资信度等。面对新的发展机遇、激烈的竞争环境和尚需进一步完善的业务经营环境，互联网企业更需要充分发挥主动性和创造性，提供更有针对性的服务，不断提高服务品质，吸引更多的客户。

对于互联网企业来说。产品就是基于网络的各种服务。因此，支撑这些网络业务幻耶础架构无疑就是企业的生命力。互联网企业的信息技术基础架构不仅需要能够提供7天×24小时的高可用性、高性能、安全性和可靠性，而且需要具有强大的易扩展性，能够帮助企业快速提供新服务，及时满足客户不断提高的应用需求，在此过程中，灵活地扩展系统，及时获得支撑不断扩大的客户群和交易量的能力。

作为全球首家拥有百万商人的商务网站，阿里巴巴及时引进基于Linux平台的Oracle9i集群数据库（Oracle9iRAC），借助先进的技术，升级原有的基础架构，为公司的新一轮发展打下坚实的基础。

（二）应用背景

阿里巴巴在发展的初期，以提供免费服务为主。在这一阶段，为了降低成本，在网站的基础架构中，除了数据库是采用基于Linux平台的单机Oracle数据库之外，大多采用免费软件。随着所使用的免费软件越来越多，管理起来需要多重管理技能，增加了系统管理的复杂度，而在技术支持方面，免费软件的技术支持很难得到有效的保障。这样的基础架构已经成为无法满足阿里巴巴业务发展的需求。另一方面，随着中国企业互联网服务消费的逐步成熟，付费服务的环境正在形成，阿里巴巴果断地作出战略调整，从过去纯粹免费的服务逐步发展成为一个提供商业运作的服务公司。商业服务对网站的基础架构提出了新的要求，要求基础架构能够确保客户数据安全，能够确保网站在并发用户突然增多的情况下仍然能够保持高性能。为此，阿里巴巴决定，投资引进先进技术，升级原有的基础架构，部署一个高效、安全、稳定、可扩展的平台。以此为基础，不断提升网站服务的水平，进而提升企业的竞争力。

阿里巴巴把新系统命名为Exodus，它在圣经中的解释是"走出埃及"——Exodus肩负着帮助阿里巴巴走向新成功的重任。

作为网站基础架构核心动力的数据库，阿里巴巴要求Exodus中的数据库具有高效、稳定、安全、易扩展、可管理性；同时，出于对成本控制的考虑，阿里巴巴要求新系统既能够满足网站发展的需要，又能够把包括购买成本、管理成本在内的总体拥有成本降至最低。简而言之，要求新基础架构中的数据库平台具有稳定、高效、安全、易扩展、易管理、低成本的特点。

在经过严格的甄选之后，阿里巴巴决定采用基于Linux平台的Oracle9i集群数据库（Oracle9iRAC）作为Exodus的核心。

(三) 解决之道

阿里巴巴在2003年初开始启动数据库升迁项目。3月底引进基于Linux平台的Oracle9i集群数据库(Oracle9iRAC),4月初开始安装,4月底便成功上线。新的数据库集群是以Dell 6650为硬件服务器、存储服务器采用Dell/EMC CX200存储阵列、以Red HatLinux Advanced Server 2.1为操作系统、数据库采用Oracle9i集群数据库,采用三层架构,部署两个节点的集群系统。

在从原有系统向新系统迁移数据时,按数据的不同特征进行,不仅能够快速迁移数据,并且大大减少了由于系统迁移而可能造成的停机时间。阿里巴巴数据库项目主管鲁国良先生说:"我们原有系统采用的数据库也是Oracle数据库,只不过它是基于Linux的单机数据库,因此,在数据迁移过程中,几乎没有遇到大问题。由于Oracle9iRAC在节点间信息交换的性能有了很大的改进,使得我们在从原来的单机系统升级到集群系统时,几乎不需要更改应用,新系统得到快速部署,一个月之内就能够上线。"

(四) 应用效益

视野拓展

阿里巴巴集团
1999年—2019年
的发展历程

采用基于Linux的Oracle9i集群数据库(Oracle9iRAC)作为Exodus的数据库平台,阿里巴巴既能够充分利用Linux平台的低成本优势,又能够获得Oracle9i数据库强大的性能优势,获得对网站发展至关重要的系统性、安全性、可靠性和可扩展性。

以基于Linux的Oracle9i集群数据库为动力的Exodus投入使用后,成功地把阿里巴巴网站性能提高了60%。系统在投入使用后不久,中国部分地区遭受"非典"袭击,为了尽可能避免相互接触,企业纷纷转向网上交易,作为中国最主要的商业网站之一,阿里巴巴成为广大企业进行交易的平台,日交易从"非典"前的4 000~5 000笔迅速攀升到6月初的1.2万笔。Exodus的及时投入使用,为阿里巴巴从容应对快速增长的交易量提供了强大的动力,帮助阿里巴巴及时把握住新的发展机遇。

借助Oracle9iRAC先进的Data Guard技术,阿里巴巴能够简化数据库的管理工作。Oracle9i Data Guard能够维护关键数据的实时复制,从而能够防止由于各种原因引起的数据丢失。工作区之间强大的转接和转回能力,使得硬件和操作系统的维护更为容易,同时又降低了宕机时间。

借助基于Linux的Oracle9i集群数据库(Oracle9iRAC)的高可用性,阿里巴巴无论是升级Linux内核还是升级应用,都不需要关闭系统,有效减少了计划内停机时间。同时,集群系统中两个节点互为备份,大幅度减少了意外停机的时间。

现在,Linux已成为成长型企业的首选应用开发和测试平台,比如在Linux系统上运行开发数据库,而在其他系统上运行产品数据库,结果是在开发、测试、产品应用平台之间存在着差异。这种差异往往会影响到系统部署时的投入。阿里巴巴通过采用基于Linux的Oracle9i集群数据库(Oracle9iRAC)作为产品数据库,有效地缩小了这些差异,使很多测试工作变得真正有意义,直接用于产品应用平台,从而提高系统的部署效率。

点评

阿里巴巴集团致力为全球所有人创造便捷的网上交易渠道。提供多元化的互联网业务,涵盖 B2B 贸易,个人零售、支付、企业管理软件和生活分类信息等服务范畴。它良好的定位,稳固的结构,优秀的服务使阿里巴巴成为全球首家拥有 600 余万商人的电子商务网站,成为全球商人网络推广的首选网站,被商人们评为"最受欢迎的 B2B 网站"。杰出的成绩使阿里巴巴受到各界人士的关注。WTO 首任总干事萨瑟兰出任阿里巴巴顾问,美生商务部、日本经济产业省、欧洲中小企业联合会等政府和民间机构均向本地企业推荐阿里巴巴。阿里巴巴两次入选哈佛大学商学院 MBA 案例,在美国学术界掀起研究热潮。连续五次被美国权威财经杂志《福布斯》选为全球最佳 B2B 站点之一;多次被相关机构评为全球最受欢迎的 B2B 网站,中国商务类优秀网站、中国百家优秀网站、中国最佳贸易网,被国内外媒体硅谷和国外风险投资家誉为与 Yahoo、Amazon、eBay、AOL 比肩的五大互联网商务流派代表之一。

资料来源:未来智库.阿里巴巴国际电商业务进展如何.[EB/OL].[2024-08-09].https://www.vzkoo.com/question/1723183910928339.

中国制造网

一、中国制造网(Made in China)简介

中国制造网由焦点科技股份有限公司全力开发及运营。焦点科技股份有限公司(http://www.focuschina.com)成立于 1996 年,是国内最早专业从事电子商务开发及应用高新技术的企业之一,致力于为客户提供全面的电子商务解决方案。焦点科技拥有雄厚的资金、技术、通信资源和市场运作实力,经过多年持续、高速的发展,伴随着中国电子商务应用的逐渐深化,逐步建立了一支技术过硬、善于创新的技术队伍和一套规范、完善的服务体系。

面对日益增长的中国贸易出口商和互联网用户,焦点科技推出了在线的国际贸易平台——中国制造网,提供最全面和准确的中国产品和供应商信息。经过多年的踏实积累和成功运营,中国制造网现已成为最知名的 B2B 网站之一,有效地在全球买家和中国产品供应商之间架起了贸易桥梁。

中国制造网宗旨有三点。

(1)促进全球买家和中国产品供应商之间的贸易活动和合作。

(2)提供优质可靠的中国产品和供应商信息。

(3)帮助买家和卖家实现高效而便捷的在线商务活动。

二、中国制造网发展历程

1996 年焦点科技开发有限公司成立,即中国制造网的开发和运营商。1998 年中国制造网正式发布,逐渐发展成为中国产品的网上平台。2000 年中国制造网正式对外展开推广活动,并以电子商务网站的身份参加了厂交会。

2003年中国制造网推出中国供应商高级会员服务。

2005年中国制造网与西班牙著名网站PymesOnline.com开展合作,将中图供应商高级会员的公司及产品信息整合入PymesOnlIne.com西班牙语网站。同年,中国制造网首次跨出国门,参加了在约旦举行的伊拉克重建展会。在网站流量和高级会员数量方面也开创了历史最高点。

2006年中国制造网与SGS公司合作推出认证供应商(Audited Suppliers)服务,通过实地审核,更进一步促进国际贸易中的电子商务商业机会。

2007年3月,中国制造网被《中国电子商务世界》杂志评选为"中国行业电子商务网站TOP100";6月,荣获第十届中国国际电子商务大会组委会授予的"电子商务行业应用优秀平台奖";12月,被《互联网周刊》授予"2007年中国商业网站排行榜(B2B)"第1名。

2009年,焦点科技成功上市,股票代码为002315,标志着公司在资本市场得到了认可,为其未来的发展注入了强大的动力。

2015年,中国制造网美国公司inQbrands,Inc.成立,标志着公司全球化战略的正式实施,进一步拓展了国际市场。

2018年和2019年,中国制造网相继推出钻石会员服务和在线交易业务,为会员提供了更全面、更便捷的服务,推动了数字化交易的发展。

据中国电子商务研究中心调研发现,中国制造网目前提供的是一个"金字塔"结构的服务模式。最底层的是占其收入来源最大比例的金牌会员服务;位于中间层的为提供的增值服务,包括搜索排名服务(TopRank)、产品展台(Spotlight Exhibits)、横幅推广(BamerPro)服务;处于金字塔尖的是认证供应商(Audited Suppliers)服务,此服务能一定程度上降低第三方B2B交易信用风险,但并非彻底解决此风险的唯一渠道,因此,从该企业公开披露的付费企业加入暂时尚有限。

在盈利模式上,中国制造网的收入来源主要包括会员费用、提供增值服务所带来的广告与搜索排名费用,以及认证供应商收取的认证费。

中国电子商务研究中心发现,中国制造网显示出与其服务模式相对应的"金字塔"结构:随着所提供服务的深化,相对应地所收取的费用也随之大幅提高,但各项服务整体收入却也随之减少。据披露的利润表显示,中国制造网的营业收入在2023年达到了12.46亿元。

点评

中国制造网是一个中国产品信息荟萃的网上世界,面向全球提供中国产品的电子商务服务,旨在利用互联网将中国制造的产品介绍给全球采购商。中国制造网独有的made-in-china域名对中外商家而言非常直观形象,具有很强的亲和力、天生的知名度;而它的信息平台和优质商业服务更为中国对内对外贸易的发展提供了强有力的支持。

中国制造网现已成为中国产品供应商和全球采购商共通共享的网上商务平台。在国际贸易和商务活动中,供应商希望自己的产品尽可能被众多采购商熟知,而采购商则希望多多结识和了解产品供应商,从而找到最适合的供应商和合作伙伴。中国制造网关注中国企业特别是众多中小企业的发展,因为我们深信,只有在中小企业发展的基础上全球经济才能更健康地成长。凭借巨大而翔实的商业信息数据库,便捷而高效的功能和服务,中国制造网成功地帮助了众多供应商和采购商建立联系、提供商业机会,为中国产品进入国内和国际市场开启了一扇方便的电子商务之门。

资料来源:豆丁网.中国制造网内贸站简介.[EB/OL].[2020-11-09].https://www.docin.com/p-1547438363.html.

任务二　旅游电子商务

任务分析

旅游电子商务的发展经历了多个阶段,从最初的萌芽阶段到如今的综合发展阶段,其业务范围和服务质量都得到了极大的提升。在旅游电子商务平台上,消费者可以方便地浏览各种旅游信息,比较不同产品的价格和服务,进行在线预订并完成支付。同时,旅游企业也可以通过电子商务平台进行产品推广、客户管理、市场分析等工作,提高运营效率和市场竞争力。现请以携程旅行网及宽窄巷子官方旗舰店为例,分析旅游电子商务的特点及发展趋势。

相关知识

旅游电子商务是指以网络为主体,以旅游信息库、电子化商务银行为基础,利用最先进的电子手段运作旅游业及其分销系统的商务体系。旅游电子商务就为广大旅游业同行提供了一个互联网的平台。

一、旅游电子商务特征

第一,产品和价格信息最受关注,居民出游前最希望获取的信息主要是旅游核心产品及价格信息,包括旅游目的地与旅游线路、景区、住宿与交通价格的信息,包括食住行游购娱等旅游关联产业的信息和服务质量情况。

第二,游客的散客化趋势进一步明晰,居民出游前希望通过参加旅行社或自己组织团队的形式较多,通过单位组织出游的比例相对较低。

第三,互联网已成为当前绝大部分居民出游前了解相关信息的最主要渠道,亲朋好友对旅游目的地的评价也是居民出游的重要信息渠道。

二、旅游电子商务类型

旅游电子商务按照不同的标准,有多种分类方法。这里介绍按照旅游电子商务的交易类型标准的分类。

（一）B2B 交易模式

在旅游电子商务中，B2B 交易模式主要包括以下几种情况：

（1）旅游企业之间的产品代理，如旅行社代订机票与饭店客房，旅游代理商代售旅游批发商组织的旅游线路产品。

（2）组团社之间相互拼团，也就是当两家或多家组团旅行社经营同一条旅游线路，并且出团时间相近，而每家旅行社只拉到为数较少的客人。这时，旅行社征得游客同意后可将客源合并，交给其中一家旅行社操作，以实现规模运作的成本降低。

（3）旅游地接社批量订购当地旅游饭店客房、景区门票。

（4）客源地组团社与目的地地接社之间的委托、支付关系，等等。

旅游业是一个由众多子行业构成、需要各子行业协调配合的综合性产业，食、宿、行、游、购、娱各类旅游企业之间存在复杂的代理、交易、合作关系，旅游 B2B 电子商务有很大的发展空间。

旅游企业间的电子商务又分为两种模式。一是非特定企业间的电子商务，它是在开放的网络中对每笔交易寻找最佳的合作伙伴。一些专业旅游网站的同业交易平台就提供了各类旅游企业之间查询、报价、询价直至交易的虚拟市场空间。二是特定企业之间的电子商务，它是在过去一直有交易关系或者今后一定要继续进行交易的旅游企业之间，为了共同经济利益，共同进行设计、开发或全面进行市场和存量管理的信息网络，企业与交易伙伴间建立信息数据共享、信息交换和单证传输。如航空公司的计算机预订系统（CRS）就是一个旅游业内的机票分销系统，它连接航空公司与机票代理商（如航空售票处、旅行社、旅游饭店等）。机票代理商的服务器与航空公司的服务器是在线实时链接在一起的，当机票的优惠和折扣信息有变化时会实时地反映到代理商的数据库中。机票代理商每售出一张机票，航空公司数据库中的机票存量就会发生变化。B2B 电子商务的实现大大提高了旅游企业间的信息共享和对接运作效率，提高了整个旅游业的运作效率。

（二）B2E 交易模式

此处，B2E(Business to Enterprise)中的 E，指旅游企业与之有频繁业务联系，或为之提供商务旅行管理服务的非旅游类企业、机构、机关。大型企业经常需要处理大量的公务出差、会议展览、奖励旅游事务。他们常会选择和专业的旅行社合作，由旅行社提供专业的商务旅行预算和旅行方案咨询，开展商务旅行全程代理，从而节省时间和财务的成本。另一些企业则与特定机票代理商、旅游饭店保持比较固定的业务关系，由此享受优惠价格。

旅游 B2E 电子商务较先进的解决方案是企业商务旅行管理系统（Travel Management System，TMS）。它是一种安装在企业客户端的具有网络功能的应用软件系统，通过网络与旅行社电子商务系统相连。在客户端，企业差旅负责人可将企业特殊的出差政策、出差时间和目的地、结算方式、服务要求等输入 TMS，系统将这些要求传送到旅行社。旅行社通过电脑自动匹配或人工操作为企业客户设计最优的出差行程方案，并为企业预订机票及酒店，并将预订结果反馈给企业客户。通过 TMS 与旅行社建立长期业务关系的企业客户能享受到旅行社提供的便利服务和众多优惠，节省差旅成本。同时，TMS 还提供统计报表功能。用户企业的管理人员可以通过系统实时获得整个公司全面详细的出差费用报告,并可进行相应的财务分析,从而有效地控制成本,加强管理。

3. B2C 交易模式

B2C 旅游电子商务交易模式,也就是电子旅游零售。交易时,旅游散客先通过网络获取旅游目的地信息,然后在网上自主设计旅游活动日程表,预订旅游饭店客房、车船机票等,或报名参加旅行团。对旅游业这样一个旅客高度地域分散的行业来说,旅游 B2C 电子商务方便旅游者远程搜寻、预订旅游产品,克服距离带来的信息不对称。通过旅游电子商务网站订房、订票,是当今世界应用最为广泛的电子商务形式之一。另外,旅游 B2C 电子商务还包括旅游企业对旅游者拍卖旅游产品,由旅游电子商务网站提供中介服务等。

4. C2B 交易模式

C2B 交易模式是由旅游者提出需求,然后由企业通过竞争满足旅游者的需求,或者由旅游者通过网络结成群体与旅游企业讨价还价。

旅游 C2B 电子商务主要通过电子中间商(专业旅游网站、门户网站旅游频道)进行。这类电子中间商提供一个虚拟开放的网上中介市场,提供一个信息交互的平台。上网的旅游者可以直接发布需求信息,旅游企业查询后双方通过交流自愿达成交易。

旅游 C2B 电子商务主要有两种形式。第一种形式是反向拍卖,是竞价拍卖的反向过程。由旅游者提供一个价格范围,求购某一旅游服务产品,由旅游企业出价,出价可以是公开的或是隐蔽的,旅游者将选择认为质价合适的旅游产品成交。这种形式,对于旅游企业来说吸引力不是很大,因为单个旅游者预订量较小。第二种形式是网上成团,即旅游者提出他设计的旅游线路,并在网上发布,吸引其他相同兴趣的旅游者。通过网络信息平台,愿意按同一条线路出行的旅游者汇聚到一定数量,这时,他们再请旅行社安排行程,或直接预订饭店客房等旅游产品,可增加与旅游企业议价和得到优惠的能力。

旅游 C2B 电子商务利用了信息技术带来的信息沟通面广和成本低廉的特点,特别是网上成团的运作模式,使传统条件下难以兼得的个性旅游需求满足与规模化组团降低成本有了很好的结合点。旅游 C2B 电子商务是一种需求方主导型的交易模式,它体现了旅游者在市场交易中的主体地位,对帮助旅游企业更加准确和及时地了解客户的需求,对实现旅游业向产品丰富和个性满足的方向发展起到了促进作用。

任务实施

案例分析:阅读以下两个案例(携程旅行网和宽窄巷子官方旗舰店),做出自己对案例的点评。

携 程 旅 行 网

携程旅行网是将有资质的酒店、机票代理机构、旅行社提供的旅游服务信息汇集于互联网平台供用户查阅的互联网信息服务提供商,同时帮助用户通过互联网与上述酒店、机票代理机构、旅行社联系并预订相关旅游服务项目,携程旅行网首页如图 10-1 所示。

图 10-1 携程旅行网站首页

一、携程旅行网简介

携程旅行网是中国旅游业一家在美国纳斯达克上市的公司。创立于1999年初的携程旅行网(简称携程)的总部设在中国上海,在北京、广州、深圳、成都、杭州、南京、厦门、重庆、青岛、沈阳、武汉、三亚、丽江、香港、南通等有16个分支机构,现有员工近16 000人,是中国领先的旅游电子商务网站,集酒店预订、机票预订、旅游度假、商旅管理、美食订餐及旅游咨询在内的全方位旅行服务。

二、公司的发展经历

1999年6月业务启动、1999年10月接受IDG第一轮投资,1999年10月正式开通携程旅行网,1999年11月开始使用在线预订系统,2000年11月收购北京现代运通订房网络,2001年3月成为中国领先的宾馆分销商,2002年3月收购北京海岸机票业务,2002年5月全国中央机票预订系统启动,2002年10月当月交易额突破1亿元人民币,2003年4月荣获中国旅游知名品牌,2003年10月建成中国领先的机票预订网络,覆盖35个城市,2003年12月9日在美国NASDAQ成功上市,2010年12月入围中国旅游20强,2012年8月同程海外酒店预订新平台上线。2013年8月8日,中国最大的在线旅游服务商携程旅行网在天津今晚大酒店召开新闻发布会,宣布正式成立天津分公司,进军天津旅游市场,大力拓展以天津为出发地和目的地的旅游业务。2014年9月1日,携程出资5亿元联合中信产业基金战略投资华远国旅。2017年10月30日,携程租车宣布打通从金融服务商、汽车厂商,到租车供应商,再到用户的全生态链,成为继推出国内租车平台优质品牌"携程优选"后的又一大举措 。2018年2月14日,携程宣布,正式上线共享租车业务。

2019年2月，百度宣布与携程达成深度合作。百度云针对旅游行业特性，利用AI能力为携程量身定制面向场景、业务的解决方案。2023年5月，亚马逊云科技宣布与携程集团成立"联合创新实验室"并展开长期合作，加速数字化、智能化创新从而为旅行者提供更好的服务。2024年1月17日，快手和携程共同宣布达成战略合作。依据合作内容，携程将首次进入快手本地生活生态，并将景点门票、度假线路等优选产品供应链陆续接入快手平台，快手则将提供流量助推、商品补贴、达人合作等一揽子权益。

携程是高科技与传统产业结合的极佳典范，在网络公司中成为盈利规模超前，稳定性最好的互联网创业公司。携程以高科技的运作手段、精细化的管理模式和先进的服务理念为旅游服务企业的超常规发展拓展了新路子。携程的优势：利用高效的互联网技术和先进电子资讯手段，为商务散客与休闲客人提供快捷灵活、优质优惠、体贴周到又充满个性化的旅行服务。

携程为客户提供全方位的商务及休闲旅行服务，包括酒店预订、机票预订、休闲度假、旅游信息和打折商户。携程推出的以"机票加酒店"为主的自助度假业务为中国旅游行业的发展开辟了新的思路。

酒店预订工作：与全球172个国家和地区超过23.5万家酒店建立了长期稳定的合作关系，在销售旺季房源有保障。

机票预订工作：机票预订网络已覆盖国际国内绝大多数航线，送票网络覆盖国内74个主要城市，包括北京、上海、广州、深圳、南京、杭州、无锡、苏州、宁波、汕头、温州、长沙、福州、重庆、成都、武汉、乌鲁木齐、西安、天津、大连、沈阳、长春、哈尔滨、合肥、济南、厦门、珠海、海口、南昌、南宁、青岛、三亚、郑州、桂林、昆明、呼和浩特、石家庄、兰州、泉州、晋江、石狮等城市的服务。服务的优势在于全国统一的预订服务中心和网上机票信息实时查询及预订。

休闲度假服务包括：国内游服务，机票＋酒店自助旅游和城市周边短途游。国际游服务，机票＋酒店自助行和特色团队游。服务涉及北京、上海、广州、深圳、杭州等大中城市。

旅游资讯服务：携程成功整合了高科技产业与传统旅游行业，向超过6000万会员提供资讯服务，是CNNIC评选中最受欢迎的旅游网站，网站文字面向全球，包括中文简体版、中文繁体版、英文版；提供丰富的目的地旅游信息、餐饮、交通、住宿、娱乐和天气等诸多方面；开发了人气极旺的旅游社区；提供了信息交流、结伴同游、游记发表、俱乐部等特色服务内容。

三、携程的特色及优势

（1）技术先进。强大的技术及软件自我开发力量，亚洲旅游行业领先的Call-center，先进的客户关系管理系统（CRM），预订服务质量监控体系，独特的房态管理系统，E-booking网络实时预订系统。

（2）服务全面。建立了成熟规范的服务流程，支持多种预订方式；网址：http://www.ctrip.com，电话：1010-6666（全国免费）；提供全天候服务：24小时×7天；提供多种联系方式与支付方式。

（3）规模经营。规模化的运营不仅可以为会员提供更多优质的旅行选择，还保障了服务的标准化，确保服务质量，并降低运营成本。

(4) 体系规范。携程将服务过程分割成多个环节,以细化的指标控制不同环节,并建立起一套精益服务体系。同时,携程还将制造业的质量管理方法——六西格玛体系成功运用于旅游业。目前,携程各项服务指标均已接近国际领先水平,服务质量和客户满意度也随之大幅提升。

四、携程的团队建设

管理团队建设:携程的管理团队在资源合作、管理技能、业务经验上的完美组合和紧密无缝的团队合作保证了公司迅速稳健地发展。高层管理团队:集合了美国、瑞士、中国的IT业、旅游业及金融业多年业务运作与管理的经验。

合作伙伴队伍:国内外众多的星级酒店及著名酒店管理集团、国内外知名航空公司(三大航空集团国航、东航、南航;以及上海航空、山东航空、深圳航空、海南航空、四川航空等)、国内著名电信集团(中国移动,中国联通等)、国内外各知名银行及保险公司(中国银行、工商银行、交通银行、招商银行、深圳发展银行、香港恒生银行、福建兴业银行等;中国平安保险公司等)、海内外知名旅行社。

五、携程的公司理念

携程的理念:以客户为中心,以团队间紧密无缝的合作机制,以一丝不苟的敬业精神、真实诚信的合作理念,来创造一套"多赢"的伙伴式的合作体系,从而共同创造最大的价值。

点评

作为提供旅游服务的旅游业的中介,为参与电子商务的旅游企业提供平台。一方面联系众多旅游业及相关企业,另一方面密切关注旅游者动态。将旅游者的需求尽快地通过技术手段调查后,找到最佳的解决方案,最终满足需求。

通过上面的分析可以看出,携程旅行网技术力量雄厚,技术更新快,保证了为旅游企业与旅游者提供的服务效率。作为一个以IT技术为主创办的旅游服务企业,在通过技术手段不断扩展业务的同时,给传统旅游企业制造了压力,但还需要从根本上解决业务高、精、尖的问题。这样企业就可以与传统旅游企业一争高下。

资料来源:360文库."携程""去哪儿"产品服务体系分析.[EB/OL].[2020-03-21].https://wenku.so.com/d/e85ff8e6606541a979c6198d4638a92e.

宽窄巷子官方旗舰店

一、宽窄巷子官方旗舰店发展背景

宽窄巷子官方旗舰店起源于成都文旅集团对数字化、智能化发展趋势的敏锐洞察。作为成都的地标性景区,宽窄巷子一直以其独特的文化魅力和历史底蕴吸引着大量游客。然而,随着电子商务的快速发展,如何将这一传统旅游资源与现代电商模式相结合,进一步拓展市场影响力,成为成都文旅集团面临的重要课题。

二、宽窄巷子官方旗舰店简介

宽窄巷子官方旗舰店是成都文旅集团与阿里巴巴天猫深度合作的一个重要成果,它象征着传统旅游文化与现代电子商务的完美结合,为消费者提供了一个全新的购物体验和文化交流平台。这家旗舰店深入挖掘并展示了宽窄巷子深厚的文化底蕴和独特的魅力。作为成都的一个标志性景点,宽窄巷子以其古朴的街巷、传统的建筑和丰富的文化活动吸引了无数游客。而官方旗舰店则将这些文化元素与现代电商相结合,将宽窄巷子的魅力延伸到线上,让更多的人能够了解和体验这一独特的文化空间。宽窄巷子官方旗舰店的首页如图10-2所示。

图 10-2 宽窄巷子官方旗舰店首页

三、宽窄巷子官方旗舰店的特色及优势

(一)文化特色鲜明

宽窄巷子官方旗舰店不仅是一个线上购物平台,更是一个展示成都传统文化和宽窄巷子独特魅力的窗口。店铺内充满了成都的文化元素,从商品设计到店铺装修,都体现了成都的风土人情和历史文化底蕴。消费者在这里购物,不仅能够买到心仪的商品,还能够深入了解成都的文化和历史。

(二)商品种类丰富

店铺内商品种类繁多,涵盖了成都特产、麻辣调料、小吃、川菜等多个品类。这些商品都是经过精心挑选和严格把关的,确保品质上乘、口感正宗。消费者在这里可以轻松找到满足自己口味和需求的商品,实现一站式购物体验。

(三)服务质量上乘

宽窄巷子官方旗舰店注重提升消费者的购物体验,从售前咨询到售后服务,都力求做到专业、细致、周到。店铺评分高,商品保证正品无假货,服务态度好,物流服务质量高,这些都为消费者提供了愉快的购物体验。

(四)互动体验丰富

店铺还注重与消费者的互动和沟通,通过线上活动、用户评价等方式,增强消费者的参与感和归属感。消费者可以参与到店铺的各种互动活动中,分享自己的购物体验和旅行感受,与其他游客交流心得,形成了一种良好的社区氛围。

(五)市场影响力广泛

作为四川省内首家景区天猫官方旗舰店,宽窄巷子官方旗舰店具有广泛的市场影响力。它借助阿里巴巴天猫的强大平台优势,将宽窄巷子的文化和商品推向了更广阔的市场,吸引了大量潜在消费者。同时,店铺也积极参与各种线上线下活动,扩大品牌知名度和影响力。

总的来说,宽窄巷子官方旗舰店是一个集文化展示、商品销售、互动体验于一体的综合性电商平台。它不仅为消费者提供了便捷的购物服务,也为成都文旅产业的推广和发展注入了新的动力。在未来,随着电商行业的不断发展和创新,宽窄巷子官方旗舰店有望成为成都文旅产业的一张亮丽名片,为更多消费者带来更加优质的购物体验和文化享受。

点评

作为四川省内首家景区天猫官方旗舰店,宽窄巷子官方旗舰店不仅为消费者提供了一个全新的购物平台,更通过丰富的商品种类和优质的服务体验,让消费者能够在线上感受到宽窄巷子的独特魅力。店内商品涵盖了成都特产、麻辣调料、小吃、川菜等,充分展现了成都的风味和文化特色。同时,店铺还注重与消费者的互动和沟通,通过线上活动、用户评价等方式,增强了消费者的参与感和归属感。

在上线初期,宽窄巷子官方旗舰店便取得了不俗的成绩。其高评分、正品保证、优质服务等特点赢得了消费者的广泛好评。随着店铺知名度的不断提升和市场的逐步拓展,宽窄巷子官方旗舰店逐渐成了成都文旅产业的一张亮丽名片。

未来,随着电商行业的不断发展和创新,宽窄巷子官方旗舰店将继续深化与阿里巴巴天猫等电商平台的合作,探索更多创新性的营销模式和服务方式。同时,店铺还将进一步挖掘宽窄巷子的文化内涵和历史价值,通过电商渠道将这一传统旅游资源推向更广阔的市场,为成都文旅产业的繁荣发展贡献更多的力量。

资料来源:新浪.四川省内首家景区天猫旗舰店上线,宽窄巷子带货城市味道.[EB/OL].[2020-07-17].http://sc.sina.com.cn/life/news/2020-07-17/detail-iivhvpwx6004976.shtml.

任务三 制造业电子商务

任务分析

随着互联网技术的快速发展,制造业作为经济的重要支柱,也开始逐渐利用电子商务来提升自身的竞争力和效率。现以海尔公司为例分析制造业电子商务的特点与发展趋势。

相关知识

制造业电子商务是指利用互联网、大数据、云计算等现代信息技术手段,实现制造业企业间的在线交易、协同制造、供应链管理等商务活动。它涵盖了从原材料采购、生产制造到产品销售和服务的全过程,为制造业企业提供了更加高效、便捷的商业运营方式。电子商务在制造业中具体应用如下:

一、在线销售和供应链管理

电子商务为制造业提供了一个在线销售的平台,企业可以通过建立自己的电子商务网站或使用第三方电商平台来销售产品。通过在线销售,企业可以拓展销售渠道,触达更多的潜在客户,提升销售额。同时,电子商务还可以帮助企业进行供应链管理,实现与供应商、分销商和顾客之间的信息共享和协同合作。通过电子商务平台,企业可以及时获取库存信息、订单信息等,更好地计划生产和配送,提高供应链的效率和可靠性。

二、个性化定制和快速响应

随着市场需求的多样化和个性化,制造业需要更加灵活地生产满足客户需求的产品。电子商务为制造业提供了个性化定制的机会。企业可以通过在线平台与客户进行沟通,了解客户的需求,并定制生产相应的产品。与此同时,电子商务还可以帮助企业实现快速响应市场的能力。通过分析销售数据和客户反馈,企业可以及时调整生产计划和产品设计,以适应市场需求的变化。

三、智能制造和物联网应用

电子商务与物联网技术的结合,为制造业带来了智能制造的机遇。通过与物联网设备的连接,企业可以实时监测生产设备的状态、生产过程的数据等,实现生产过程的可视化和自动化控制。同时,智能制造还可以帮助企业优化生产计划和资源配置,提高生产效率和质量。此外,电子商务还可以通过物联网技术实现物流和仓储的智能化管理,提高供应链的可追溯性和可操作性。

四、数据分析和市场营销

电子商务为制造业提供了大量的数据来源,通过对这些数据的分析和挖掘,企业可以了解客户需求、市场趋势等,为产品设计和市场营销提供有力的支持。通过数据分析,企业可以更准确地定位目标客户群体,设计符合他们需求的产品,并制定相应的营销策略。同时,电子商务还可以通过在线广告、搜索引擎优化等手段,提升企业的品牌知名度和市场份额。

然而,电子商务在制造业中应用也面临一些挑战。首先,传统制造业企业在转型过程中可能面临技术和人才的不适应问题,需要加大对信息技术的投入并培养相应的人才。

其次，电子商务也带来了信息安全和隐私保护的问题，企业需要加强数据管理和网络安全措施，保护客户的个人信息和交易数据。

任务实施

案例分析：阅读以下案例，做出自己对案例的点评。

海尔公司电子商务模式

一、海尔公司及其电子商务简介

建立于1984年，近30年来，海尔始终以创造用户价值为目标，一路创业创新，历经名牌战略、多元化发展战略、国际化战略、全球化品牌战略四个发展阶段，2012年进入第五个发展阶段——网络化战略阶段，海尔目前已发展为全球白色家电第一品牌。海尔致力于成为行业主导，用户首选的第一竞争力的美好居住生活解决方案服务商。海尔通过建立人单合一双赢的自主经营体模式，对内，打造节点闭环的动态网状组织，对外，构筑开放的平台，成为全球白电行业领先者和规则制定者，全流程用户体验驱动的虚实网融合领先者，创造互联网时代的世界级品牌。海尔在电子商务方面的布局非常广泛，涵盖了官方网站、第三方电商平台以及自建电商平台等多个渠道。在官方网站上，消费者可以浏览到海尔的全线产品，并享受便捷的在线购物体验。同时，海尔还与多个第三方电商平台合作，将产品推向更广泛的消费者群体。此外，海尔还自建了电商平台，通过整合供应链、物流等资源，为消费者提供更加个性化的购物服务。

二、海尔公司电子商务特色

（一）在线销售和供应链管理方面

在在线销售方面，海尔通过官方网站、第三方电商平台以及自建电商平台等多个渠道进行产品销售。这些平台不仅提供了丰富的产品信息，还提供了便捷的购物流程和优质的售后服务，使消费者能够随时随地了解产品信息并完成购买。此外，海尔还注重网络营销，通过社交媒体、内容营销等方式吸引消费者的关注，提升品牌知名度和影响力。

在供应链管理方面，海尔采用了先进的管理理念和技术手段，确保供应链的顺畅运作。首先，海尔与供应商建立了紧密的合作关系，通过统一采购、标准化整合等方式，实现供应链的协同和高效运作。其次，海尔注重供应链的信息化和智能化建设，通过应用大数据、人工智能等技术手段，提升供应链的透明度和预测能力，实现精准库存管理和快速响应市场需求。此外，海尔还建立了高效的物流配送体系，确保产品能够及时、准确地送达消费者手中。

（二）个性化定制和快速响应方面

在个性化定制方面，海尔提供了丰富的选择，让消费者能够根据自己的需求来定制产品。无论是家用中央空调还是其他家电产品，海尔都提供了DIY定制服务，用户可以根据自己的喜好和需求,轻松选择产品风格、功能配置等,从而打造出完全符合自己个性化需求的产品。这种个性化定制的服务模式,不仅满足了消费者的个性化需求,也提升了海尔产品的市场竞争力和品牌影响力。

在快速响应方面,海尔通过数字化转型和流程优化,实现了对消费者需求的快速响应。海尔智家通过大数据自动匹配,实现平台智能排程派单,响应时间由原来的30分钟缩短为秒级。这种秒级响应的服务模式,大幅提升了海尔的服务效率,让消费者在需要售后服务时能够得到及时、专业地响应。此外,海尔还将原来的纸质化工单升级为标准化工单,全流程可视,规范和记录服务全过程,这也进一步提升了服务的专业性和透明度。

(三)智能制造和物联网应用

在智能制造领域,海尔通过引进先进的技术和设备,实现了生产线的自动化和智能化升级。这不仅提高了生产效率,降低了成本,还确保了产品质量的稳定性和一致性。海尔的智能制造体系涵盖了从产品设计、生产到物流的各个环节,通过数据分析和优化,实现了对整个生产过程的精准控制。

在物联网应用方面,海尔充分利用物联网技术,将智能家电、智能家居等产品与互联网相连,为用户提供更加便捷、智能的生活体验。海尔的智能家居平台可以实现家电之间的互联互通,用户可以通过手机App或智能语音助手对家电进行远程控制,实现智能化管理。此外,海尔还通过物联网技术收集用户数据,进行深度分析,更好地理解用户需求,为产品研发和市场策略制定提供有力支持。

(四)数据分析和市场营销

在数据分析方面,海尔充分利用大数据和人工智能技术,通过精准描绘用户画像、分析消费行为等方式,深入了解用户需求和偏好。这些数据不仅帮助海尔优化产品和服务设计,提高用户体验和满意度,同时也为市场预测和精准营销提供了有力支持。例如,海尔能够根据用户画像和消费行为数据,预测未来市场趋势和用户需求,提前布局市场,制定个性化的营销策略和推广方案。

在市场营销方面,海尔通过一系列创新的营销策略,不断提升品牌影响力和市场份额。其中,海尔的精准营销策略是其成功的关键之一。基于大数据分析,海尔能够精准定位目标用户群体,实现个性化推荐,提高转化率。同时,海尔也注重通过多元化的渠道策略,包括直供分销制、自建营销网络等,拓宽销售渠道,提高市场覆盖率。

点评

海尔在电子商务领域的成功探索主要体现在以下几个方面:

(1)定制化服务与用户驱动战略:海尔深入了解用户需求,提供个性化的产品和服务。例如,用户可以在海尔的电商平台上进行产品定制,从设计到生产都按照用户的个性化需求来完成。这种定制化服务不仅满足了用户的特殊需求,还增强了用户与品牌之间的黏性。

(2)高效的供应链管理与物流配送:海尔通过优化供应链管理,实现了从生产到销售的高效协同。其物流系统采用"一流三网"的同步模式,即订单信息流、全球供应链资源网络、全球用户资源网络和计算机信息网络,使得商品能够快速、准确地送达用户手中。此外,海尔还与电商平台合作,如与淘宝的C2B物流模式,进一步提高了物流效率。

(3) 多元化的产品与服务:海尔不仅提供传统的家电产品,还拓展到了家居、母婴、服装等多个领域,为消费者提供了更加多元化的选择。这种多元化的战略使得海尔能够满足不同消费者的需求,提高了其市场竞争力。

(4) 先进的技术应用:海尔在电子商务领域积极应用先进的技术手段,如大数据分析、云计算、人工智能等,对用户行为进行深入挖掘和分析,为产品和服务的优化提供了有力支持。同时,海尔还通过技术创新不断提升用户体验,如开发智能家电产品,实现家居生活的智能化和便捷化。

综上所述,海尔在电子商务领域的成功探索主要体现在定制化服务、高效的供应链管理、多元化的产品与服务以及先进技术的应用等方面。这些成功因素共同推动了海尔在电子商务领域的发展,并使其成为行业的佼佼者。

资料来源:百度文库.海尔公司电子商务模式.[EB/OL].[2022-04-14].https://wenku.baidu.com/view/2faadb18ba0d6c85ec3a87c24028915f804d84b4.html?_wkts_=1736838808855.

任务四 物流与电子商务

任务分析

物流与电子商务是密不可分的关系,两者相互依赖、相互促进。随着电子商务的快速发展,物流业也迎来了全新的挑战与机遇。现请以中外运物流有限公司为例,分析物流对电子商务的影响、挑战,以及电子商务对物流的影响。

相关知识

一、物流对电子商务的意义

电子商务的核心是商品流、资金流、信息流和物流的有机结合。物流是电子商务的重要组成部分之一,能够解决电子商务中的商品物流环节,即将产品从生产地运送到最终消费者手中,确保商品的实时、准确、安全地送达。物流对于电子商务的成功至关重要,良好的物流服务能够提高客户的满意度,增加电商平台的竞争力。

物流可以提供多种配送服务,满足消费者的需求。随着消费者对于商品交付速度的要求越来越高,物流企业需要提供更快捷、灵活的配送服务,如次日达、三小时达等,为电商企业提供有竞争力的物流解决方案。物流企业还可以提供配送上门、代收货款、验货等增值服务,以满足消费者的个性化需求。

物流可以帮助电商降低成本。电商企业通过与物流企业合作,可以减少仓储、配送等环节的成本。物流企业可以利用自身的规模和专业优势,采用集中配送、智能仓储等方式,提高配送效率,降低运营成本。同时,物流企业可以与电商企业共享信息资源,提高流程配合,进一步降低运营成本。

物流对电商平台的竞争力和用户体验至关重要。高效的物流服务能够提升电商企业的竞争力,吸引更多消费者购买。相反,若物流环节存在问题,如配送延误、错发漏发等,将严重影响用户体验,导致用户流失。因此,物流企业需要不断优化配送流程,提高服务水平,以提升电商平台的用户体验和竞争力。

二、物流对电子商务的挑战

配送速度的要求越来越高。众所周知,电子商务的发展速度非常快,消费者对于商品交付速度的要求也越来越高。消费者希望能够在下单后尽快收到商品,而这就对物流企业提出了更高的要求,需要提供更快捷的配送服务,如当天达、小时达等。物流企业需要不断加强配送能力,完善配送网络,提高配送效率,以应对消费者的需求。

创新消费者的个性化需求。如今,消费者对于商品的个性化需求越来越高,物流企业需要为电商平台提供更多的个性化物流解决方案。比如,某些消费者希望选择指定的配送时间段,某些消费者需要拆单配送,某些消费者需要代收货款等。物流企业需要根据电商平台的需求,提供多样化的物流服务,满足消费者的个性化需求。

多渠道的营销与销售模式的发展。电子商务的发展,使得多渠道的营销与销售模式得以快速发展。电商平台不再仅仅局限于线上销售,还可以通过线下实体店、社交媒体等渠道进行销售。物流企业需要适应不同的销售渠道,提供灵活的配送服务。同时,物流企业还需要与电商平台密切合作,共同探索多渠道的物流解决方案。

三、电子商务对物流的影响

电子商务带来了物流行业的巨大发展机遇。随着电子商务的高速发展,物流行业得到了迅猛的提升和发展。越来越多的电子商务企业涌现,为物流企业提供了更多的订单和业务。物流企业通过与电商平台合作,能够获得更多的订单量,提高利润水平,扩大市场份额。

物流企业需要根据电商的需求进行创新。随着电子商务的不断发展,消费者的需求也在不断变化。电商企业追求更快的交付速度、更高的配送质量,物流企业需要根据这些需求进行创新,提供更灵活、高效、便捷的物流解决方案。物流企业需要应对电商企业的需求变化,提供定制化的物流服务。

物流企业需要整合资源,提高服务质量。电子商务的发展带来了物流行业的激烈竞争,各家物流企业都在争取更多的市场份额。为了提高竞争力,物流企业需要整合资源,提升服务质量。物流企业需要通过拓展配送网络、加强物流信息化建设、提高配送效率等方式,提高服务质量,吸引更多的电商企业合作。

综上所述,物流与电子商务密不可分,两者相互依赖、相互促进。物流对于电子商务的成功非常重要,能够提供高效、准确、安全的配送服务,提高客户的满意度,增强电商平台的竞争力。同时,电子商务的快速发展也为物流行业带来了巨大的机遇和挑战,物流企业需要不断创新,提供符合电商企业需求的物流解决方案,以提升竞争力。

任务实施

案例分析:阅读以下案例,做出自己对案例的点评。

中外运物流有限公司

中外运物流有限公司(简称"外运物流")是招商局集团有限公司发展现代物流业务统一运营平台中国外运股份有限公司合同物流板块的旗舰,也是中国最具规模的合同物流业务公司之一。

招商局集团是中央直接管理的国有重要骨干企业,经营总部设于香港,亦被列为香港四大中资企业之一。2022年,招商局集团实现营业收入9590亿元、同比增长3.2%,利润总额2192.8亿元,同比增长3.3%,净利润1796亿元,同比增长5.9%,截至2022年底总资产12.4万亿元。招商局集团成为连续18年荣获国务院国资委经营业绩考核A级的央企和连续五个任期"业绩优秀企业"。招商局继续成为拥有两个世界500强公司的企业,招商局集团和招商银行排位持续提升。

中国外运股份有限公司(简称"中国外运")是招商局集团物流业务统一运营平台和统一品牌。2003年2月13日在香港联合交易所有限公司上市,2019年1月18日在上海证券交易所有限公司上市,是"A+H"两地上市公司。中国外运以打造世界一流智慧物流平台企业为愿景,聚焦客户需求和深层次的商业压力与挑战,以最佳的解决方案和服务持续创造商业价值和社会价值,形成了以专业物流、代理及相关业务、电商业务为主的三大业务板块,为客户提供端到端的全程供应链方案和服务。

外运物流秉承"成就客户创造价值"的经营理念,致力于全程供应链管理解决方案的提供及执行,助力客户提高供应链运营效率,降低成本,使客户专注于自身核心竞争力的建设和发展。公司采用以"总部集群""区域集群""行业集群""直管公司集群"为基础的矩阵式管理结构,下设九大职能部门、十一个事业部、七大区域公司及五家直管经营单位,业务范围辐射全国及海外大部分地区,致力于建设成为供应链市场国内领先、国际一流的智慧平台型企业。

目前,外运物流围绕泛消费品、科技电子、医疗健康、汽车及工业制造、新零售及特种物流"5+1"行业领域,打造形成国际供应链、汽运通道、智慧仓储、多式联运、供应链金融五大专业产品,与宝洁、美孚、GE、飞利浦、玛氏、雀巢、麦德龙、金佰利、BLACKWOODS、Kmart等众多世界500强客户和政府机构展开了深入广泛的合作,并获得了客户的普遍赞誉。

截至2022年底,外运物流营业收入190亿元,运营的仓储面积达400余万平方米,覆盖全国大部分区域及港澳地区,可控车辆超过3万台,在118个城市设立了运作网点371个,公司从业人员近8 000人。我们期待持续为客户提供卓越的供应链物流服务,与客户一起成长,共同以商业成功推动时代进步!

利用先进的物联网、大数据、人工智能等技术手段,对传统的仓储管理进行升级和改进。实现了仓储业务的数字化、智能化和高效化,通过数据的收集、分析和应用,对仓储流程进行优化和管理,从而提高运营效率、降低成本、提高服务质量。智慧仓储的特点包括:

第一,数据化管理,利用物联网技术,将仓库中的货物、设备、人员等信息进行数据化管理,实现信息的实时监控、追踪和记录。

第二,智能化协同,通过人工智能和大数据技术,智慧仓储可以预测需求、优化仓库布局、提高仓储效率等,从而实现智能化协同。

第三,自动化控制,智慧仓储采用自动化仓储设备,减少人为干预,提高操作效率和准确性。

第四,高效安全,智慧仓储能够提高仓库的安全性和高效性,避免人为操作失误和事故的发生。

近年来,外运物流依靠专业的服务能力和先进的业务模式取得了快速的发展,主要向客户提供全渠道供应链服务,纵向加深销售服务阶段的专业性,通过全渠道协同,在不断增加的网络密度、不断提高的链接效率下,降低交易成本,赋能品牌客户商业价值。

目前业务主要涵盖品牌全渠道服务供应、海外退货和小运仓商贸平台三大板块,涉及国内供应链、跨境电商和海外贸易等多个领域,服务客户包括抖音、沃尔玛、天猫国际等多家行业头部品牌,在满足B端品牌客户物流需求的同时,也大幅提升了C端大众消费者的体验感,借助中外运强大的品牌优势及资源优势,致力于为客户提供线上线下、全渠道、一体化、个性化的物流服务。

国际供应链事业部致力于为客户提供出口、进口、转口等全程端到端供应链解决方案咨询设计、定制化和专业化的物流服务,包括进出口全程供应链定制、控制塔/供应链集成管理、离岸物流中心、买方集运(多国集运)、库内重包装、库内质检、买方集运与供应链金融服务一体化、供应商管理与系统平台、专业关务等。

目前服务客户及运作区域包括欧洲、大洋洲、南美洲、北美洲、亚洲、非洲六大洲。依托铁路产品、海运产品、港务产品、海外产品、信息化产品五大专业团队,形成消费品、汽车及工业制造、医疗健康、科技电子、特种物流等领域的供应链全程专业服务。

点评

随着物流业的发展,国内物流企业面临着巨大的挑战。各个企业对物流的需求各不相同,中国外运根据集团自身业务基础,结合中软冠群公司ES/1信息系统,在网络、运输、仓储、配送等方面发挥集团的优势,为各类客户提供物流服务。信息系统应用过程中,总结了以下经验。

(1) 要基于对客户的理解及深入研究,并不断地对自身信息系统进行完善,以确保集团的业务顺利发展。

(2) 高端的物流服务是为企业提供供应链流程的设计与系统开发。中国外运物流业务具有核心的作业网络、区域分拨中心,承担和实施物流服务。只有功能强大的网络综合管理,才能提高整体的服务能力;只有高度集中的管理中心,才能迅速反映市场的需求。这些需要信息技术来实现,只有这样的组织结构,才能实现现代物流服务。

中国外运虽然提出了利用信息技术将不同层面的业务进行最大的融合,但困难之处在于,物流业务模式的不断变化,在基本没有确定的情况下,很难做出一个成熟的信息平台,这要求中国外运不断加强信息化建设,以满足市场不断增长的需求。

资料来源:中外运物流有限公司.中外运物流有限公司介绍.[EB/OL].[2024-12-14].https://logistics.sinotrans.com/col/col6900/index.html.

思政园地

乡村振兴背景下的农村电商直播

在乡村振兴的背景下,农村电商直播作为一种新兴的电商模式,正逐渐成为推动农业现代化、促进农民增收和助力乡村振兴的重要途径。以下是对农村电商直播在乡村振兴中作用的详细分析:

一、拓宽农产品销售渠道

农村电商直播通过网络平台,将农产品直接呈现给消费者,打破了传统销售模式的地域限制,极大地拓宽了农产品的销售渠道。这不仅有助于解决农产品滞销问题,还能提高农产品的市场知名度和竞争力。

二、促进农民增收

通过电商直播,农民可以直接与消费者建立联系,减少中间环节,提高农产品的销售价格。同时,电商直播还能带动相关产业的发展,如物流、包装等,为农民提供更多就业机会和收入来源。此外,一些具有地方特色的农产品通过直播成为网红产品,进一步提升了农民的收入水平。

三、推动农业产业升级

农村电商直播的发展促进了农业产业链的延伸和升级。一方面,电商直播要求农产品在品质、包装、物流等方面达到更高标准,推动了农业生产向标准化、品牌化方向发展;另一方面,电商直播还带动了农产品加工业、农村旅游业等相关产业的发展,形成了多元化的农业产业体系。

四、助力乡村振兴

农村电商直播作为乡村振兴的重要抓手,不仅促进了农业经济的发展,还带动了农村基础设施的改善和乡村治理水平的提升。通过电商直播的推广,一些偏远地区的农村面貌得到了改善,农民的生活水平也得到了提高。同时,电商直播还促进了城乡之间的交流和互动,推动了城乡融合发展。

归纳与提高

外贸电子商务、旅游电子商务和制造业电子商务在特点和发展趋势上各有侧重,但都受到技术进步和市场需求变化的影响,呈现出多元化、智能化、定制化和全球化的发展趋势。本章选取阿里巴巴、携程旅行网、海尔等企业作为案例对电子商务项目进行具体分析。

物流与电子商务之间存在着相互依赖、相互促进的关系。物流对电子商务的成功至关重要,而电子商务的快速发展也为物流行业带来了巨大的机遇和挑战。未来,随着技术的不断进步和市场的不断拓展,物流与电子商务的融合将更加紧密,共同推动全球经济的繁荣发展。本章以中外运物流有限公司为例,阐述了物流与电子商务关系以及未来的发展趋势。

知识巩固

一、判断题

1. 外贸公司通过电子商务拉动业务,主要会采用两种手段,一是依靠第三方电子商务平台,二是搭建属于自己的独立的外贸网站。（　　）
2. 淘宝是典型的 B2C 平台。（　　）
3. 中国制造网是中国产品供应商和全球采购商共通共享的网上商务平台。（　　）
4. 电子商务不存在信息安全和隐私保护的问题。（　　）
5. 物流企业通过与电商平台合作,能够获得更多的订单量,提高利润水平,扩大市场份额。（　　）

二、单项选择题

1. B2E(Business to Enterprise)中的 E,指(　　)。
   A. 旅游团队
   B. 旅游散客
   C. 旅游类企业
   D. 旅游企业与之有频繁业务联系,或为之提供商务旅行管理服务的非旅游类企业、机构、机关

2. (　　)交易模式是由旅游者提出需求,然后由企业通过竞争满足旅游者的需求,或者是由旅游者通过网络结成群体与旅游企业讨价还价。
   A. G2C　　　　　　B. G2B　　　　　　C. B2B　　　　　　D. C2B

3. 物流与电子商务是(　　)。
   A. 毫无关系的　　　B. 有一点关系的　　C. 密不可分的　　　D. 敌对的关系

三、论述题

携程与去哪儿作为两大在线旅游服务平台,各自具有独特的优势和特点,谈谈它们业务模式方面的区别。

技能训练

1. 实训目的

通过本技能训练,学生将能够深入分析外贸电子商务、旅游电子商务、制造业电子商务等典型企业的特点及优劣势,提升对行业特点和商业模式的理解,为未来的职业规划和项目决策提供依据。

2. 实训背景

随着全球化和互联网技术的飞速发展,电子商务已成为推动经济增长的重要力量。不同行业的电子商务企业因其行业特性和市场需求的不同,展现出了各具特色的运营模式和竞争优势。本次训练要求学生在选取一个典型电子商务企业进行深入分析,评估它的优劣势。

3. 实训内容和步骤

(1) 选择企业样本。

在外贸电子商务、旅游电子商务、制造业电子商务三类电子商务企业中选取一个典型的企业。

(2) 企业特点分析。

目标客户群:分析企业的主要服务对象及其需求特点。

产品与服务:描述企业提供的核心产品/服务种类、质量、创新点等。

运营模式:探讨企业的供应链管理、物流配送、支付方式、营销策略等。

技术应用:分析企业在大数据、人工智能、云计算等技术的应用情况。

(3) 优劣势评估。

优势:基于上述分析,总结企业在市场竞争中的独特优势,如品牌影响力、技术创新、成本控制、客户服务等。

劣势:识别企业面临的挑战或限制其发展的因素,如市场饱和度、政策限制、技术瓶颈、用户体验不足等。

机会与威胁(可选):使用SWOT分析框架,探讨企业的外部环境机会与潜在威胁。

4. 撰写实训报告

撰写一份结构清晰、内容翔实的报告。报告应包括企业简介、特点分析、优劣势评估及结论与建议等部分。报告中应适当引用行业数据、企业公告或相关研究,以增强分析的准确性和说服力。